本书出版获得瑞典隆德大学罗尔·瓦伦堡人权与人道法研究所
资助，资金来源于瑞典国际发展合作署。
The publication of this textbook was supported by Raoul Wallenberg
Institute of Human Rights and Humanitarian Law,with funding from
the Swedish International Development Cooperation Agency(SIDA).

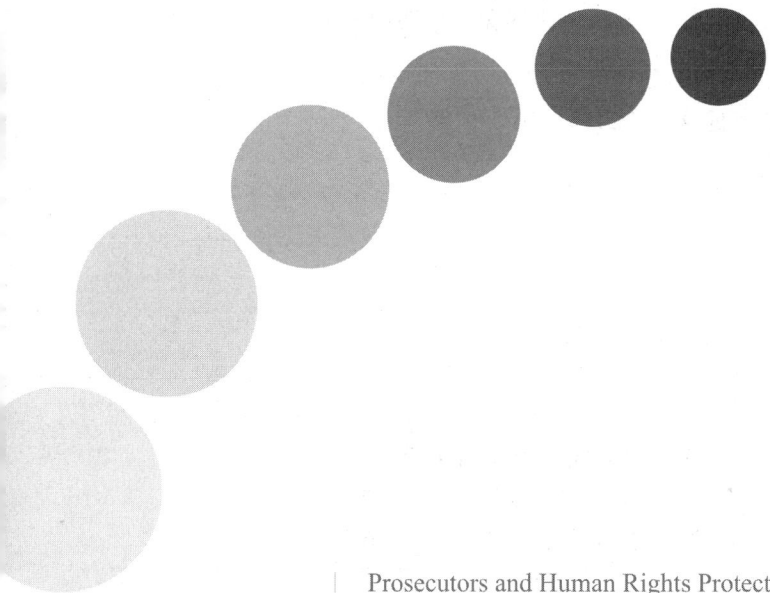

Prosecutors and Human Rights Protection:
Case Studies

检察官与人权保障案例评析

主　编／胡卫列
副主编／郭立新　周洪波

中国检察出版社

图书在版编目（CIP）数据

检察官与人权保障案例评析/胡卫列主编. —北京：中国检察
出版社，2017.4
ISBN 978 - 7 - 5102 - 1856 - 9

Ⅰ.①检… Ⅱ.①胡… Ⅲ.①人权 - 法律保护 - 案例 - 中国
Ⅳ.①D920.5

中国版本图书馆 CIP 数据核字（2017）第 050189 号

检察官与人权保障案例评析

主编/胡卫列

副主编/郭立新　周洪波

出版发行：中国检察出版社
社　　址：北京市石景山区香山南路 111 号（100144）
网　　址：中国检察出版社（www.zgjccbs.com）
编辑电话：(010) 68630385
发行电话：(010) 88954291　88953175　68686531
　　　　　(010) 68650015　68650016
经　　销：新华书店
印　　刷：保定市中画美凯印刷有限公司
开　　本：710 mm × 960 mm　16 开
印　　张：20.25
字　　数：371 千字
版　　次：2017 年 4 月第一版　2017 年 4 月第一次印刷
书　　号：ISBN 978 - 7 - 5102 - 1856 - 9
定　　价：60.00 元

前　言

　　2004 年秋季，国家检察官学院与瑞典罗尔·瓦伦堡人权与人道法研究所在瑞典国际发展合作署的资助下开展了以"检察官与人权保障"为主题的人权师资培训项目。作为项目的重要成果之一，由国家检察官学院人权项目组成员编撰的《检察官与人权保障教程》及其修订版相继于 2009 年 12 月和 2014 年 8 月问世。教程内容紧密贴合中国检察官的工作实际，从国际人权标准、国内立法以及工作机制三个层面对检察工作环节中的人权保障职能及存在的问题进行了较为深入的剖析，并提出了相应的建议。这本教程的出版填补了我国检察官人权培训专门教材的空白，对于检察官的人权教育起到了积极的推动作用，在使用过程中也获得了授课教师及学员双方面的充分肯定，并得到了人权领域有关专家的好评，取得了积极的社会反响。

　　人权保护是实践性很强的课题。在几年的培训实践中，参与教程编写的各位教师也逐渐感到，要在教学中将人权理论与检察工作实际更好地结合，案例教学是一种不可或缺的培训方式。然而令编者感到遗憾的是，国内涉及人权保护问题的案例并不像国际或区域性人权机构的案例那样方便查询，虽然随着我国司法公开的逐步推进，各级法院、检察院的网站上都相继公布了一些审结的案件，各大法律数据库和网站也登载了大量的案例，但这些案例都不是依据人权研究的需要而编排的，若想从中找出与检察工作相关的典型性人权案例实为不易。编者遂萌发了编写一本与《检察官与人权保障教程》相配套的案例教学参考用书的想法，以真实的案例阐明检察工作中涉及的人权保护问题，分析国际人权条约对我国法律的影响及二者之间存在的差异，使人权的概念、人权保护的规则和原则对于检察官而言不致成为抽象、遥远的东西，同时，也让人权保护的理念逐渐地内化于心。我们这一想法与瑞典隆德大学罗尔·瓦伦堡人权与人道法研究所中国项目处不谋而合，在他们的大力支持下，这本《检察官与人权保障案例评析》终得以面世。

　　检察官人权教学的案例如何编写，可资借鉴的材料并不多。李步云、孙世彦主编的《人权案例选编》是我国少有的人权法教学案例教材之一，也是我们在"检察官与人权保障"师资培训项目中的重要学习资料。但是，由于

《人权案例选编》的编写目的和面向的读者群体与我们希望编撰的《检察官与人权保障案例评析》颇为不同，故而在本书的成稿过程中亦无法作太多的借鉴，这也恰从另一方面证明了这本《检察官与人权保障案例评析》存在的意义。

如何选择案例、从哪里寻找案例，以及怎样对案例进行评析是本书首先要明确的问题。基于本书的编写目的，经过认真讨论，编写组首先确定了案例选择的标准：一是相关性。所选案例必须与我国检察工作密切相关，且能尽量反映和揭示人权清单中的核心权利要素。二是典型性。需选取在我国人权保障进程中具有代表性的案例。三是时间性。应尽量选择最新的案例。刑事案例一般不应早于1996年刑事诉讼法修改，除非案例本身就阐明某项人权保护问题有特殊意义并具有不可替代性。这样要求是基于以下两方面的考虑：（1）1996年刑事诉讼法确立了"未经人民法院依法判决不得认定被告人有罪"等重要原则，更加注重保护犯罪嫌疑人、被告人的诉讼权利；（2）1997年修订的刑法确立了罪刑法定原则、法律面前人人平等原则、罪责刑相适应原则，我国在刑事司法领域中更加注重人权保障，对于冤错案件的纠正力度也日益加大，因而也出现了一批可资分析借鉴的典型案例。

其次，关于案例的来源。编写组确定，本书所选取的案例必须是已审结的、可查寻案件来源的真实案例。除各法律数据库和国内各大网站公开登载的案例外，本书作者在案例选择上还参考了"两高公报"《刑事审判参考》《中国审判案例要览》《刑事司法指南》等资料。

最后，关于案例评析的方法。这是编写组遇到的一大难题。一般的法学案例分析都是根据我国现行法律对法院或检察院作出的判决或决定，在事实认定、法律适用及程序方面作出评析。但是人权案例的评析则不同，由于人权保护的理论和原则属于国际法范畴，而在国际法的效力问题上，我国采用的是转化的方法，即法院或者检察院作出的判决或决定都是援引国内法，而非我国已批准或加入的国际条约，故而国际人权标准及其解释和适用是独立于国内法律规则及其适用的，在这种情况下，是否可以以及如何从国际人权标准的视角分析评判国内案例？我们认为是必要的且可行的。其一，国际人权标准及其解释和适用是独立于国内法律规则及其适用的，我国法院如何适用本国法律并不影响根据国际人权标准对同一事件进行判断。其二，中国已经批准或加入了诸多国际人权条约，因而在国际法上负有在国内实施和履行条约规定的义务。通过评析，指出我国通过国内法已经履行条约义务的情况，将有利于我们进一步改进人权保护状况，使之更加符合国际标准。①

在教程的编写体例上，作为《检察官与人权保障教程》配套的案例教学参考书，考虑到与检察官工作的关联性，同时兼顾与教程的一致性，编写组决定仍然采用原有教程的编写体系，按照检察职能分章进行案例编撰。各章内容主要分为"案件概要"和"案件评析"两部分。案件概要是根据案例的原始文本，结合评析的需要，进行适当的加工编辑。案件评析着重从该案涉及的权利要素，评析我国检察官进行人权保障的现行实践状况，并从国际人权标准角度分析在法律规定和实践中存在的问题及改进完善的意见建议。我们试图统一这样的评析模式，但是由于检察工作中检察官履行的具体职能不同，工作机制、方式方法不同，特别是不同作者对同一问题的认识不同，故而难以做到完全一致的评析风格。此外，由于存在不同案件中涉及相同权利要素的情况，因此在评析中亦难免有重复之处，比如，"免于酷刑和其他残忍的、不人道的或有辱人格的待遇或处罚的权利"，在职务犯罪侦查、侦查监督、公诉和刑事执行监督各职能环节都会涉及，在评析中都需要援引有关的国际条约和规则。这些必要的重复，敬请读者谅解。

本书作者绝大部分参与过《检察官与人权保障教程》的编撰工作，他们从 2004 年开始先后在国家检察官学院与瑞典罗尔·瓦伦堡人权与人道法研究所合作的"检察官与人权保障"师资培训项目中接受了系统的人权理论与教学方法的培训，不仅对普遍性人权理论和国际人权标准进行了深入的学习、理解和把握，而且就如何开展人权教学也进行了不断的探索，特别是在各自承担的检察官人权培训课程中，对运用案例进行教学均有相当的收获和体会。本书亦是他们人权案例教学的一个成果展现。

全书由国家检察官学院副院长郭立新教授和周洪波教授审定，郭立新教授并负责统稿工作。具体编写分工如下：

缪树权：第一章、第十二章；

郭立新：第二章；

付　磊：第三章；

孙　锐：第四章；

周洪波：第五章；

刘林呐：第六章；

邵世星：第七章；

---

① 参见李步云、孙世彦主编：《人权案例选编》，高等教育出版社 2008 年版，"导言"第 9～10 页。

温　辉：第八章；

朱丽欣：第九章；

上官春光：第十章；

马立东：第十一章。

作为国内第一部检察官人权培训的案例教学用书，我们只是在人权案例学习和研究方面做了初步的探索和尝试，囿于本书作者在人权理论与实践方面的学养，错误和疏漏在所难免。我们愿意通过本书的出版，与同行们交流人权案例分析与教学应用之道，敬希学界和实务部门特别是广大检察官批评指正。

出版之际，谨向对本项目给予资金资助的瑞典国际发展合作署（SIDA）表示衷心的感谢！向对本书付梓出版给予极大关注和支持的瑞典隆德大学罗尔·瓦伦堡人权与人道法研究所及其中国项目处表示诚挚的谢意！中国检察出版社总编辑朱建华先生以及第三编辑室主任李健女士为本书的出版给予了大力支持并付出了辛苦的劳动，谨致谢忱！

胡卫列

2016 年 12 月 10 日

Preface[*]

In the autumn of 2004, National Prosecutors College of China (NPrC) and Raoul Wallenberg Institute of Human Rights and Humanitarian Law (RWI) launched their cooperative project named 'Prosecutors and Human Rights Protection – Training of Trainers' (Hereinafter the Project) under the financial support by the Swedish International Development Cooperation Agency (SIDA). As one of the important outputs of the project, Prosecutors and Human Rights Protection : *A Textbook* and its revised edition were published successively in December of 2009 and in August of 2014. The content of the textbook closely fit the actual work of Chinese prosecutors. It provides a more in – depth analysis of the existing problems concerning human rights protection in the prosecutorial work from three aspects including international human rights standards, domestic legislation and operational mechanisms. Corresponding suggestions for improvement are also put forward. The publication of this textbook filled the blank that there was no specialized human rights training materials tailored for prosecutors in this country, and obviously played a positive role in the prosecutors' human rights training. When it was just put into use, the textbook gained full recognition from both the trainers and the trainees, and also won the acclaim of the experts in the human rights field.

It is well recognised that the protection of human rights is a very practical subject. In the training practice of recent years, the teachers who participated in the writing and compilation of the Textbook gradually felt that case study is an indispensable way of training in the human rights education of prosecutors, especially when combining the human rights theories into Chinese prosecutorial work. However, it is unfortunately found that domestic cases involving human rights protection issues are not easy to be inquired compared with the cases of international or regional human rights bodies. Although with the gradual judicial openness in China, more and more

---

* 前言英文翻译：陈丽莉，国家检察官学院。

concluded cases are released at the websites of courts and procuratorates at different levels as well as several major legal database, these cases are not arranged by the retrieval needs of human rights research, and therefore it is rather difficult to find the typical cases related to prosecutorial work. The author then had an idea about compiling a reference book of case studies assorted with the aforementioned textbook, aiming at clarifying the problems of the human rights protection incurred in the pro – secutorial work, analyzing the influence imposed by international human rights standards upon the domestic legislation of the country and comparing the differences between the two systems. All these will be done based on studies on real cases. The further expectation is to make the international human rights standards and the concepts, rules and principles of human rights protection more concrete and close to the prosecutors, and then deeply rooted in their minds by way of analying the cases that dealt with by themselves. RWI China Program showed great interest in this idea, and under their strong support, the *Prosecutors and Human Rights Protection : Case Studies* is finally published.

How to compile human rights protection cases tailored for prosecutors training? It is hard to find related materials that can be used for reference. *A Compilation of Selected Human Rights Cases* chief – edited by Li Buyun and Sun Shiyan is one of the rare teaching materials for human rights education in China, and was therefore the major learning reference for the participants of the Project. However, the author of this book found that there is less to be referenced from the Compilation due to the different publishing purposes and the target groups of the two books, and this in a certain sense just proves the significance of compling the Case studies.

The primary problems the author faced with are: how to choose the cases, where to find the cases and how to comment and analyze the cases. Based on the purpose of compiling the book and after serious and adequate discussions, the compilation group decided first on the standards of the case selection. Firstly, the cases selected must be closely related to the prosecutors work, and shall reflect and illustrate as much as possible the protection of the core rights. Secondly, the cases selected must be typical in the promotion of human rights protection in this country. Finally, the cases selected must be comparatively new in terms of the time they happened. It is specially emphasized that criminal cases must not be earlier than 1996 when the Criminal Procedure Law was first revised, unless the case selected has exceptional significance for clarifying certain human rights protection issues and therefore cannot be replaced. Such criteria were made based on the two following considerations: on one hand, the 1996 Criminal Procedure Law paid more attention than ever to the protection of the procedural rights of the suspects and the accused by setting up "no one shall be held guilty before legally tried and judged by the court" as well as other important principles. On the other hand, the revised Criminal Law in 1997 also established principles of legality, the equality before the law, and the proper crime responsibility, the protection of human rights in the field of criminal justice since then had been much more improved. With quite a number of wrongful convicted cases being corrected, typical cases that can be used for teaching reference emerged.

Second, about the sources of the case, the compilation group decided that all cases selected must be real cases that can be traced and shall be concluded. In addition to openly published cases in legal database and on the major domestic websites, the author also made reference to the Bulletins of the Supreme Court and the Supreme Procuratorate, and Reference to Criminal Trial, Abstract of China Tried Cases, and Guideline for Criminal Justice, etc. .

The third major problem that the author encountered was how to analyze the cases. The normal approach of the legal case study is to make analysis and comments, from perspectives of fact – finding, law application and the procedural issues, on the court judgments or decisions made by the procuratorates according to the current effective laws. The human rights case study is nevertheless different, for that the theory and principles of human rights protection are in a general sense regarded as one part of international law. While on the issue of the effect of international law, China adopts the way of transformation, i. e. the international human rights treaties that China has ratified or acceded cannot be directly employed by the domestic courts or any other judicial organs. In other words, the international human rights protection standards as well as its interpretation and application are entirely separate to the domestic legislations and its application in China. Under such circumstances, whether and how to analyze and evaluate the domestic cases from the perspective of international human rights standards? We found it necessary and feasible. For one hand, since the international human rights standards as well as its interpretation and application are independent to domestic legal system, so how to apply the domestic laws does not affect making judgment of the same event in accordance with international human rights standards. On the other hand, China has ratified or acceded a number of international human rights treaties, and therefore should accordingly bear the responsibilities to domestically implement the treaty obligations. Summarizing the situation that the domestic legislation and practice have or have not met with international human rights standards will undoubtedly help us to improve the human rights protection in our country.

With regard to the structure and writing style of the book, the editorial group decided to adopt the same stylistic rules with the Textbook, i. e. the contents are catalogued into different chapters according to the functions of prosecutors, in consideration of the consistency of the two books. Each chapter is divided into two parts, namely "Case Summary" and "Case Analysis". For the needs of analysis, the summary of the case will be edited appropriately based on the original text of the case. The case analysis will focus on the elements of the rights involving in the case, and then make analysis and comments on the current situation of the prosecutor's performance regarding the human rights protection. The analysis will also touch upon the existing problems in the legislation and judicial practice from the perspective of international human rights standards, and suggestions of improvement are given afterwards. We try to unify the style of case analysis, however, we found it can hardly been done due to the different functions of prosecutors and their different operational mechanisms in dealing with specific cases, especially because of the different understandings of different writers towards the same issue. In addition, since there are cases where the same element of right is involved, there is inevitably an overlaping in the analysis, e. g. "the right to be free from torture and other cruel, inhuman or degrading treatment or punishment" is a crucial right element involved in the job – related crime investigation, the supervision of investigation, the public prosecution and the supervision on the criminal execution, therefore the corresponding international treaties and rules will all be quoted in different chapters. Please allow and understand these necessary repetitions.

Most of the writers of the Case studies are also authors of the Textbook. They participated successively in the Project since 2004 and received systematic training with regard to human rights theories and training skills. By way of in – depth learning and research, they not only obtained a good command of universal human rights theories and international human rights standards, but also made exploration in human rights training. In particular, they have gained a lot in prosecutors training by means of case study. This book is also a collection and presentation of the outcomes of their human rights case – based training.

The book has Professor Guo Lixin and Zhou Hongbo, Vice Presidents of NPrC, as its deputy chief editors who reviewed and proofread the different segments of the draft. Professor Guo is also responsible for harmonizing the styles and deciding on its final finished version. The division of labor is as follows:

Miao Shuquan: Chapter 1, Prosecutors' Role in Human Rights Protection; Chapter 12, Protection of Minors Rights

Guo Lixin, Chapter 2, Supervision on Investigation and Human Rights Protection;

Fu Lei: Chapter 3, Investigation on Job – related Crimes and Human Rights Protection;

Sun Rui: Chapter 4, Public Prosecution and Human Rights Protection;

Zhou Hongbo: Chapter 5, Supervision on Criminal Execution and Human Rights Protection;

Liu Linna: Chapter 6, Criminal Complaints & Appeals and Human Rights Protection;

Shao Shixing: Chapter 7, Prosecutorial Supervision on Civil Litigation and Human Rights Protection;

Wen Hui: Chapter 8, Prosecutorial Supervision on Administrative Litigation and Human Rights Protection;

Zhu Lixin: Chapter 9, Protection of Victim's Rights;

Shangguan Chunguang: Chapter 10, Human Rights Protection of the Witness;

Ma Lidong: Chapter 11, Protection of Women's Rights.

As the author of thebook, the first human rights case study reference in the country tailored for prosecutor's training, we have just made a preliminary exploration and an attempt in the analysis and study of human rights cases related to prosecutorial protection. We are fully aware of that this book has still much room to be improved due to the limits of our knowledge and abilities. We would like to take this opportunity to exchange our understandings and experience with our colleagues and peers in the way of human rights case analysis and application during teaching. We also sincerely hope that this reference book could draw constructive criticisms from the academic circle and the practical arena, especially from the prosecutors.

At the moment the book goes to print, we would like to express our deep gratitude to SIDA for its financial support, and RWI especially its staff in Beijing Office for their ongoing attention and support. Our thank also goes to Mr. Zhu

Jianhua the chief – editor of China Procuratorate Press and Ms Li Jian the Head of the 3rd Editorial Group for their great help and efforts given during the publication of the book.

Hu Weilie

December 10, 2016

目　　录

第五章　刑事执行检察与人权保障

第六章　刑事控告申诉与人权保障

第七章　民事检察与人权保障

第八章　行政检察与人权保障

第九章　被害人人权保障

第十章　证人人权保障

第十一章　妇女人权保障

第十二章　未成年人人权保障

第一章

检察官在人权保护中的作用

案例 1　谢某某超期羁押案[*]

▶ 案件概要

谢某某，男，1940年生，广西玉林市兴业县高峰乡人。1974年6月22日上午8时许，谢某某当时所属的生产队通知说"昨天晚上有美蒋飞机飞过"，要全体社员出去拣传单。谢某某在山坡上找了半天，一无所获。回了家准备做饭时，大队民兵营长带着几个民兵闯了进来："谢某某，听说你私藏了反动传单？赶快交出来！"然后不由分说，把他扭送到高峰乡派出所，最后被遣入看守所。1974年6月24日被兴业县公安机关拘留。谢某某被抓走后，由于亲属的家庭成分都不好，"在村里都属于管制对象"，没有人敢过问他的情况。时光流逝，渐渐地，不仅普通村民们不记得此事，就连亲属们也以为他已不在人世。一张薄薄的拘留证，就这样把谢某某关了几十年。由于当年签署拘留证的公安局局长以及办案人员都已离世，谢某某当时被抓的具体情况已无法了解。但从1974年以来的历任看守所所长均表示"不知道谢某某为什么被关着"。

1999年6月，谢某某被送往南宁市第五医院做了精神病鉴定，被确诊为"精神衰竭症"。1999年7月19日，在分别了25年后，谢某某的亲属终于和他见面了。此时谢某某由两个狱警架着出来，"几乎坐都坐不稳"，除了能说出自己的名字外，对于亲人的呼唤，谢某某已没有任何反应。鉴于谢某某的病情，1999年7月21日，看守所将谢某某转往玉林市复退军人医院精神病科进行治疗，此时谢某某的身份还是"在押犯人"。2002年10月30日，玉林市公安局签发了"释放证明书"，宣布谢某某无罪释放。

1999年以来，谢某某的亲属得知其还活着，并羁押在玉林市第二看守所（原玉林市拘留所）的消息后，一直向有关部门申诉，请求依法予以无罪释放，并发给释放证明，但是问题一直没有得到解决。在2003年1月召开的广西第十届人大第一次会议上，广西第十届人大代表、广西法律援助中心主任钟贵文向大会提出了"关于要求玉林市公安局妥善处理谢某某被关押28年事件的意见"的建议。2月，广西法律援助中心依其申请为谢某某提供法律援助，

---

[*]　载人民网–社会频道，http://legal.people.com.cn/GB/42735/5014063.html。

申请国家赔偿。要求赔偿义务机关赔偿谢某某侵犯人身自由赔偿金、医疗费、残疾赔偿金共计 773984 元。法律援助律师提出，《国家赔偿法》于 1995 年 1 月 1 日开始生效。1995 年 1 月 1 日至 2002 年 10 月 30 日，谢某某被无罪释放之日，按照国家上一年度（2002 年）的基本工资予以赔偿；1974 年 6 月 24 日被羁押至 1994 年 12 月底《国家赔偿法》生效前，参照国家赔偿法的规定执行，可以按该段时间总额的 60%～70% 予以赔偿；残疾赔偿金按照上一年度的基本工资的 20 倍计算；医疗费用一次性赔偿 10 万元。2003 年 8 月 2 日，赔偿申请人谢某某及其监护人与赔偿义务机关广西兴业县公安局达成刑事赔偿协议，赔偿义务机关认定拘留谢某某属错误拘留，赔偿义务机关赔偿谢某某侵犯人身自由赔偿金、残疾赔偿金、医疗费、护理费等费用共计 639853.84 元。

2003 年 6 月 20 日，全国人大内务司法委员会听取了公、检、法机关关于超期羁押问题的专题工作汇报，同时全国人大内务司法委员会提出，公、检、法机关要建立起预防和纠正超期羁押的长效工作机制，切实解决好超期羁押问题。全国人大常委会副委员长顾秀莲向公、检、法提出要求：2003 年彻底解决 3 年以上的超期羁押。11 月 12 日，最高人民法院、最高人民检察院、公安部联合发布通知，要求严格执行《刑事诉讼法》，切实纠防超期羁押现象，有罪依法追究，无罪依法放人。今后，凡故意违法造成犯罪嫌疑人、被告人超期羁押的，将予以责任人行政或纪律处分；情节严重的，追究刑事责任。

该案的解决过程，引起国内外媒体的普遍关注，引起了中央领导和自治区领导的重视，引发了全国开展清理超期羁押专项整治活动。2004 年 2 月，谢某某案件被广西有关部门评为 2003 年广西十大法治新闻事件。该案具有推动中国法治进程的重要标识意义。

▶ 案件评析

改革开放以来，中国人权事业在理论、立法和实践上实现了一系列突破性的进展。提出了"生存权和发展权是首要的基本人权"等一系列重要观点，不仅对推进中国人权事业的发展发挥了重要的作用，而且对世界人权事业的发展作出了贡献。中国先后制定了一系列人权保障的法律，并在宪法中明确规定了尊重和保障人权的原则，使人权得到了法律的有效保障。2009 年中国政府首次制定以人权为主题的国家规划——《国家人权行动计划（2009—2010）》。从 1991 年至今，中国政府先后共发表了 9 个《中国的人权状况》白皮书，系统阐述了中国在人权问题上的基本立场和实践。此外，据统计，中国已参加

27 项国际人权条约等。

虽然总体来讲，中国在人权保护方面取得了举世瞩目的成就。然而我们也应当看到，当前我国人权教育欠缺，国内公众对国际人权公约的了解还很有限，民间的人权交流仍然薄弱，侵犯人权的事件仍然屡禁不止，频频发生，全面实现尊重和保障人权的目标仍然任重而道远。

检察官作为重要的执法者，在人权保护中起着不可替代的重要作用，这与检察官所担负的职责和所行使的职权密切相关，世界各国、各地区对此也形成共识，并纷纷采取措施，确保检察官在人权保护中充分发挥作用。正如上述典型案例，谢某某最终能够冤案昭雪，与检察机关正确履行自身的职能，积极发挥其在人权保护中的重要作用具有十分密切的关系。这一案件至少突出表现了检察官在人权保护中的以下几方面的作用：

（一）维护个案的公正，保护每一个犯罪嫌疑人、被告人、罪犯的人权

检察官是参与整个刑事诉讼的唯一官员，其在刑事诉讼中保护犯罪嫌疑人、被告人、罪犯人权的作用不可替代。正如典型案例所反映的，最初发现谢某某冤案线索的正是我们的检察官。1996 年 3 月，我国《刑事诉讼法》取消了收容审查制度。当年 5 月，广西壮族自治区人民检察院派员到各市、县检查《刑事诉讼法》落实情况。当检查团来到广西玉林市兴业县公安局水均塘看守所时，一名白发苍苍名叫谢某某的"犯人"引起了检察官的注意。谢某某当时被单独关押在一间几平方米狭窄、阴暗、没有窗户的"号子"里，面无血色，目光呆滞，弯腰驼背。检察官问"你叫什么名字"？其几乎没有任何意识反应。"他犯了什么罪？"检察官问看守所值班民警。"不知道。""何时被关押？""不知道。"检察官意识到这可能是一个被超期关押的"犯人"，马上着手调查谢某某的案子，从而启动了为谢某某平反的程序。

该案比较典型地反映了检察官在保护个案中犯罪嫌疑人、被告人、罪犯人权的重要作用。我国《宪法》和三大诉讼法都把检察机关定位为国家的法律监督机关。新的《刑事诉讼法》明确将"尊重和保障人权"增设为刑事诉讼法的基本任务之一。可见，检察官不仅担负着追究犯罪、维护法律统一的职责，也担负着保障人权的职责。法律监督，并非检察机关行使职权、履行职能的终极目的，归根结底，履行法律监督职能的目的还是保障人权。监督就是对公共权力行使的审视与约束。监督公共权力就是对公共权力行使过程及结果的合法性、公正性进行审视检查，并对其违法侵权、非公平公正等问题进行查纠的国家活动。检察官作为"监督官"，对其他国家机关的执法活动进行监督，其本质就是对公权力的制约，并帮助公民免受不正当公权力的侵害，以维护社

会的公平正义。因此，检察机关必须走出传统的、单一的"监督官"的角色，自觉将保障人权作为自身行使职权、履行职能的目标和目的，勇敢地承担起"保民官"的新角色和新使命。①

在司法实践中，司法权力侵犯人权的现象时有发生。如不立案就对他人采取强制措施；为获取证据不惜采取刑讯逼供、体罚虐待等非法手段；只注重收集有罪证据，不注重收集无罪证据；超期羁押问题等。公民权利受到侵害时怎么及时得到有力的救济，是保障人权极为重要的方面。当公民的权利受到侵害时，可以借助检察官，通过法律的途径维护自己的合法权益，伸张正义。可以说，检察官的这一作用，是公民实现人权的重要保障。谢某某案也是检察官进行事后救济，发挥保障人权作用的体现。

这里还有一个问题，很多人不理解为什么检察官人权保护的重点是犯罪嫌疑人、被告人和罪犯？其原因大概如下：第一，古今中外的刑事司法史一再警示我们，无论司法人员多么专业和敬业，也无论司法过程多么精密，冤假错案都只能减少而不可能杜绝，被我们"依法严惩"的很可能是与我们一样善良、正直而无辜的人。第二，侦查机关和控诉机关在侦查和起诉过程中对犯罪嫌疑人所采取的诸如拘留、逮捕等强制措施仅仅是为了防止其逃避或者妨碍侦查、起诉或者审判，因而仅具有预防性质，而非惩罚措施。第三，即使犯罪嫌疑人、被告人是有罪的人，他们也只需要对其犯罪行为负责，依法接受国家判处的刑罚即可。这种刑罚对犯罪人而言即所谓的"罪有应得"，对社会和普通民众而言是"罚当其罪"。第四，国家和任何人都不能一方面惩罚犯罪人所实施的"恶害"；另一方面对犯罪人施以"恶害"，采用不当手段侵害其作为"人"所应享有的基本权利和利益，如对其实施刑讯逼供等。②

（二）通过个案，保障每一个社会成员的人权

虽然检察官保护人权的主体是刑事诉讼的参与人和民事行政诉讼的当事人，但是，在国家机关确定犯罪嫌疑人、被告人之前甚至在法院依法作出判决之前，任何公民都可能成为国家机关怀疑的对象，都可能被作为嫌疑人、被告人并因此受到追诉，进而被裹挟到刑事诉讼中来，即所谓"你可以保证自己永远不犯罪，但你永远不能保证自己不会受到公安司法机关的追究"，"你可以保证自己永远不害人，但永远不能保证自己不被人害"。换句话说，每一个社会成员都可能因为犯罪或被犯罪所侵害，或者个人利益受到他人或政府的侵

---

① 载《检察日报》2012 年 10 月 22 日第 3 版。

② 于建民：《如何将尊重和保障人权落实到检察工作中》，载 http://www.jcrb.com/procuratorate/procuratorforum/201210/t20121022_968703.html。

犯而被卷入刑事诉讼、民事行政诉讼当中，从而使法律所设定的各种权利对他发生作用。因此，可以说社会每一个成员都是检察官保护人权的潜在主体。换言之，检察官在人权保护方面的作用不仅可以直接体现在对诉讼参与人的保障方面，而且可以间接地体现在对社会每一个成员的保障方面。同样，因为没有人能够保障自己一辈子不充当证人或者不需要证人的帮助；即使不从事律师这一职业，也没有人能够肯定自己一辈子不需要律师的帮助，由此可见，尊重与保护证人、律师等诉讼参与人的人权，从一定意义上讲，也就是保护所有普通公民的人权。

谢某某案作为当时有广泛影响的超期羁押的典型案件，不仅引发了一场全国范围的清理超期羁押的风暴，使一大批超期羁押的案件被纠正，有效保护了嫌疑人的人权，同时，该案促使司法机关和司法人员提高了对犯罪嫌疑人、被告人、罪犯的人权保护意识，从而间接保护了社会每一位公民的人权。

（三）通过履行检察职能，促使中国人权法律的完善，推动中国法治进程

检察官正确履行自己的职责，通过个案的人权保护，有时候也能促使有关部门发现立法、执法当中在保护人权方面存在的漏洞和问题，并及时加以改进和完善，从而促进我国人权保护立法和执法的进步，推动我国人权事业和法治的进程，谢某某案突出地体现了这方面的作用。

谢某某的不幸经历，让时任最高人民检察院检察长贾春旺深感治理超期羁押这一"顽疾"已经迫在眉睫。在一次会议上，他痛心疾首地反问："28年啊！一个人有几个28年啊？把你们关28年是什么滋味？"2003年5月29日，最高人民检察院下发了《关于开展超期羁押和服刑人员申诉专项清理工作的通知》，要求全国检察机关对检察机关办案环节出现的超期羁押进行全面纠正。随后，在中央和全国人大的支持下，公安和法院系统也行动起来，掀起了一场全国范围内专项整治超期羁押问题的风暴。专项清理工作开展期间，最高人民检察院规定，对发现瞒报、漏报及又出现超期羁押的检察院实行一票否决及相关责任追究制度。同时建立了周一报告制、清理进展周报制及半月通报制，并引入社会监督，向社会公布了举报电话和电子信箱。

对超期羁押的重拳出击，收到了立竿见影的效果。到2003年7月21日，与检察机关有关的超期羁押已经基本清理、纠正完毕。31个省、自治区、直辖市及新疆生产建设兵团检察机关已实现无超期羁押。成绩令人欣喜，但问题也不容忽视。最高人民检察院工作组在检查督导中发现，各地在清理旧的超期羁押的同时，又同时产生了新的超期羁押，存在"边清边超"的怪象。

因此，解决超期羁押需要建立长效机制。2003年11月，最高人民检察院

会同最高人民法院、公安部联合下发了《关于严格执行刑事诉讼法，切实纠防超期羁押的通知》。同月，最高人民检察院发布了《关于在检察工作中防止和纠正超期羁押的若干规定》，建立了羁押期限告知、羁押期限届满提示、实行超期羁押责任追究制等八项制度。这些规范性文件的制定和实施，为推动纠防超期羁押工作的深入开展奠定了坚实的基础。

2008 年 3 月 10 日，贾春旺向十一届全国人大一次会议报告工作时指出，侦查、起诉、审判各环节新发生的超期羁押从 2003 年的 24921 人次下降到 2007 年的 85 人次。①

可见，谢某某案的意义不仅在于谢某某个人平反昭雪，个人正义得以伸张，更重要的是推动了中国法律制度的变革和中国法治的进程，充分体现了检察官在人权保护中的重要作用。

---

① 载《检察日报》2012 年 10 月 22 日第 3 版。

案例 2 安徽省蚌埠市人民检察院
诉于某某故意杀人罪案[*]

▶ 案件概要

于某某，男，1962 年出生，安徽蚌埠人，原任蚌埠市东市区区长助理。1996 年 12 月 2 日上午，于某某之妻韩某被发现在家中遇害。经蚌埠市公安机关侦查、蚌埠市人民检察院提起公诉，蚌埠市中级人民法院以故意杀人罪判处于某某无期徒刑，安徽省高级人民法院二审裁定维持原判。

于某某及其父亲不服，在向安徽省高级人民法院提出申诉被驳回后，又向安徽省人民检察院提出了申诉。2008 年 5 月，安徽省人民检察院决定立案复查。该院检察委员会两次讨论，认为原审裁判认定于某某构成故意杀人罪事实不清、证据不足，决定先与省高级人民法院进行沟通，由其自行决定再审。省高级人民法院立案审查认为，于某某案虽然存在一些疑点，但没有出现足以推翻原审判决的证据，真凶没有出现，决定不予再审。2012 年 9 月 3 日，安徽省人民检察院就该案依法提请最高人民检察院提出抗诉。2013 年 5 月 20 日，最高人民检察院经审查，向最高人民法院发出再审检察建议书。最高人民法院审查后认定，该案证据不足，遂指令安徽省高级人民法院自行启动再审程序。2013 年 8 月 13 日，安徽省高级人民法院经再审，认为原审认定于某某故意杀害其妻韩某的事实不清、证据不足，宣告于某某无罪。此后，借助检察机关在复查期间调取的关键物证，公安机关全力侦查，终于使这起延续了 17 年的命案告破，武某某被抓获归案。2015 年 1 月 5 日，武某某在一审法庭上对杀害韩某的事实供认不讳。

▶ 案件评析

于某某案之所以能够被纠正，与检察机关坚定地履行其法律监督职责，充

---

* 《检察官在行动：洗冤"于某某杀妻案"》，载央视网－新闻直播间，http://tv. cntv. cn/video/C10616/d4bbe52e76ae498aa6e1e416d14fc8c8。

分发挥其在保护人权中的不可替代的作用密切相关。在谈到检察官在帮助其洗脱冤屈的过程的重要作用，于某某仍充满感激之情。他说："以前我的预期是，我在六十岁以前我能平反，我就谢天谢地了，我就感恩戴德了。我不敢想这个胜利或者这种希望来得太提前了。"法庭留给于某某最后陈述的时间，是17年来他第一次尽情地自由表达。说话前，他起身先向出庭检察员鞠了一躬。他说："他们虽然坐的位置比较偏一点，但是我望过去，就是向他们鞠躬、向他们感激。我一辈子到死不能忘的是检察官的这个分量，检察官对我于某某的这起个案起到的作用是什么？就是生与死，就是活着与生活的这个区别。"该案不仅是检察官发挥人权保障作用的又一典型例证，同时也对于进一步确立疑罪从无原则，建立完善的司法申诉和案件纠错机制将起到重要的推动作用。

与此前媒体曝光的众多命案一样，于某某案具有冤假错案的典型特征：一是报案人被当作犯罪嫌疑人，于某某1996年12月2日发现妻子在家被奸杀，他在第一时间报警，警方却怀疑是他杀妻后伪造了现场；二是破案堪称"神速"，从案发到于某某被刑拘只用了10天，再到警方宣告破案和于某某被正式逮捕也只用了10天；三是存在非法取证行为，于某某曾被办案人员连续折磨和询问七天七夜；四是有诸多疑点被无视，比如凶案现场发现的不属于于某某的指纹和精斑。另外，于某某案与其他冤假错案有一个重要的不同：于某某以"杀妻者"的身份蒙冤十余年后重获清白，不是因为"亡者归来"，也不是因为"真凶出现"，他也没有遇到"汤计式记者"。虽然奸杀于某某妻子的真凶也落网了，但那不是于某某沉冤昭雪的关键，因为他在真凶被抓前几个月就已被无罪释放。2013年5月，安徽省高级人民法院对于某某案进行立案复查；8月，安徽省高级人民法院再审宣判，认为原审认定于某某故意杀人事实的证据不确实、不充分，在案证据之间的矛盾没有得到合理排除，撤销原一审判决、二审裁定；11月，杀害于某某妻子的真凶武某某在蚌埠被警方控制。可见，扭转于某某命运的是疑罪从无原则。冤假错案的发生和纠正困难是对公平正义的最大折损。正因如此，通过司法改革进一步确定疑罪从无原则，并建立完善的司法申诉和案件纠错机制，显得尤为重要。司法机关遵循疑罪从无原则就像按下了快进键，让真相和正义很快到来。

自党的十八大以来，随着司法改革渐趋深入，已经有不少冤假错案得到了纠正。而且被纠正的冤假错案，在类型上正在由"真凶再现型""亡者归来型"，转变为于某某案这样的"证据不足型"。这是一个非常积极的趋势，表明司法机关在落实尊重和保障人权、无罪推定、疑罪从无、证据裁判等理念方面有了显著进步。而在此进程中，检察机关由于其法律定位，肩负的使命和职责，注定应当和将要发挥关键的作用。检察机关应当坚定坚持疑罪从无的理念，并且认真履行法律监督职能，促使公安机关和人民法院贯彻人权保护的理念，以疑罪从无的原则办理案件，坚决防止和纠正冤假错案。

任何改革都会遇到各种障碍，新观念的树立和新措施的实施也都不可能一帆风顺，一蹴而就，会经历一个艰难过程。但是，我们的检察官只要牢固树立人权保护的理念，坚决履行法律赋予的职责，做好应对各种困难的准备，持之以恒，勇于坚持，就一定会发现案件的真相，不枉不纵，维护社会的公平正义。于某某案便是其典型的体现。安徽省人民检察院前后两任检察长接力监督、最高人民检察院和安徽省人民检察院两级检察机关合力监督，检察机关近5年的不懈努力，最终使法院认同并坚持了疑罪从无的观点，对于某某作出了无罪判决，冤案昭雪，同时也使公安机关重新认识了案件，改变侦查方向，最终发现真凶。

除上级检察机关的支持，各级检察机关的密切配合，加之办案人员的坚持和努力外，要想落实检察官在人权保护中的作用，切实防止冤假错案的发生，还要求检察官必须具备相应的履职能力和素质。只有这样，我们才能发现问题，提出有说服力的主张和证据，从而纠正或者避免错误，维护公平正义。这就要求我们加大培训的力度，提高检察官的政治素质、道德素质、业务素质、文化素质和身心素质，正确认识和行使检察权，牢固树立尊重和保障人权的理念，重视法律程序，严格依法办事，增强依法监督的意识，推动对检察工作监督和指导的规范化、制度化、科学化，确保检察工作中的人权保障。

第二章

侦查监督与人权保障

案例 3 王某甲涉嫌故意杀人案[*]

> ## 案件概要

2014 年 2 月 18 日，顺平县白云乡北朝阳村村民王某甲在回家路上发现一男子躺在地上，身旁有血迹，怀疑已经死亡，遂拨打"110"向公安机关报案。顺平县公安局经侦查认定，男子是该村村民王某乙，疑被他人用钝器打击头部致颅脑损伤死亡。公安机关调查后认为，王某甲父母同死者家发生过矛盾，具备作案动机，具备作案的时间，还在侦查过程中存在撒谎行为，认定报案人王某甲具有重大作案嫌疑，于 3 月 8 日对其刑事拘留。3 月 15 日，顺平县公安局以王某甲涉嫌故意杀人罪提请顺平县人民检察院批准逮捕。

顺平县人民检察院侦查监督科科长蔡文凯在审查证据材料时发现，王某甲案的口供和物证均存有疑点。公安机关移送的案卷显示，王某甲询问、讯问笔录共有 9 次。审查 9 次笔录，发现前 5 次均为无罪供述，后 4 次为有罪供述。同时在有罪供述中，王某甲对作案工具有斧子、锤子、刨锛三种不同供述。"尸体照片显示，王某乙的致命伤口呈'U'形，而王某甲供述的三种工具均不能与'U'形同一认定。"对王某甲作案工具及其作案时所穿衣服的下落，公安机关未能查清。2014 年 3 月 18 日，顺平县人民检察院副检察长付亚辉和蔡文凯一道，前往看守所对王某甲进行提讯。见到王某甲后，发现其右臂打着石膏缠着绷带。对检察官有关伤情形成的询问，王某甲极力回避，一再表示"记不清了"。提讯中，王某甲坚持说自己杀了王某乙，但被问到"作案工具和衣服去哪时"，他却前后不一致：对于作案工具，一会儿称擦净血迹后放回家了，一会儿又称扔到河里了；对于衣服，先称拿到村里桥下给烧毁了，后又称给洗净后放回家了。提讯后，付亚辉和蔡文凯认为公安机关在询问、讯问犯罪嫌疑人时可能存在违法行为。

2014 年 3 月 19 日，曹金耀检察长和付亚辉、蔡文凯一起，再次前往看守所提讯王某甲。检察机关对这次提讯进行了同步录音录像。这次提讯，王某甲否认自己杀人，并称之前之所以作有罪供述，是因为"被打了"。顺平县人检

---

[*] 参见最高人民检察院侦查监督厅编：《侦查监督指南》（2015 年第 1 辑），中国检察出版社 2015 年版，第 99~101 页。

察院向保定市人民检察院汇报了案情，进行专题研究。2014 年 3 月 22 日，根据保定市人民检察院的指导意见，顺平县人民检察院以事实不清、证据不足对王某甲案作出不批准逮捕决定。并向公安机关发出了《不捕理由说明书》《补充侦查提纲》和《纠正违法通知书》。公安机关随即对王某甲变更强制措施。7 月 1 日，王某甲被无罪释放。与此同时，公安机关通过缜密侦查，重新确定了 13 名重点嫌疑人，对他们分别抽取血样进行 DNA 鉴定，并对案发现场提取的手套再次委托鉴定。经过对手套内层的提取物进行鉴定，鉴定机构发现其混合基因分型与重点嫌疑人员北朝阳村村民王某丙的 DNA 鉴定能够同一认定。

2014 年 7 月 7 日，公安机关将犯罪嫌疑人王某丙提请逮捕。2014 年 7 月 14 日，检察机关以涉嫌故意杀人罪对王某丙批准逮捕。2014 年 10 月 24 日，保定市人民检察院以故意杀人罪依法对被告人王某丙提起公诉。2015 年 1 月 12 日，保定市中级人民法院开庭审理了王某丙故意杀人案。1 月 17 日，保定市中级人民法院一审宣判，以故意杀人罪判处被告人王某丙死刑，缓期二年执行，剥夺政治权利终身。

▶ 案件评析

这是 2012 年刑事诉讼法修改后第一件由检察机关侦查监督部门切实履行监督职能，主动防止并纠正的冤错案，这是检察机关加强人权保障，坚守防止冤假错案底线，落实错案防止、纠正和责任追究制度的真实写照。本案中检察机关通过行使批准逮捕审查职能，严把逮捕条件，引导侦查，抓住真凶，避免了一起冤错案。

本案涉及犯罪嫌疑人三个方面的人权问题：

第一，是否予以逮捕问题。逮捕作为限制、剥夺公民人身自由最为严厉的手段，用之不当，常常会侵犯犯罪嫌疑人的人权，因此，联合国有关文件和世界许多国家的法律中对逮捕作出了严格的规定和规制。我国宪法和刑事诉讼法把审前阶段逮捕的决定权授予检察机关行使，同时法律严格规定了逮捕的适用条件和程序。我国法律规定由人民检察院审查批准与决定逮捕，目的是保障审前长期羁押的合法性、正当性与合理性，防止不当侵犯公民权利，同时保障刑事诉讼活动的顺利进行。在审查批捕与决定逮捕的活动中，检察机关还承担着发现和纠正侦查活动中违法行为的责任。根据我国《刑事诉讼法》第 79 条之规定，逮捕犯罪嫌疑人应具备的三个条件之一就是有证据证明有犯罪事实。逮捕法制的一般要求，是需要"相当的证据""足够的理由"认定犯罪，而不能是仅凭个别的、不完全的证据予以确认。即对犯罪嫌疑人，必须是有合理根据的、客观的怀疑，而不是侦查、司法人员的主观猜测。我国《刑事诉讼法》以"有证据证明有犯罪事实"为逮捕的条件，这一条件意味着：（1）有证据证明发生了犯罪事实；（2）有证据证明犯罪事实是犯罪嫌疑人实施的；（3）证明犯罪嫌疑人实施犯罪行为的证据已经查证属实。本案中，侦查人员提请检察机关审查批准逮捕中，证明犯罪事实是犯罪嫌疑人王某甲实施的证据并没有查证属实。正如审查该案的保定市人民检察院副检察长彭少勇就王某甲案进行专题研究时提出"三个不足信"：一是王某甲有作案时间不足信。被害人尸检报告没有确定死亡时间，凭个别证言推断王某甲有作案时间有问题。二是王某甲有罪供述不足信。9 次笔录，前 5 次均为无罪供述，后 4 次承认有罪，但 4 次有罪供述中，对作案工具的种类、去向及作案时所穿衣物的供述无一次相同，也均未查实。作案工具与尸检报告中的"U"形创口不吻合。三是认定王某甲有罪不足信。证实有罪的证据只有王某甲供述。因此，2014 年 3 月 22 日，顺平县人民检察院以事实不清、证据不足对王某甲案作出不批准逮捕决定。

　　第二，公安机关在侦查讯问中有刑讯逼供侵犯犯罪嫌疑人人权的行为。禁止酷刑及其他形式的残忍、非人道或侮辱性的待遇和处罚是联合国有关文件中规定的各国不可克减的权利。我国《刑事诉讼法》第 50 条规定，审判人员、检察人员、侦查人员必须依照法定程序，收集能够证实犯罪嫌疑人、被告人有罪或者无罪、犯罪情节轻重的各种证据。严禁刑讯逼供和以威胁、引诱、欺骗以及其他非法的方法收集证据，不得强迫任何人证实自己有罪。本案中作为王某甲案承办人，顺平县检察院侦查监督科科长蔡文凯在审查证据材料时发现，王某甲案的口供和物证均存有疑点。公安机关移送的案卷显示，王某甲询问、讯问笔录共有 9 次。审查 9 次笔录，蔡文凯发现前 5 次均为无罪供述，后 4 次为有罪供述。同时在有罪供述中，王某甲对作案工具有斧子、锤子、刨锛三种不同供述。对王某甲作案工具及其作案时所穿衣服的下落，公安机关也未能查清。根据《刑事诉讼法》第 86 条规定，人民检察院审查批准逮捕，对是否符合逮捕条件有疑问的，应当讯问犯罪嫌疑人。检察机关办案人员在看守所提讯犯罪嫌疑人王某甲时，发现王某甲右臂打着石膏缠着绷带。当检察官对其有关伤情形成的询问，王某甲极力回避，一再表示"记不清了"。2014 年 3 月 19 日，曹金耀检察长和付亚辉、蔡文凯一起，再次前往看守所提讯王某甲。检察机关对这次提讯进行了同步录音录像。经过做思想工作，王某甲号啕大哭，直言"被打了"。根据《刑事诉讼法》规定，对于采用刑讯逼供等非法手段获取的言词证据是违法证据，在刑事诉讼中必须依法排除。据此，检察机关以事实不清、证据不足对王某甲案作出不批准逮捕决定。同时，检察机关也向公安机关发出了《不捕理由说明书》和《补充侦查提纲》，并针对侦查中公安机关的刑讯逼供行为提出了《纠正违法通知书》。

第三，针对公安机关的违法拘留行为，犯罪嫌疑人王某甲有权要求刑事赔偿。《公民权利和政治权利国际公约》第 9 条第 5 款规定，任何遭受非法逮捕或拘禁的受害者，有得到赔偿的权利。《保护所有遭受任何形式的拘留或监禁的人的原则》也规定，如果损害的发生是由于国家官员的行为违背了原则的规定或不履行法律职责所造成，则应按照国内法的规定予以赔偿。我国《国家赔偿法》规定，行使侦查、检察、审判职权的机关以及看守所、监狱管理机关及其工作人员在行使职权时有下列侵犯人身权情形之一的，受害人有取得赔偿的权利：违反刑事诉讼法的规定对公民采取拘留措施的，或者刑讯逼供，或者以殴打、虐待等行为，或者唆使、放纵他人以殴打、虐待等行为造成公民身体伤害，或者死亡的。本案中，公安机关对没有实施犯罪的王某甲进行拘留（从 2014 年 3 月 8 日到 3 月 22 日），并刑讯逼供致使王某甲身体受到伤害，因此，公安机关应对王某甲进行刑事赔偿。

案例4 薛某某、黎某、何某某、史某某强奸案[*]

> **案件概要**

2012年9月中下旬，犯罪嫌疑人张某甲、张某乙、杨某强迫被害人张某丙在刘某某开设的金源足浴店内从事卖淫活动，后因嫌弃张某丙卖淫收入太低，将其以300元包夜给豆某某卖淫。豆某某在自己出租屋内与张某丙发生完性关系后离开，将其包小姐过夜之事告诉好友薛某某、黎某、何某某、史某某等人，并声称谁要想和这个女的发生性关系就交50元。之后薛某某等人进入豆某某的租房内想与张某丙发生性关系，张某丙不愿意，薛某某、黎某、何某某三人便冒充派出所民警对张某丙进行威胁恐吓，先后进入屋内轮流与张某丙发生了性关系，史某某以帮张某丙向派出所说情为由借机与张某丙发生性关系，事后均未向张某丙、豆某某给付钱财。后张某甲、张某乙、杨某三人因涉嫌强迫妇女卖淫罪被立案侦查，公安机关提请检察机关对三人批准逮捕。但是公安机关对涉嫌强奸被害人张某丙的薛某某、黎某、何某某、史某某四人没有立案。公安机关认为证实薛某某、黎某、何某某、史某某并未采取暴力的强制手段，四人冒充派出所人员对被害人张某丙稍作威胁，基于被害人系卖淫女的特殊身份，双方发生性关系。四人违背被害人张某丙意志，强行与其发生性关系的证据不足，因此未予以立案侦查。

检察机关在审查公安机关提请批准逮捕犯罪嫌疑人张某甲、张某乙、杨某等人涉嫌强迫卖淫罪一案时，根据三名犯罪嫌疑人的供述、被害人张某丙的陈述、证人豆某某的陈述，发现薛某某等四人冒充警察对被害人进行要挟，后与其发生性关系。据此，检察机关认为薛某某等四人可能涉嫌强奸罪。办案人员经过向被害人核实和对张某甲等人有针对性的提讯，审查全卷证据，认为虽然没有直接证据证实薛某某等四人采取暴力的强制手段，但在案的犯罪嫌疑人张某甲等人的供述和被害人张某丙的陈述、证人豆某某的证言等证据能够相互印证，可以推定出薛某某、黎某、何某某、史某某以胁迫或者其他手段，强行违

---

* 2014年最高人民检察院评出的十大典型立案监督案例之一。

背被害人意志，与被害人发生性关系。薛某某、黎某、何某某、史某某四人的行为已涉嫌强奸罪，应予立案监督。于是向公安机关发出《要求说明不立案理由通知书》，进行立案监督。公安机关收到《要求说明不立案理由通知书》后，对薛某某等四人予以立案侦查。后经法院判决认定，薛某某、黎某、何某某、史某某冒充警察，采取胁迫手段，与女青年发生性关系，其行为构成强奸罪。薛某某被判处有期徒刑 12 年，黎某被判处有期徒刑 11 年，何某某被判处有期徒刑 10 年，史某某被判处有期徒刑 3 年 6 个月。

▶ **案件评析**

该案是 2014 年最高人民检察院评出的十大典型立案监督的案例之一。该案涉及侵犯妇女人身权利中基于性别所特有的性权利和有效救济权问题。联合国《消除对妇女的暴力行为宣言》第 2 条明确规定："对妇女的暴力行为应理解为包括但并不限于下列各项：……（b）在社会上发生的身心方面和性方面的暴力行为，包括强奸、性凌虐、在工作场所、教育机构和其他场所的性骚扰和恫吓、贩卖妇女和强迫卖淫。"第 4 条规定了国家在这方面的相应义务，即"各国应以一切适当手段尽快采取政策消除对妇女的暴力行为"。我国《妇女权益保障法》第 41 条第 1 款规定，禁止卖淫、嫖娼。禁止组织、强迫、引诱、容留、介绍妇女卖淫或者对妇女进行猥亵活动。我国刑法明确将强迫妇女卖淫和强奸妇女作为犯罪，作为应予以禁止的对妇女的暴力行为。本案中，犯罪嫌疑人张某甲、张某乙、杨某强迫被害人张某丙卖淫的行为，构成犯罪，检察机关依法予以批准逮捕。但是，对于薛某某、黎某、何某某、史某某以胁迫或者其他手段，强行违背被害人意志，与被害人发生性关系的行为，检察机关在审查批捕中发现，公安机关并未予以立案追究责任，于是检察机关启动了立案监督程序。

立案监督是检察机关保护被害人人权的一个重要途径。刑事立案监督是人民检察院对公安机关应当立案的案件是否依法立案以及刑事立案活动是否合法所进行的法律监督。公安机关应当启动立案程序而没有启动，就会使侵犯被害人权利的犯罪不能得到及时惩治，受到侵犯的人权不能得到救济。根据《刑事诉讼法》第 111 条和《人民检察院刑事诉讼规则（试行）》的规定，人民检察院认为公安机关对应当立案侦查的案件而不立案侦查，或者被害人认为公安机关对应当立案侦查而不立案侦查，向人民检察院提出的，人民检察院应以法律文书通知公安机关说明不立案理由。本案中，检察机关在审查批准逮捕犯罪嫌疑人张某甲、张某乙、杨某等人涉嫌强迫卖淫罪中，发现薛某某等四人冒充警察对被害人进行要挟，后与其发生性关系，可能涉嫌强奸罪，严重侵犯被害人张某丙的人权。而被害人张某丙基于被强迫卖淫的处境，对薛某某等四人侵犯其性自由权利的行为，虽然没有向公安机关要求予以立案追究刑事责任，但是作为法律监督机关的人民检察院在发现此情况后，有责任予以监督，保护并救济被害人的权利，矫正已经发生的侵害行为，惩罚和制裁责任人员，补偿受害人人身、物质和精神方面的损害，尽可能阻止可能发生的类似侵害行为。本案中，检察机关立案监督成功的重点在于检察机关正确运用刑事证据证明了案件的事实。在强奸类案件的办理中，对于犯罪嫌疑人是否违背妇女意志而与之发生性关系是强奸罪的最主要认定标准，本案的被害人陈述和证人证言均明确表明当时被害人是不愿意同四人发生性关系的，尤其是一开始被害人是明确表示拒绝的，后来在薛某某、黎某、何某某谎称自己为派出所的警察，要将被害人带回派出所进行处理后，被害人害怕了，与三人发生了性关系，而史某某是在谎称为被害人向警察说情后，诱骗被害人与之发生了性关系。因此，四人与被害人发生性关系均不是出于被害人的自愿，而是被四人或要挟或欺骗之后而发生性关系。因此，四人的行为已经构成强奸罪，应当立案，追究其刑事责任。

案例 5　湖北省江陵县人民检察院 诉邬某某赌博案[*]

▶ 案件概要

被告人邬某某，男，生于 1977 年 6 月 10 日，汉族，湖北省江陵县人，初中文化，住江陵县郝穴镇某村某组。因涉嫌赌博罪于 2005 年 7 月 20 日被刑事拘留，2005 年 7 月 21 日被依法逮捕。2005 年 12 月 19 日由检察机关提请公诉，2006 年 1 月 12 日人民法院以被告人邬某某犯赌博罪，依法对其判处有期徒刑 1 年。

经审理查明，2004 年 12 月底至 2005 年 2 月，被告人邬某某、蒋某、冯某利、齐某亮、黄某等五人伙同黄某华等人在江陵县熊河镇国强村一组陈华虎茶馆多次聚众用骰子摇单双赌博，每场参赌人员 30 人以上，并从中抽头渔利。邬某某自认赌博的"校长"，并安排蒋某等人在赌博过程中"打杆子"抽头子钱，冯某利、齐某亮、黄某等人负责堵场内的安全及赌场周围放哨。2005 年 5 月下旬，邬某某伙同刘某东、李某清多次在江陵县熊河镇颜闸村开设赌场聚众用骰子摇单双赌博，每场参赌人员 40 人以上，并从中抽头渔利。邬某某等三人任赌博"校长"，并安排蒋某等人在赌博中"打杆子"抽头子钱，冯某利、齐某亮、黄某等人负责堵场内的安全及赌场周围放哨。

2005 年 7 月 21 日，江陵县公安局以开设赌场非法所得为由依法搜查并扣押了被告人邬某某现金人民币 110600 元及银行卡两张，共计人民币 207000 元。关于开设赌场非法所得的情节，公安机关未向法庭提供相应的书证予以证实，两个证人的证言也不一致，其他证人对此情节也不能印证，法院对获利的数额无法认定。同时，被告人邬某某辩称公安机关扣押的财产并非其开设赌场的违法所得，并在庭审中提交了相应证据，证明开设赌场的时间为 2004 年 12 月至 2005 年 2 月，而公安机关扣押的两张银行卡中的存款时间为 2005 年 3 月，且有证人证实其存款的合法来源。法院审理后认为，公安机关扣押的赃款无证据证明系被告人邬某某开设赌场的非法所得，且获利数额无法认定，故对

* 参见最高人民检察院侦查监督厅编：《侦查监督指南》（2015 年第 2 辑），中国检察出版社 2015 年版，第 120 页。

该非法获利部分不予认定。

根据《刑事诉讼法》第 143 条、第 234 条的规定，人民法院作出的判决生效后，有关机关应当根据判决对查封、扣押、冻结的财物及其孳息进行处理。经查明确实与案件无关，应当在 3 日以内解除查封、扣押、冻结，予以退还。但在本案中，江陵县公安机关在法院作出生效判决后一直未将此扣押款项返还给被告人邬某某。2015 年 1 月 20 日，邬某某向检察机关控告申诉，反映公安机关违法扣押其财产，要求公安机关返还被扣押的财物。

检察机关受理后，启动调查程序，查阅和复印了案卷材料，主要包括搜查笔录、扣押物品清单、湖北省代收罚款票据，分析了关于非法所得的相关证人证言等证据，向公安机关的原承办人核实了相关情况，经查实后，检察机关认定邬某某反映的情况属实，江陵县公安机关也承认在办理本案过程中违反了关于扣押涉案财物的相关规定。2015 年 1 月 29 日，检察机关向公安机关发出了《纠正违法通知书》，要求公安机关依法予以退还被告人邬某某被扣押的涉案财物。检察机关的《纠正违法通知书》下发后，公安机关未在法定的 15 日内予以整改并回复，随后检察机关前往公安机关了解情况。公安机关表示认可该财产应予以返回，但退款事宜具体由公安机关内部的哪个部门负责尚不清晰，存在相互推脱情况。检察机关将该情况反馈给县政法委和县人大，后县政法委、县人大、检察机关联合在公安机关召开会议，要求公安机关必须立刻落实具体整改部门、人员。2015 年 3 月 20 日，公安机关将扣押了长达十年之久的款物人民币 207000 元返还邬某某。

➤ 案件评析

本案涉及在刑事诉讼中检察机关通过履行法律监督职能对公民财产权利的保护问题。《世界人权宣言》第 17 条规定，每个人都可以单独或与他人共有财产，且财产不受任意剥夺，但是，财产权并没有规定在联合国人权两公约中，而这并不意味着财产权不是一项受到国际法保护和承认的人权，因为在起草两公约时，就财产权的某些具体内容无法达成共识。① 在其他一些国际人权公约中对财产权都有明确的规定，如《消除一切形式种族歧视国际公约》第 5 条（卯）项（5）目、《消除对妇女一切形式歧视公约》第 15 条第 2 款等。我国《宪法》《民法通则》《物权法》《刑法》《妇女权益保障法》《老年人权益保障法》等都规定了财产权及其保护。对公民的财产权，国家不得非法或任

---

① 参见李步云、孙世彦主编：《人权案例选编》，高等教育出版社 2008 年版，第 180 页。

意干涉对财产权利的享有。财产可以被剥夺，但是这种剥夺不能是任意的，即必须有法律根据，而且必须是为了维护公共利益的需要。对财产的剥夺或者限制除非是作为惩罚或法律规定是无偿的，否则必须给予一定的补偿。

我国《刑事诉讼法》规定，在侦查活动中发现的可用以证明犯罪嫌疑人有罪或者无罪的各种财物、文件，应当查封、扣押；与案件无关的财物、文件，不得查封、扣押。对查封、扣押的财物、文件，要妥善保管或者封存，不得使用、调换或者损毁。人民检察院、公安机关根据侦查犯罪的需要，可以依照规定查询、冻结犯罪嫌疑人的存款、汇款、债券、股票、基金份额等财产。有关单位和个人应当配合。对查封、扣押的财物、文件、邮件、电报或者冻结的存款、汇款、债券、股票、基金份额等财产，经查明确实与案件无关的，应当在 3 日以内解除查封、扣押、冻结，予以退还。本案中，公安机关扣押的被告人邬某某的共计 207000 元的人民币和两张银行卡无法证明是其开设赌场的非法所得，因此，法院判决不予认定。人民法院作出的判决生效以后，公安机关应当根据判决对查封、扣押、冻结的财物及其孳息进行处理。对查封、扣押、冻结的赃款赃物及其孳息，除依法返还被害人的以外，一律上缴国库。但本案中，公安机关在法院判决生效后却一直未予将扣押款项返还给被告人邬某某达十年之久，侵犯了被告人的财产权。在检察机关提起监督，发出《纠正违法通知书》后，仍不积极返还。经过跟踪监督，多方协调，案件才得以解决。为严格执行法律，确保公民的财产权利，2015 年 1 月 24 日，中共中央办公厅、国务院办公厅印发《关于进一步规范刑事诉讼涉案财物处置工作的意见》，针对刑事诉讼法中虽有规定但在司法实践中存在的涉案财物处置工作随意性大，保管不规范、移送不顺畅、信息不透明、处置不及时、救济不到位等问题，从而严重损害当事人合法权益，影响司法公信力，提出了进一步规范涉案财物查封、扣押、冻结程序，建立办案部门与保管部门、办案人员与保管人员相互制约制度，规范涉案财物保管制度，探索建立跨部门的地方涉案财物集中管理信息平台，完善涉案财物审前返还和先行处置程序，建立有效权利救济机制，健全责任追究机制等内容，这对于保障公民财产权这一人权问题，促进司法公正将起到重要作用。检察机关要加强对违法侵犯公民财产权的法律监督，充分发挥对人权的保障作用。

案例 6 对犯罪嫌疑人夏某某被指定
居所监视居住监督案[*]

> ➤ **案件概要**

犯罪嫌疑人夏某某，原江苏省甲市政建设集团有限公司董事长、原乙公司法定代表人，住乙办公室房间。2013 年 3 月 27 日夏某某因涉嫌挪用资金罪被甲市公安局丙分局刑事拘留，4 月 26 日该分局将此案向甲市丙区人民检察院提请批准逮捕。5 月 3 日甲市丙区人民检察院以事实不清、证据不足为由对夏某某作出不批准逮捕决定，当日公安机关决定对夏某某指定居所监视居住。甲市丙区人民检察院收到公安机关送达的《监视居住决定书》后，主动要求公安机关提供《指定居所监视居住通知书》《呈请指定监视居住报告书》。5 月 7 日，丙区人民检察院收到夏某某的辩护律师《关于丙分局对夏某某违法采取监视居住措施，请求进行法律监督的申请》。该申请认为公安机关在指定居所监视居住的决定、执行和犯罪嫌疑人合法权益保障等方面均存在违法情况。丙区人民检察院多次赴监视居住场所实地查看并与夏某某面谈，了解夏某某的身体、心理状况和其立案前的实际居所。5 月 13 日，丙区人民检察院向丙区公安局口头建议保障犯罪嫌疑人会见、获得阅读及室外活动等合法权利。5 月 27 日，江苏省人民检察院侦查监督处收到夏某某亲属的申诉信，并及时将申诉信以书面转办函的形式交甲市人民检察院调查核实。5 月 31 日，丙区人民检察院根据犯罪嫌疑人的身心状况和案件进展情况，书面建议公安机关重点关注犯罪嫌疑人的身体健康，避免出现恶性敏感安全事故；并根据侦查活动进展情况、证据收集情况，评议了继续采取指定居所监视居住的必要性，建议公安机关尽早对夏某某解除监视居住或变更强制措施。6 月 6 日，公安机关对夏某某解除指定居所监视居住，变更为取保候审。

---

* 黄河、胡卫列主编：《侦查监督业务教程》，中国检察出版社 2014 年版，第 188 页。

► **案件评析**

本案是修改后刑事诉讼法实施以来一起较为典型的指定居所监视居住监督案件。该案件涉及正确使用逮捕的替代性措施，减少未决羁押的使用和保障犯罪嫌疑人合法权利问题。

审查批准逮捕是人民检察院的一项重要职权，是对公安机关等侦查机关（部门）进行侦查监督的一种重要方式。检察机关审查逮捕，旨在正确适用逮捕措施，避免不必要的逮捕，从而在保障刑事诉讼顺利进行的前提下最大化地维护犯罪嫌疑人的权利，具有保障人权的功能。为减少逮捕的适用，修改后的刑事诉讼法细化了逮捕必要性的条件，完善了监视居住作为减少羁押替代性措施。根据《刑事诉讼法》第 72 条第 1 款规定："人民法院、人民检察院和公安机关对符合逮捕条件，有下列情形之一的犯罪嫌疑人、被告人，可以监视居住：（一）患有严重疾病、生活不能自理的；（二）怀孕或者正在哺乳自己婴儿的妇女；（三）系生活不能自理的人的唯一扶养人；（四）因为案件的特殊情况或者办理案件的需要，采取监视居住措施更为适宜的；（五）羁押期限届满，案件尚未办结，需要采取监视居住措施的。"对符合取保候审条件，但犯罪嫌疑人、被告人不能提出保证人，也不交纳保证金的，可以监视居住。第73 条第 1 款规定："监视居住应当在犯罪嫌疑人、被告人的住处执行；无固定住处的，可以在指定的居所执行。对于涉嫌危害国家安全犯罪、恐怖活动犯罪、特别重大贿赂犯罪，在住处执行可能有碍侦查的，经上一级人民检察院或者公安机关批准，也可以在指定的居所执行。但是，不得在羁押场所、专门的办案场所执行。"由此可见，适用指定居所监视居住对象必须符合逮捕条件，即有证据证明有犯罪事实，并具有法律规定的情形之一，且在法律明确规定的四种特殊情况下，才能适用。《刑事诉讼法》第 73 条第 4 款又专门规定了"人民检察院对指定居所监视居住的决定和执行是否合法实行监督"。对指定居所监视居住的合法性监督主要有两个方面：一是对指定居所监视居住决定的合法性的监督；二是对指定居所监视居住执行合法性的监督。从指定居住监视居住的决定方面来看，监督的关键是对"无固定住处"和"在住处执行可能有碍侦查"的适用条件的理解和把握，在实践中有可能被滥用。对此，必须要严格予以监督。根据《人民检察院刑事诉讼规则（试行）》第 118 条第 2 款的规定，对于公安机关决定指定居所监视居住的案件，由作出批准决定公安机关的同级人民检察院侦查监督部门依法对决定是否合法进行监督。第 119 条规定，被指定居所监视居住人及其法定代理人、近亲属或者辩护人认为侦查机关、人民法院的指定居所监视居住决定存在违法情况，提出控告或者举报，人民检察院应当受理，并报送或者移送承担监督职责的部门办理。人民检察院可以要求侦查机关、人民法院提供指定居所监视居住决定书和相关案件材料。经审查，发现存在不符合指定居所监视居住的适用条件、未按法定程序履行批准手续、在决定过程中有其他违反刑事诉讼法规定等行为的，应当及时通知有关机关纠正。本案中，丙区人民检察院以事实不清、证据不足对犯罪嫌疑人夏某某作出不批准逮捕决定，说明夏某某不具备监视居住的前提条件。因此，公安机关对夏某某指定居所监视居住的决定是不符合刑事诉讼法的规定精神。《公民权利和政治权利国际公约》第9条第4款规定，所有被羁押者，无论他们是受到刑事指控被拘禁，还是受到某种形式的行政拘留，都有权启动法律程序，向司法机关对羁押的合法性提出异议，如果这种羁押被发现是非法的，则被羁押者应被释放。为了加强对指定居所监视居住的监督制约，修改后的《刑事诉讼法》规定，指定居所监视居住的，除无法通知的以外，应当在执行监视居住后24小时以内，通知被监视居住人的家属。夏某某的辩护律师就丙分局对夏某某违法采取监视居住措施向检察机关提出法律监督。检察机关履行监督职责，促使公安机关对夏某某解除了指定居所监视居住，变更为取保候审。

被监视居住的犯罪嫌疑人享有哪些诉讼权利，如何保障，在本案中也引起了争议。根据《刑事诉讼法》第75条第1款规定，被监视居住的犯罪嫌疑人享有会见他人的权利，但须经执行机关批准。这里的"他人"是否包括律师？公安机关在执行中认为，"他人"包括律师，因此，律师会见被指定居所监视居住的犯罪嫌疑人也要经过批准。但是，根据《刑事诉讼法》第37条的规定，辩护律师可以同被监视居住的犯罪嫌疑人会见和通信，不需要经过办案机关许可，但是危害国家安全犯罪、恐怖活动犯罪、特别重大贿赂犯罪案件除外。本案中犯罪嫌疑人显然不属于经过许可的情况，但公安机关在执行中，未经批准，不让律师会见犯罪嫌疑人夏某某，显然是违法的。检察机关提出口头纠正违法的建议后，公安机关安排了律师的会见，并保障夏某某每天享有一定时间的阅读、室外活动的权利，这是符合刑事诉讼法保障人权的精神的。

本案在法治上的另一意义是如何救济被错误使用指定居所监视居住者的权利。《公民权利和政治权利国际公约》第9条第5款规定，任何遭受非法逮捕或拘禁的受害者，有得到赔偿的权利。《保护所有遭受任何形式的拘留或监禁的人的原则》也规定，如果损害的发生是由于国家官员的行为违背了原则的规定或不履行法律职责所造成，则应按照国内法的规定予以赔偿。为减少逮捕的使用，羁押的替代性措施指定居所监视居住也是对公民的人身自由予以限制，且期限最长能达到 6 个月。因此，错误适用指定居所监视居住也会在相当程度上侵害公民的合法权益，法律应规定相应的救济手段而不能放任不管。被错误监视居住的人，长期承受着社会的贬低评价，对其名誉权都会有较大的损害，其亲属也长期生活在痛苦和惶恐之中。但是我国刑事诉讼法对实施指定居所监视居住的保障条款不完备，缺少追责条款，无法保障指定居所监视居住合法有效实施。最高人民法院明确规定监视居住不属于行政诉讼受案范围所列行为，公民对此不服起诉的，人民法院应裁定不予受理。而《国家赔偿法》也只把"错拘""错捕"列入国家赔偿范围，违反规定使用指定居所监视居住侵害被监视居住人合法权利则没有列入国家赔偿范围，被错误适用指定居所监视居住者的人身权和名誉权受到侵害后无法依据国家赔偿法得到事后补救。

案例 7　上海市普陀区人民检察院诉田某某等 11 人寻衅滋事案[*]

➤ **案件概要**

田某某，男，1967 年 3 月 7 日出生；韩某某，男，1975 年 5 月 3 日出生；金某华，男，1971 年 3 月 20 日出生；金某海，男，1982 年 3 月 29 日出生；金某山，男，1975 年 5 月 3 日出生；沈某忠，男，1967 年 1 月 9 日出生；沈某奇，男，1980 年 1 月 12 日出生；吴某，男，1986 年 11 月 13 日出生；吴某军，男，1957 年 4 月 13 日出生；吴某坡，男，1966 年 11 月 27 日出生；吴某雷，男，1981 年 4 月 1 日出生。2014 年 12 月 24 日，田某某等人与田某清等人，在上海市普陀区古浪路 368 弄工地上，因吊料问题发生纠纷，双方发生争执和互殴，后警方到场平息事态。经鉴定，周某某构成轻伤，杨某某构成轻微伤，黄某堂构成轻伤。2014 年 12 月 29 日，田某某等 11 人因涉嫌寻衅滋事罪被上海市普陀区公安分局刑事拘留。2015 年 1 月 29 日，被普陀区人民检察院批准逮捕，羁押于普陀区看守所。

2015 年 2 月 11 日，上海市普陀区人民检察院收到田某某等人所在公司提出的羁押必要性审查申请，对田某某等 11 人立案进行羁押必要性审查。鉴于该案人员较多、影响较大，为充分体现羁押必要性审查的公开、公正，2015 年 2 月 12 日，在看守所和办案部门的配合下，普陀区人民检察院对该案进行公开审查。公安机关侦查人员、看守所监管民警、田某某所在公司代表人员到场参与公开审查，就田某某等 11 人有无继续羁押必要发表了各自的意见。田某某等 8 人在公开审查中悔罪认罪、坦承犯罪行为，但沈某忠、吴某雷、沈某奇等 3 人认罪态度不诚，拒不承认涉罪行为。普陀区人民检察院经综合各方意见，仔细甄别，对据不供述犯罪行为、有证据证明犯罪事实的沈某忠等 3 人驳回申请，对田某某等 8 名符合条件的犯罪嫌疑人作出了制发变更强制措施建议的决定。

2015 年 2 月 16 日，上海市普陀区人民检察院向普陀区公安分局发出了对

---

[*] 2015 年最高人民检察院评出的十大羁押必要性审查典型案例之一。

田某某等 8 人变更强制措施的建议。同年 2 月 25 日，普陀区公安分局采纳了建议，决定对田某某等 8 人取保候审。同年 6 月 4 日，普陀区人民法院以寻衅滋事罪分别判处已变更强制措施的田某某等 8 人有期徒刑 6 个月，缓刑 1 年；对继续羁押的沈某忠等 3 人以寻衅滋事罪分别判处有期徒刑 6 个月。

▶ 案件评析

该案是 2015 年最高人民检察院评选的十个羁押必要性审查的典型案例之一。该案主要涉及羁押候审应是例外情况并且羁押期限应当尽可能缩短，以便在合理的期限内得到审判或被释放的权利问题。

羁押，是指刑事诉讼中的专门机关对犯罪嫌疑人、被告人在法院作出生效裁判之前予以关押的一种暂时剥夺其人身自由的强制措施。审前羁押的主要目的是防止犯罪嫌疑人、被告人毁灭证据、串供、逃跑等逃避侦查与审判的行为发生和防止犯罪嫌疑人、被告人威胁证人、报复控告人、重新犯罪等危害社会的行为发生。审前羁押的范围一般仅限于可能被处以较重刑罚的犯罪嫌疑人。在整个刑事诉讼过程中，逮捕和羁押属于限制、剥夺公民人身自由最为严厉的手段。因此，联合国有关文件和世界许多国家的法律中对逮捕、羁押作出了严格的规定和规制。

按照国际准则的规定，对受到刑事犯罪指控的人进行审前的羁押应是例外而不是常规做法。《公民权利和政治权利国际公约》第 9 条第 3 款明确指出："等候审判的人受监禁不应作为一般规则，但可规定释放时应保证在司法程序的任何其他阶段出席审判，并在必要时报到听候执行判决。"联合国人权事务委员会在其第 8 号一般性意见中再一次确认："审前羁押应是一种例外，并尽可能的短暂。"《保护所有遭受任何刑事拘留或监禁人的原则》第 39 条指出，除法律规定的特殊情形外，以刑事罪名被拘留的人有权利在审判期间按照法律的可能规定的条件释放。除非司法当局或其他当局为了执法的利益而另有决定，这种当局应对拘留的必要性进行复审。根据我国的法律规定，实行的是逮捕与羁押合一的制度，羁押在程序和理由上，没有独立于拘留、逮捕的适用程序和理由，未决羁押成为审前犯罪嫌疑人、被告人的一种常态。① 为减少羁押，保护犯罪嫌疑人、被告人的权利，我国 2012 年修订的《刑事诉讼法》建立了逮捕后的羁押必要性审查制度。《刑事诉讼法》第 93 条规定："犯罪嫌疑

① 胡卫列主编：《检察官与人权保障教程》（修订版），中国检察出版社 2014 年版，第 103 页。

人、被告人被逮捕后，人民检察院仍应当对羁押的必要性进行审查。对不需要继续羁押的，应当建议予以释放或者变更强制措施。有关机关应当在十日以内将处理情况通知人民检察院。"

本案中，犯罪嫌疑人田某某等人被逮捕后，其所在公司向检察机关提出羁押必要性审查申请。检察机关进行了公开审查，引入言词性因素，听取犯罪嫌疑人及其公司代表人员、侦查机关和看守所监管人员的意见，对田某某等 8 人符合条件的犯罪嫌疑人作出了制发变更强制措施建议的决定。为了有效地减少羁押，从程序规范上切实保障人权，为犯罪嫌疑人在审前程序中提供权利救济，我国设立了检察机关对羁押必要性进行审查的制度，但是与国外的羁押必要性审查相比较还是有所区别的。国外羁押必要性审查是由中立的法官，通过听证作出是否继续羁押的判断，是一种司法审查，而我国检察机关的羁押必要性审查并不是完全意义的司法审查机制，而只能是准司法机制，检察机关不能直接改变羁押的状态，而只能从监督者的角度，向相关机关提出释放或者变更强制措施的建议。有关机关在接到检察机关的建议后，应当就羁押必要性进行全面审查，在 10 日内将处理结果通知人民检察院。有关机关未采纳检察机关建议的，应当说明理由和根据。同时，检察官在进行羁押必要性审查时，虽然行使的是法律监督职能，但检察官需要将自己当作法官，因为羁押必要性审查需要坚持客观性和中立性，检察官不能站在追诉方的立场去审查。[①] 在羁押必要性审查的方式上，可探索实行听证式的审查，即由检察机关以召集并主持听证会的形式，就羁押必要性进行审查的一种方式，这种审查方式强调参与主体的多方性。参加听证会的主体根据不同的诉讼阶段可以包括侦查机关、审判机关、人民监督员、被追诉人及其权利人，以及社会其他人员。在羁押必要性审查过程中，检察机关要充分听取与会各方的意见，并在综合评估犯罪嫌疑人、被告人的人身危险性、社会危害性、认罪态度等因素后，最终作出是否继续羁押的建议。检察人员要制作听证会记录，参会人员要在会议记录上签字。听证会可以充分尊重诉讼参与各方，便于检察建议的落实。另外，为了提高检察机关羁押必要性审查的执法公信力，检察机关应建立健全相关的告知和配套救济机制。最高人民检察院在《人民检察院刑事诉讼规则（试行）》第 618 条规定，犯罪嫌疑人、被告人及其法定代理人、近亲属或者辩护人可以申请检察院进行羁押必要性审查。但是，一般在没有辩护律师的情况下，犯罪嫌疑人、被告人本人及法定代理人、近亲属常常对向谁提请申请、申请程序、提起时间等

---

① 陈卫东等：《羁押必要性审查的理论认识与实践应用》，载《国家检察官学院学报》2012 年第 6 期。

问题无所适从，有的可能还不知道何为羁押必要性审查。为有效解决该问题，检察机关应在犯罪嫌疑人、被告人被羁押后及时向其发放《捕后羁押必要性审查提醒书》，依法告知提起程序、时间及其他所享有的权利义务，避免因不知法而放弃权利的情形发生。检察机关在羁押必要性审查后，无论是否作出变更强制措施的建议，都应当说明理由并记录在卷。有申请人或被害人的，应当同时告知申请人或被害人以充分保障其知情权。要建立羁押必要性审查的救济机制。"有权利必有救济"，有效的救济措施是程序被遵守和权利得以实现的保障。申请人对检察机关所作出的羁押必要性审查处理决定不服的，如何救济？修订后的刑事诉讼法没有规定，因此，申请人可以向作出决定的检察机关申请复议，或者直接向上一级检察机关申请复核。对于因接受贿赂、徇私枉法、打击报复，而对犯罪嫌疑人、被告人故意拒绝作出变更强制措施建议的检察机关，被追诉人及其权利人可以向上级检察机关提出控告，上级检察机关应当及时处理，并将处理情况告知控告人。

案例 8　张某某涉嫌妨害公务案[*]

> **案件概要**

2002 年 8 月 18 日 23 时许，陕西省延安市万花派出所民警接到群众电话举报，称辖区内一居民家中正播放黄色录像。派出所根据举报派出 4 名民警前去张某某、李某某夫妇家调查。

张某某夫妇，均为陕西省延安市宝塔区居民，因无新房就在诊所后边租了个窑洞。由于病人随时上门，所以夫妇二人干脆就吃住、生活在这里。张某某的房子结构像个"田"字形，前两间是药房和输液室，后面一间是夫妻的卧室。卧室当时窗户用双层的红水绒窗帘遮住，房门口挂着门帘。当事人在放碟时把声音放得极小。当民警以看病为由闯进张某某卧室时发现，房间内只有新婚夫妻张某某和李某某两人躺在床上，此时电视机已关闭。几名民警表明身份，并要求夫妻俩拿出"黄碟"，但遭拒绝。由此，双方发生冲突。民警以妨害警方执行公务为名将张某某带回派出所。张某某事后告诉记者，当时这几个人进来时没有戴警帽，没有佩戴警号、警徽，他不知道对方是警察，更不知道对方是否是在执行公务，所以才会与来人发生冲突。

2002 年 8 月 19 日，在缴纳了 1000 元暂扣款后，张某某被放回家中。10 月 21 日，张某某突然又被宝塔区公安分局治安大队带走，随即以"涉嫌妨害公务"被刑事拘留。10 月 28 日，宝塔区公安分局向宝塔区人民检察院提请批准逮捕张某某。宝塔区人民检察院经过认真研究之后认为，宝塔区公安分局提供给检察院的报捕材料，当中的部分证据还不能确认，提交的材料反映的内容不能作为批准逮捕张某某的充分理由，于 11 月 4 日以"事实不清，证据不足"为由作出不予批准逮捕张某某的决定，发回公安分局补充侦查。11 月 5 日，被刑事拘留 16 天之后的张某某被宝塔区公安分局以取保候审的形式释放回家。12 月 5 日，宝塔区公安分局以"案件撤销"为由，解除了对张某某的取保候审，1000 元暂扣款同时返还当事人。2002 年 12 月 31 日下午，由延安市宝塔区政法委、宝塔区政府办公室和宝塔区信访局组成的专

---

[*]　参见李步云、孙世彦主编：《人权案例选编》，高等教育出版社 2008 年版，第 100 页。

门协调小组向当事人赔礼道歉；一次性补偿当事人医疗费及误工费人民币29137元。

▶ **案件评析**

　　该案涉及公民私生活权利保护、住宅不受任意或非法干涉的权利、禁止任意或非法逮捕或拘禁、国家应当保证遭受非法逮捕或者拘禁者获得赔偿等人权问题。第一，《公民权利和政治权利国际公约》第7条第1款规定："任何人的私生活、家庭、住宅和通信不得任意干涉，他的荣誉和名誉不得加以攻击。"我国《宪法》第39条规定："中华人民共和国公民的住宅不受侵犯。禁止非法搜查或者非法侵入公民的住宅。"本案中，张某某夫妇因结婚无新房而将诊所后租的窑洞作为生活居住地，从国际人权标准来看，这个场所应属于隐私权范围内的、受保护的住宅。① 因此，作为住宅不受侵犯，不受非法搜查或者非法侵入。本案中，万花派出所根据群众举报，派出四位民警在晚上11点之后对张某某住宅进行搜查，四位民警未穿警服，未戴警帽、警号、警徽，以看病为由闯进门去掀当事人的被子进行搜查。根据我国《刑事诉讼法》第109条规定："为了收集犯罪证据、查获犯罪人，侦查人员可以对犯罪嫌疑人以及可能隐藏罪犯或者犯罪证据的人的身体、物品、住处和其他有关的地方进行搜查。"第111条规定："进行搜查，必须向被搜查人出示搜查证。在执行逮捕、拘留的时候，遇有紧急情况，不另用搜查证也可以进行搜查。"本案中，张某某夫妇在其住宅内深夜看黄碟的行为在当时虽具有非法性，但是作为成年人，他们把看黄碟的行为和影响仅限制在自己的居室之内，是一项私人行为，没有侵犯其他公民的利益，也没有危害公共道德和社会秩序，其社会危害性极小，不符合搜查的收集犯罪证据、查获犯罪人的条件，因此，对张某某住宅的搜查既不符合法律规定范围，也违反法定程序，侵犯了张某某夫妇的私生活权利和住宅不受非法干涉的权利。

　　在深夜是否和如何对公民住宅进行搜查也是涉及对人权保障的重要问题。夜间搜查对公民隐私的侵犯较为严重，特别是对个人住宅的搜查。隐私权的基本内容可概括为三个方面：个人生活安宁不受侵扰、私人信息保密不被公开、个人私事决定自由不受阻却。一般情况下，人们在夜间会有较多的私密或隐私活动，如人们常于夜间衣衫不整或有亲昵行为，用美国联邦最高法院的说法就是人们在夜间有较多的"个人隐私期待"（ private expect）。如果允许夜间搜

---

① 参见李步云、孙世彦主编：《人权案例选编》，高等教育出版社2008年版，第101页。

查，必将使公民的个人生活安宁受到严重侵扰，个人隐私无法得到保护。同时人们在夜晚有比较强的恐惧感。人属于日行性动物，昼出夜息，对夜间怀有恐惧感。在夜间人们一般反应不太灵敏，体能较差，相较于白天不能很好地保护自己。因而在夜晚搜查容易使人产生恐惧和惊吓，严重者甚至造成被搜查者在精神上和心理上产生疾病。[①] 因此，不少法治国家在刑事诉讼法中原则上都禁止夜间搜查，并明确规定了搜查的时间问题。如法国刑事诉讼法规定，除非屋主提出要求，或者法律另有规定，对住所（包括犯罪嫌疑人的住所和其他人的住所）的搜查不得在 6 时以前和 21 时以后进行。这一要求不仅适用于现行犯案件的侦查，也适用于预审法官进行的正式侦查。所谓"法律另有规定"，指法国《刑事诉讼法》第 706 之 28 条第 1 款和第 706 之 35 条的规定，即在侦查有关卖淫嫖娼方面的犯罪时，经预审法官批准，司法警察可以在任何时刻进入所有饭庄、旅馆、酒店、俱乐部、舞厅杂技游艺厅及其他用于公共娱乐和消费的地方进行搜身和搜查，以确认嫖娼人以及常容留卖淫嫖娼的地点。德国《刑事诉讼法》第 104 条规定，在夜间，只能在追捕现行犯或者捉拿潜逃的囚犯或者其他紧急情况下才能对住所、办公场所和有圈围的产业进行搜查；对任何人都可以在夜间出入的场所或者有前科人员的投宿、聚集场所，或者犯罪赃物储藏室、秘密赌场、麻醉品或武器的非法交易场所，或者秘密卖淫的场所，搜查时不受时刻限制。德国除了原则上规定不得夜间搜查外，还根据不同的季节明确了夜间的时段：4 月 1 日至 9 月 3 日，夜间指从晚上 23 时至凌晨 4 时；10 月 1 日至次年 3 月 31 日，夜间指从晚上 23 时至凌晨 6 时。关于搜查的时间，日本法规定以日落、日出为界限，而不是具体时刻，即除非搜查证上写明可以在夜间搜查外，不得在日出以前、日落以后而进入有人居住或看守的住所、建筑物和船舶内；在日落以前已经着手搜查的，可以持续到日落以后。但在下列场所进行搜查的，不受上述时间限制：（1）可以认为是常用于赌博、彩票或妨害风化行为的场所；（2）旅馆、饮食店或其他在夜间公众也可以出入的场所，但以在开放时间内为限。[②] 一般而言，禁止夜间对公民住宅进行搜查，充分体现了对公民隐私权的保护。我国刑事诉讼法对搜查制度的规定比较粗陋，并没有区分日间搜查和夜间搜查。立法上的空白往往被视为对司法实践的默许，因而在我国刑事司法实践中，并不禁止侦查机关进行夜间搜查，夜间搜查反而成了侦查机关成功抓获犯罪嫌疑人、及时收集、固定证据的重要法

---

① 林国强：《论夜间搜查——从两则案例谈起》，载《河南科技大学学报》（社会科学版）2012 年第 1 期。

② 孙长永：《侦查程序与人权——比较法考察》，中国方正出版社 2000 年版，第 119 页。

宝，如我们经常可以在媒体上看到公安机关搞"零点行动"而战果累累。但是在司法实践中，也因夜间强入民宅进行搜查而出现侵犯人权的情况。① 因此，从立法上应完善我国对搜查这一侦查措施的规制，从立法上明确规定"对公民居住的住宅以及其他有人居住的住处，不得在夜间进行搜查"。把禁止夜间搜查的对象限制为公民居住的地方，以体现确立禁止夜间搜查是基于对公民隐私权的保护。通过例外规定，明确夜间搜查的特殊情况，规范搜查方式，避免野蛮搜查。

第二，在搜查中，因张某某夫妇与警察发生冲突后，民警以妨害警察执行公务为名将张某某深夜带到派出所，后又以"涉嫌妨害公务"予以刑事拘留的行为，构成了对张某某的人身自由的非法限制。根据我国《刑事诉讼法》（1996 年修订）的规定，公安机关对于现行犯或者重大嫌疑分子，如果有下列情形之一的，可以先行拘留：（1）正在预备犯罪、实行犯罪或者在犯罪后即时被发觉的；（2）被害人或者在场亲眼看见的人指认他犯罪的；（3）在身边或者住处发现有犯罪证据的；（4）犯罪后企图自杀、逃跑或者在逃的；（5）有毁灭、伪造证据或者串供可能的；（6）不讲真实姓名、住址，身份不明的；（7）有流窜作案、多次作案、结伙作案重大嫌疑的。张某某是被放回家后三天被拘留的，张某某也没有逃跑的迹象。因此拘留张某某的根据是不存在的，构成对张某某人身自由的非法限制。联合国《公民权利和政治权利国

---

① 两个案例。案例一：2004 年 5 月 17 日 23 时许，被告人曹某为获取"线费"，给在公安机关做协勤的被告人张某打电话称，在辽宁兴城某住宅楼内有卖淫嫖娼行为。张某与被告人王某（兴城公安局民警）商量后，由被告人王某用手机分别通知被告人刘某、魏某（均为兴城公安局民警）和赵某（协勤人员）。6 人聚齐后来到该楼 2 单元 201 号常某家门外后，没有敲开门。在无任何确定违法事实证据、未办理任何法律手续的情况下，王某等 6 名被告人先后爬梯子通过窗户进入受害人常某家中，打开屋门，让被告人魏某、张某进入室内。在未查到室内有卖淫嫖娼人员后，6 名被告人离去。受害人常某因受惊吓而患急性应激性障碍。经协议，6 名被告人及兴城市公安局赔偿受害人经济损失共计 18 万元。案例二：2004 年 9 月 1 日晚，在辽宁本溪市也发生了类似的案件。当时身为该市某派出所巡长的董某带领"线人"王某，在没有经过领导批准、身着便装、未携带工作证件和办理任何法律手续的情况下，进入本溪市平山区一歌厅准备抓嫖娼卖淫现行。他们没有表明身份就将歌厅门外一个小房间的房门踹开并进入，导致正在房间里休息的歌厅业主的女儿小玲受惊吓而住院治疗。经辽宁省精神卫生中心鉴定，小玲为急性应激性障碍，其发病与 2004 年 9 月 1 日被惊吓有直接因果关系。一审以董某、王某构成非法搜查罪分别判处两人有期徒刑 3 年、2 年，并共同赔偿附带民事诉讼原告人小玲医疗费、护理费、交通费、误工费等 123374 元。林国强：《论夜间搜查——从两则案例谈起》，载《河南科技大学学报》（社会科学版）2012 年第 1 期。

际公约》第 9 条将逮捕或拘禁的合法性与任意性作为并列要求，只有在"依照法律所确定的根据和程序"进行并且并非出于任意时，剥夺自由才被允许。对任意性的禁止代表了对于剥夺自由的一种附加限制，这种限制既针对立法机关，也针对执法机关。仅仅由法律规定剥夺自由是不充分的。法律本身不能是任意的，而且在某一具体情况中对法律的实施也不能任意进行。"任意"与"非法"也不是相等的，任意包含了非正义、不可预见性、不合理性、反复无常性和不成比例性的因素。也就是说，根据法律规定进行的羁押（剥夺自由）不能明显不成比例、不公正或不可预见性。本案中公安机关对张某某的拘留不仅没有法律根据，从张某某违法行为的情况看，也不足以适用拘留这样的强制措施，明显不成比例，具有不公正性。

当宝塔区公安分局向宝塔区人民检察院报请批准逮捕时，检察机关又以事实不清，证据不足作出不予批准逮捕的决定。检察机关通过行使审查批准逮捕权，保障了张某某的人身自由权。但是对于公安机关的错误拘留决定和非法搜查行为，检察机关却没有进行有效监督。根据《刑事诉讼法》（1996 年修订）规定，人民检察院在审查批准逮捕工作中，如果发现公安机关的侦查活动有违法情况，应当通知公安机关予以纠正，公安机关应当将纠正情况通知人民检察院。本案中，检察机关作出不批准逮捕决定，要求公安机关补充侦查，但对公安机关侦查中的违法行为没有提出纠正通知。

第三，《公民权利和政治权利国际公约》第 9 条第 5 款规定，任何遭受非法逮捕或拘禁的受害者，有得到赔偿的权利。《保护所有遭受任何形式的拘留或监禁的人的原则》也规定，如果损害的发生是由于国家官员的行为违背了原则的规定或不履行法律职责所造成，则应按照国内法的规定予以赔偿。本案中张某某被刑事拘留 15 天，后公安机关以"案件撤销"为由，解除了对张某某的取保候审，显然，拘留 15 天构成非法拘禁，国家应该予以权利救济，进行赔偿。最后由延安市宝塔区政法委、宝塔区政府办公室和宝塔区信访局组成的专门协调小组向当事人赔礼道歉；一次性补偿当事人医疗费及误工费人民币29137 元。

第三章

职务犯罪侦查与人权保障

案例 9　河南省浚县人民检察院 诉刘某某滥用职权案[*]

> **案件概要**

被告人刘某某，曾任河南省驻马店市中级人民法院刑事审判庭庭长，涉案时任河南省平舆县人民法院院长。2010 年 5 月 4 日，被告人刘某某接到驻马店市中级人民法院纪检组组长的电话，通知其去当地颐和山庄宾馆接受询问。刘某某到达后即被关在该宾馆一个房间里，办案人员要求其交代在担任驻马店市中级人民法院刑庭庭长期间办理的公安部督办的河南南阳人白某某涉黑犯罪减刑一案的问题，但未出示相关法律文书，也未告知其涉嫌罪名及办案人员身份、单位等，同时没收其手机等个人物品。5 月 11 日下午 16 时许，刘某某被带出颐和山庄宾馆，至晚上 21 时被带至浚县人民检察院，随即被宣布因涉嫌滥用职权罪由浚县人民检察院立案侦查。之后办案人员即要求刘某某靠墙 30 厘米面壁站着，从当天晚上 21 时许一直站到第二天上午 7 时。

5 月 12 日，刘某某被宣布监视居住，"中午吃完饭了，又来几个人，气势凶得不行，没打我，但到夜里，又开始打我，把我撂倒在地上之后，往我身上坐，不是轻轻地坐，是使劲坐"。"一直打到 5 月 15 日，我的肋骨疼得很，坐着也疼，疼得哭。16 日上午，把我送去浚县中医院照片。后来照 X 光之后，说我没有问题，但后来我肋骨疼了整整 4 个月，有经验的人都说，肯定是肋骨打断了。"刘某某称，在浚县迎宾馆的 21 个昼夜，"他被困在一间二十多平米的房间里，彻底失去自由，不准上床睡觉，并遭到了严重的刑讯逼供"。

5 月 31 日，浚县人民检察院决定对刘某某刑事拘留。据报道称，刘某某在被拘留后送看守所羁押期间，也遭受了刑讯逼供。刘某某称，"看守所里面

---

* 参见《刘某某与鹤壁市人民检察院错误逮捕国家赔偿案决定书》，载中国裁判文书网，http://www.court.gov.cn/zgcpwsw/hen/pc/201501/t20150102_6060695.htm；刘长：《30 年坐堂审案，不如 19 个月"震撼教育"？法院院长公开求证：我有何违法》，载《南方周末》2012 年 5 月 10 日；薛小丽等：《被"震撼教育"的法院院长后续："我就是要这个理"》，载《南方周末》2015 年 6 月 4 日。

是精神恐怖，让你处在饥饿之中，让家里送钱再加价卖给你东西，然后就是强迫劳动，规定工作量和时间，然后就是打骂、虐待。违法使用脚镣手铐，土话叫'撩住'，体罚叫'撩起来'，把脚镣手铐全部铐在一起。还有一种叫'挂起来'，把手铐铐起之后，挂在号房的门梁上。'弓起来'，就是对着墙壁躬着腰撅着屁股罚站。还有拉出来到审讯室坐'老虎凳'，是一种专门做的椅子，手脚全部铐住，一坐24个小时。'三稀'也是一种严管措施，每天只发三碗稀饭，不给发馍。我经历过两次'撩起来'，一次时间短，撩起来半天，第二次撩起来3天3夜，去掉之后，还被戴脚镣手铐17天，实行17天'三稀'"。

2011年6月14日，经鹤壁市人民检察院决定，浚县公安局将刘某某逮捕。9月27日，浚县人民检察院以刘某某犯玩忽职守罪向浚县人民法院提起公诉。在法庭审判阶段，刘某某及其辩护人以刑讯逼供为由请求排除非法证据，并要求法庭调取其2010年5月16日在浚县中医院所拍的X光及5月31日的讯问笔录（刘某某声称其在该笔录上写有"对所受到的待遇保留权利"）。法庭调取并宣读了其检查报告和讯问笔录，检察机关则提供了侦查人员出具的侦查期间未刑讯逼供的证明。

2011年9月3日，浚县人民法院决定将刘某某取保候审。10月20日，浚县人民法院作出（2010）浚刑初字第155号刑事判决，判决刘某某无罪。检察机关抗诉后，2011年12月12日，鹤壁市中级人民法院作出（2011）鹤刑终字第105号刑事裁定，驳回抗诉、维持原判。河南省人民检察院抗诉后，2012年12月1日，河南省高级人民法院作出（2012）豫法刑抗字第2号刑事裁定，驳回抗诉、维持原判。后刘某某提出国家赔偿，河南省高级人民法院以（2014）豫法委赔字第8号国家赔偿决定书对刘某某的国家赔偿请求作出了裁判。

▶ 案件评析

本案涉及国际人权保护公约中的被羁押公民的人身待遇问题，特别是羁押期间免受酷刑的问题。国际人权保护公约有一项非常重要的内容，即强调一国公民有免受酷刑、残忍、不人道或侮辱性对待或刑罚的权利。在当今社会，这已经成为国际人权保护标准的最低限度，一系列国际公约均将之纳入重点规范的内容。《世界人权宣言》规定，"任何人不得加以酷刑，或施以残忍的、不人道的或侮辱性的待遇或刑罚"。1949年《日内瓦公约》（通称关于保护战争受难者的日内瓦四公约）将免予酷刑作为不可克减的人权条款，禁止"残伤肢体、残忍待遇或酷刑侮辱性的和有辱人格的待遇”；1955 年《联合国囚犯待遇最低限度标准规则》第 31 条规定，"体罚、暗室禁闭和一切残忍、不人道或有辱人格的惩罚应一律禁止，不得作为对违法行为的惩罚"。1966 年《公民权利和政治权利国际公约》、1975 年《保护人人不受酷刑和其他残忍、不人道或有辱人格待遇或处罚宣言》、1979 年《执法人员行为守则》、1982 年《关于医务人员特别是医生在保护被监禁和居留的人不受酷刑和其他残忍、不人道或有辱人格的待遇或处罚方面的任务的医疗道德原则》等国际性法律文件在涉及人权问题时均高度一致地明文规定禁止酷刑。依据这些国际公约的规定，禁止酷刑是绝对的、无例外的国际义务，国际社会鼓励各国尽可能广泛地禁止酷刑。

在上述国际公约中，有关反酷刑问题规定的最全面和最有代表性的是《禁止酷刑和其他残忍、不人道或有辱人格的待遇或处罚公约》。[①] 根据该公约规定，酷刑是指为了向某人或第三者取得情报或供状，为了他或第三者所为或涉嫌的行为对他加以处罚，或为了恐吓或威胁他或第三者，或为了基于任何一种歧视的理由，蓄意使某人在肉体或精神上遭受剧烈疼痛或痛苦的任何行为，而这种疼痛或痛苦是由公职人员或以官方身份行使职权的其他人所造成或在其唆使、同意或默许下造成的。同时，公约明确实施酷刑的行为人不仅包括公职人员，而且包括以官方身份行使职权的其他人。还发出了有关文件，允许在某种特定的场合对"公职人员或者以官方身份行使职权的人"作出某种扩大解释，如在涉及儿童或者病人的案例中，行为人可以是对病人、儿童等有着某种特定权威的、正从事着教育、医疗工作的任何人。在此基础上，该公约进一步将反酷刑界定为成员国的国际法义务，明确要求"每一缔约国应采取有效的立法、行政、司法或其他措施，防止在其管辖的任何领土内出现施行酷刑的行为。任何意外情况，如战争状态、战争威胁、国内政局不稳定或任何其他社会紧急状态，均不得作为施行酷刑之理由。上级官员或政府当局之命令不得作为施行酷刑之理由"。

对于上述公约规定内容，我国宪法和刑事诉讼法等立法及一系列司法解释都作了合理吸收并结合我国情况，对被羁押人在羁押期间的待遇问题作出了明确规定。《看守所条例》第五章"生活、卫生"对监室物理条件、卫生条件及被羁押人所享有的各种待遇进行了细致的列举式规定。《看守所条例实施办法》则以 11 个部分 63 个条文进一步予以了细化。按照上述规定，看守所等羁

---

① 联合国安理会从 1984 年 10 月开始适用该公约，1986 年中国政府签署公约。1988 年 9 月，中华人民共和国全国人民代表大会进一步批准了该公约，1988 年 11 月 3 日该公约开始对我国生效，但我国对该公约第 20 条和第 30 条第 1 款予以了保留。

押机关和办案机关负有保障被羁押人享有正当待遇的义务。这种义务既来源于履行国际人权公约条款规定的需求，也来源于国家赖以产生和存在的最基本的道德需求。

在本案中，根据被告人刘某某的控诉，其在被羁押期间多次遭受不正当待遇。在其自 2010 年 5 月 11 日 21 时在浚县人民检察院被宣布因涉嫌滥用职权罪由浚县人民检察院立案侦查，直至 5 月 31 日被决定刑事拘留期间，一直处于侦查机关的控制之下；而自 2011 年 6 月 14 日被执行逮捕时起，其则处于看守所羁押状态。据其所称，"看守所里面是精神恐怖，让你处在饥饿之中，让家里送钱再加价卖给你东西，然后就是强迫劳动，规定工作量和时间，然后就是打骂、虐待。违法使用脚镣手铐，土话叫'撩住'，体罚叫'撩起来'，把脚镣手铐全部铐在一起。还有一种叫'挂起来'，把手铐铐起之后，挂在号房的门梁上。'弓起来'，就是对着墙壁躬着腰撅着屁股罚站。还有拉出来到审讯室坐'老虎凳'，是一种专门做的椅子，手脚全部铐住，一坐 24 个小时。'三稀'也是一种严管措施，每天只发三碗稀饭，不给发馍。我经历过两次'撩起来'，一次时间短，撩起来半天，第二次撩起来 3 天 3 夜，去掉之后，还被戴脚镣手铐 17 天，实行 17 天'三稀'"。综合被告人刘某某的上述说法，其在侦查羁押期间遭受了非人道待遇，如精神恐怖、强迫劳动、打骂虐待、违法使用脚镣手铐、不让吃饱饭甚至还有刑讯逼供等。这些不人道待遇，既有执法机关基于办案需要或维持监管潜规则的主动作为，如刑讯逼供、强迫劳动、违法使用脚镣手铐等；也有执法人员对混乱监管秩序的视若无睹，如来自被监管人员之间的打骂虐待等。但无论属于何者，都是对犯罪嫌疑人、被告人基本人权的侵犯，属于违背国际人权公约规定和国内立法规定的双重违法行为，应当予以严厉谴责和纠正。作为法定的职务犯罪侦查机关，检察机关肩负着法律监督的使命与职责，既应确保自身的职务犯罪侦查行为始终在法治化轨道内运行，也应监督其他执法机关的刑事司法行为符合法定规则。而检察官作为具体检察职能的行使者，更是肩负着将立法预设于检察权之上的各种价值目标付诸实践并产生预期效果的重任。基于检察机关的独特地位设定和检察官职权行为的重要性，检察机关必须在职务犯罪侦查程序中平衡人权保障和惩罚犯罪两大价值而不可有所偏废。这就要求检察机关作为职务犯罪侦查程序的主导者，必须保证犯罪嫌疑人在侦查过程中享有基本的人道待遇和权利保障。以此标准观之，本案检察官在保障被告人刘某某享有基本的人道待遇方面存在较大缺陷。事实上，被告人刘某某在侦查和羁押期间遭受了非人道待遇，甚至某些方面违背了国际人权公约和国内立法的要求。对于这种状况的出现，负责本案侦查工作的检察官负有较大的责任，应当承担相应的法律责任。

案例 10 宁夏回族自治区吴忠市红寺堡区人民检察院诉汪某某、王某某失职致使在押人员脱逃案*

> **案件概要**

被告人汪某某案发时系宁夏吴忠市公安局红寺堡区分局民警，2006 年 8 月起在红寺堡区看守所工作；被告人王某某案发时系宁夏吴忠市公安局红寺堡分局合同制工人，2006 年 3 月起在红寺堡区看守所工作。2012 年 8 月 27 日，犯罪嫌疑人马某因涉嫌信用卡诈骗罪被羁押于红寺堡区看守所（后马某被指控犯有盗窃罪，涉案金额 52809 元，依法可能被判处 10 年以上有期徒刑）。2012 年 9 月 4 日，马某因患急性阑尾炎在当地医院进行手术。2013 年 3 月 12 日，马某因伤口感染未愈合，经批准后出所就医。3 月 19 日晚，被告人汪某某、王某某被指派于当天 18 时至 20 日 8 时在医院负责马某的值班看守工作。当晚交接班时，马某并没有加戴任何戒具。随后王某某坐在门口的凳子上，汪某某在病房靠窗户的病床上躺着，马某在病房中间的病床上躺着，三人一同用笔记本电脑看电影。21 时左右，王某某将链拷一头拷在床上，另一头拷在马某左脚脚腕处。22 时左右，马某要上厕所，王某某将脚铐打开和汪某某一起带马某上厕所，回来后马某称其左脚勒得太疼，王某某将链拷钥匙给马某让其自行将链拷打开后拷在左手腕上，拷好后马某将钥匙还给王某某。后马某在 20 日凌晨 2 点左右睡去，汪某某也一直在睡觉，王某某一人看电影至 20 日凌晨 2 时 30 分时也打盹迷糊睡去。20 日凌晨 3 时左右，马某趁两被告人熟睡、看守不备时脱逃，后王某某发现马某脱逃，随即叫醒汪某某一起寻找，同时打电话给领导汇报。后马某于 2013 年 3 月 29 日被抓获。2013 年 4 月 1 日，宁夏吴忠红寺堡区人民检察院以涉嫌失职致使在押人员脱逃罪对汪某某、王某某立案侦查。两人先被羁押于吴忠市看守所，后因能主动供述案件事实，且不具有社会危害性，故办案机关决定对两人取保候审。

---

* 参见宁夏回族自治区吴忠市人民检察院检察委员会 2013 年案件审查报告。

► **案件评析**

本案涉及人身自由权问题。人身自由权是基本人权，也是公民所享有的其他个人权利的基石。基于这一因素，大量国际人权公约都将人身自由权纳入其规制的范围。在国际人权公约中，有关人身自由权的最主要规定是《公民权利和政治权利国际公约》第9条。除此之外，《世界人权宣言》第3条和第9条、《执法人员行为守则》和《为罪行和滥用权力行为受害者取得公理的基本原则宣言》相关内容、《非洲人权和人民权力宪章》第6条、《美洲人权公约》第7条、《欧洲人权公约》第5条、人权事务委员会第8号一般性意见等都对人身自由权作了相应规定。

综合这些国际人权公约的规定来看，人身自由权的主要内容包括：（1）禁止任意或非法逮捕或羁押。禁止任意和非法的逮捕、羁押是所有人权中最基本的权利，也是《世界人权宣言》提供的基本保障之一。该宣言第9条明确规定，任何人不得任意逮捕、拘禁或放逐。《公民权利和政治权利国际公约》等国际公约和区域性文件也都规定，逮捕、羁押不得任意进行，必须有正当理由且依照法定程序进行。这些规定有效禁止了除公约所规定的逮捕和拘禁剥夺人身自由之外的羁押，即使本国的法律所允许，也在禁止之列。《保护所有遭受任何形式拘留或监禁的人的原则》对禁止任意逮捕作出了进一步规定。其指出，逮捕、拘留和监禁不仅要严格按照法律的规定，而且只能够由有资格的官员或被授权的人执行，这一规定实际上表明要禁止在某些国家发生的一种普遍现象，即有许多不同种类的机构，虽然法律并没有授予他们实施拘留或逮捕的权力，但是他们在实践中却可以广泛地使用这一权力。这一国际规范性文件显然也将未授权人所实施的逮捕划入任意、非法逮捕的范围。（2）任何被逮捕的人，在被逮捕时应被告知逮捕他的理由，并应迅速告知对他提出的任何指控。《公民权利和政治权利国际公约》《保护所有遭受任何刑事拘留或监禁的人的原则》以及其他一些国际公约都规定，对被逮捕或拘留的人必须通知逮捕、拘留的理由以及不利于他们的任何控告。虽然这些国际文件的表述略有不同，但都展示了高度共识，即任何被逮捕和被羁押的人都有权在逮捕后的短时间内被告知原因。《保护所有遭受任何刑事拘留或监禁的人的原则》还进一步规定，在通知被羁押人逮捕原因时，应使用被羁押者能够理解的语言。联合国及欧洲人权委员会在一些具体案例中对此作了进一步解释，"通知被羁押者逮捕和拘留的原因不应是简单的，而是应该告知其作出这种决定的法律及事实根据，以便于他考虑这种羁押是否合法，以及他是否向法院申请撤销不合法的羁押"。《保护所有遭受任何刑事拘留或监禁的人的原则》还要求通知被逮捕的人以其他有关信息，如逮捕的时间、地点及第一次被逮到法院或其他司法机关的信息，并要向被逮捕的人解释其所享有的各项权利，如律师帮助权等。（3）被及时带到司法机关的权利。《公民权利和政治权利国际公约》《保护所有遭受任何刑事拘留或监禁的人的原则》等国际规范性文件都明确规定，受到刑事指控的被羁押者应当被及时带到法官面前或其他被授权行使司法权的官员面前。这一权利与被羁押者对羁押是否合法提出异议不同，是国家司法机关应当主动履行的义务，其目的是通过一个独立于实施监禁的、享有司法权的机关对羁押进行司法审查，以防止任意或非法羁押。同时，这也有助于防范出现其他非法行为，如刑讯逼供和羁押期间非人道待遇。因为这一时间段被羁押者与外界完全隔离而身处公权力机关的掌控中，被带到司法官员面前是其对非法行为提出控告的唯一机会。另外，国际公约弹性规定地规定了被羁押者带到司法机关的期限，通行的表述是"及时"。多数国家通过国内法将"及时"具体化为 24 小时或 48 小时，在例外的紧急情况下可以适当延长。司法机关在审查羁押时，应审查作出逮捕和拘留的原始决定的合法性和必要性，以及是否有充分根据继续羁押。（4）被羁押者享有保释权。通行的国际刑事司法准则要求，对受到刑事指控的人进行审前羁押应当是例外情况。《公民权利和政治权利国际公约》第 9 条第 3 款明确规定："等候审判的人受监禁不应作为一般规则，但可规定释放时应保证在司法程序的任何其他阶段出席审判，并在必要时报到听候执行判决。"联合国人权事务委员会在第 8 号一般性意见中再一次确认这一规定，"审前羁押应是一种例外，并尽可能短暂"。《保护所有遭受任何刑事拘留或监禁的人的原则》第 39 条规定，除法律规定的特殊情形外，以刑事罪名被拘留的人有权在审判期间按照法律可能规定的条件释放。除非司法当局或其他当局为了执法的权益而另有决定，这种当局应当对拘留的必要性进行复审。（5）在合理时间内接受审判或被释放的权利。《公民权利和政治权利国际公约》第 9 条第 3 款规定，被羁押者有权在合理的时间内接受审判或被释放。几乎所有的国际人权规范性文件都明确刑事被指控者享有迅速审判权。更重要的是，即使有合理的原因继续羁押被告人，但如果审判没有在合理的时间内进行，被羁押者也应当得到释放。为保障这一权利，一些国家规定了最长羁押期限，但更多的情况是，被告人在整个侦查和审判阶段都要被羁押。因此，联合国反对自我归罪和保护青少年的下属委员会建议：所有政府通过立法使被逮捕或被拘留的人在被逮捕的 3 个月内接受审判，或将其释放等待以后的诉讼程序。（6）羁押异议权。所有被羁押者，无论其是否受到刑事指控，都有权启动法律程序对羁押提出异议。《公民权利和政治权利国际公约》

第 9 条对此作出明确规定。《保护所有遭受任何刑事拘留或监禁的人的原则》第 32 条进一步规定，被羁押者在被拘禁的任何时间内都可以提起对拘禁的异议的程序，从而赋予被羁押者不受限制地提起羁押异议的权利。但是，有关国际文件规定表明，就羁押提出异议的权利只能是被羁押者的一项权利而不能自动转化为拘禁机关的一种义务。因此，羁押异议只能由被羁押者自行提出。但是，考虑到实践情况，被羁押者完全有可能因困难多不可能再启动这一程序，如被羁押者不熟悉所涉及的法律程序或其所聘请的律师或接触适当的司法机关的请求受阻或简单地被拘禁机关所否定。因此，应当允许另外的人，如律师或家庭成员代表被拘禁者启动该程序。《公民权利和政治权利国际公约》还进一步要求，有关羁押异议的问题应当由完全独立于侦查、起诉程序的司法机关裁决。司法机关有权决定羁押的合法性，如果认为羁押非法，其有权立即释放被羁押人。要特别注意的是，这里的"合法"不仅是程序意义上的，还是实体意义上的，即司法机关不仅要调查诉讼程序是否正确，还要审查羁押原因及其根据。

从上述内容可以看出，有关人身自由权规定的核心在于确保任何基于法定理由和法定程序的逮捕或拘禁不至于长久地妨碍人身自由权的行使，即合法逮捕或拘禁必须作为例外情形而存在，且一旦实施即应立即交由司法官决定是否应予羁押。我国宪法和刑事诉讼法也合理吸纳了上述精神，就公民人身自由权作出了详细规定，具体体现为我国刑事诉讼法的有关规定。按 2012 年《刑事诉讼法》第 78 条至第 98 条的规定，犯罪嫌疑人、被告人被依法逮捕后，办案机关应当尽快予以讯问并通知家属；检察机关应当进行羁押必要性审查，对不需要继续羁押的，应当建议予以释放或变更强制措施。《人民检察院刑事诉讼规则（试行）》等相关司法解释对检察机关审查批准逮捕和羁押必要性审查的具体标准和程序作了进一步细化。而为了进一步强化对人身自由权的保障，最大程度地减少甚至消除超期羁押、不正当羁押的情况，使被羁押者能够及时有效地获取救济，最高人民检察院于 2016 年年初发布了《人民检察院办理羁押必要性审查案件规定（试行）》。根据该规定，犯罪嫌疑人、被告人及其法定代理人、近亲属、辩护人可向人民检察院申请进行羁押必要性审查，申请时应当说明不需要继续羁押的理由。人民检察院可以对羁押必要性审查案件进行公开审查。人民检察院经审查后，应当根据犯罪嫌疑人、被告人涉嫌犯罪事实、主观恶性、悔罪表现、身体状况、案件进展情况、可能判处的刑罚和有无再危害社会的危险等因素，综合评估有无必要继续羁押犯罪嫌疑人、被告人。对于下列四种情形，人民检察院应当向办案机关提出释放或者变更强制措施的建议：案件证据发生重大变化，没有证据证明有犯罪事实或者犯罪行为系犯罪嫌疑人、被告人所为的；案件事实或者情节发生变化，犯罪嫌疑人、被告人可能被判处拘役、管制、独立适用附加刑、免予刑事处罚或者判决无罪的；继续羁押犯罪嫌疑人、被告人，羁押期限将超过依法可能判处的刑期的；案件事实基本查清，证据已经收集固定，符合取保候审或者监视居住条件的。

另外，下列 12 类人在符合"具有悔罪表现，不予羁押不致发生社会危险性"这一必备条件后，人民检察院可以向办案机关提出释放或者变更强制措施的建议：预备犯或者中止犯；共同犯罪中的从犯或者胁从犯；过失犯罪的；防卫过当或者避险过当的；主观恶性较小的初犯；系未成年人或者年满七十五周岁的人；与被害方依法自愿达成和解协议，且已经履行或者提供担保的；患有严重疾病、生活不能自理的；系怀孕或者正在哺乳自己婴儿的妇女；系生活不能自理的人的唯一扶养人；可能被判处一年以下有期徒刑或者宣告缓刑的；其他不需要继续羁押犯罪嫌疑人、被告人的情形。上述立法和司法解释的规定构建了我国刑事诉讼程序保障公民免受不当羁押并享有及时救济权的制度框架，使刑事诉讼程序中的公民人身自由权保障达到一个较高水准。

本案两被告人身负监管职责，但在履职过程中严重失职，导致可能被判处十年有期徒刑以上刑罚的在押人员脱逃，涉嫌失职致使在押人员脱逃罪。检察机关对两人立案侦查后，根据办案需要将两人依法羁押。但在办案过程中，鉴于案情发展和两被告人具有悔罪表现，不予羁押不致发生社会危险性等情况，决定对两人取保候审，从而使两人免受长期之不必要羁押，较好地保障了两被告人的人身自由权。应当说，在当前司法实践中，该案办案机关的做法还是值得肯定的。但从更为宏观的制度背景和实践背景来考察，我们可以发现，在我国，因为传统刑事诉讼模式下所形成的路径依赖惯性及现实因素的限制，羁押措施的使用已经常态化，原本只应例外适用的逮捕、拘留等羁押手段被优先使用，导致呈现在公众面前的，是不符合常理的高羁押率长期存在，而监视居住、取保候审等羁押替代措施只能成为理论话语体系中的专业词汇。这种状况的形成，与我们长期以来将羁押看作刑罚预演的实体功能主义认识误区和由农业社会转向工业社会过程中人员流动频繁而政府社会控制能力弱化导致刑事司法体系无法妥善应对大量流动人口犯罪的现状存在密切关系。

长期以来，无论是司法官员还是普通民众，都在审前羁押与定罪量刑之间建立起直接逻辑关联，即一旦犯罪嫌疑人被羁押，就直接认定其实体上有罪并会被判处刑罚，因此将审前羁押视作刑罚的预演，导致办案人员一旦认为犯罪嫌疑人构成犯罪，就会寻求将其羁押。另外，社会转型期政府控制能力减弱，刑事司法体系面对流动人口犯罪激增的局面，只能通过羁押手段的普遍大量适用以确保犯罪嫌疑人在案并接受审判。在这双重因素的叠加下，审前羁押适用的普遍化既满足了公众尽早惩罚犯罪的心理欲望，也化解了办案人员有关办案安全的担忧，因而形成了实践中司法人员习以为常而研究者痛心疾首的高羁押率现象。最近十多年来，这种状况因备受批评而引起司法高层注意，并引发了一系列制度革新，试图扭转这一被动局面。但对于大多数实践部门来说，长期以来适用审前羁押方式所产生的路径依赖已然被固定化，希冀在短时期内转变这一固有认识和路径实在任重道远。正是在这一背景下，本案办案机关能够根据案件具体情况，及时将两被告人解除羁押，变更强制措施为取保候审的做法具有较为典型的示范意义，客观上也为刑事司法程序对公民人身自由权的保障提供了范例。

案例 11　湖北省利川市人民检察院 诉冉某某受贿案[*]

> ## 案件概要

冉某某，1962 年生，生前曾任湖北省利川市人民检察院检察员，利川市人民检察院反贪局副局长、局长，利川市人民检察院副检察长，利川市司法局局长，利川市都亭街道办事处党委书记、主任。2010 年 11 月 13 日，冉某某被利川市纪委宣布"双规"。2011 年 5 月 26 日，经利川市人大常委会批准，利川市人民检察院以其涉嫌利用职务之便，在征地拆迁、工程发包等事项中为他人谋取利益，收受他人贿赂，构成受贿罪为由将其逮捕，并异地关押到巴东县人民检察院接受审讯。6 月 4 日 14 时 30 分许，正在接受审讯的冉某某突然出现身体不适，现场办案人员对他进行急救，给予人工呼吸以及胸外按压，但是不见好转。15 时 5 分，巴东县人民医院的医护人员赶到现场进行急救，并于 15 时 20 分将冉某某送至巴东县人民医院。经抢救无效，冉某某于 16 时 30 分死亡。家属得知冉某某突然死亡后，迅速赶到巴东县，提出要查看死者被审查时的监控录像，被告知监控录像坏了。家属拍摄的照片显示，冉某某背部、腿部、前腹部除大面积尸斑淤青外，还有几处明显颜色较深的紫褐色血印，其中背部沿脊骨从上至下，排列一串共 4 个暗红、发黑、非常醒目的圆形瘀疤。

此案被媒体披露后，引发了强烈社会反响，当地甚至出现了群体性事件。为迅速查明案件真相，还被告人及家属以公正并平息舆论压力，湖北恩施州纪委及检察机关组成专案组迅速介入，并邀请湖北同济法医学会司法鉴定中心的有关专家组成专家组负责对冉某某进行死因鉴定。6 日 14 时，鉴定专家开始检查尸体，确实发现尸体腰背部正中有 4 处间断性表皮损伤，皮肤呈暗红色，皮革样化，切开未见皮下出血；死者双侧手腕有多发性条状不规则擦痕，边缘较锐，损伤程度轻，局部未见明显出血；死者头皮未见损伤，颅顶未见出血，经开颅检查，脑底视交叉与脚间窝之间有一个瘤子，体积有 12 立方厘米左右。

---

[*] 参见上官兰雪：《冉某某死亡事件》，载《南方周末》2011 年 6 月 10 日；李蒙：《冉某某案的启示》，载《民主与法制》2013 年第 29 期。

事后经进一步组织病理学检查发现，肿瘤组织排列规则，边界清晰，可见纤维包膜包裹；肿瘤细胞多为圆形或卵圆形；肿瘤内见新鲜片状出血并向外破溃，形成血肿。经上述检查可以初步判断，冉某某是颅内肿瘤破裂急性出血坏死，由于是脑垂体促性腺激素肿瘤，很快导致中枢性呼吸功能衰竭而死亡。但被告人冉某某身体其他部位损伤原因仍未明确。

2011年6月9日上午，鉴定专家实地查看了冉某某病发的现场，即巴东县人民检察院的讯问室。经湖北省公安厅副厅长的指导，专案组人员在审讯椅上坐着，后背在椅子背上来回磨蹭，然后检查痕迹，发现在部位和形状上都与死者后背的疤痕吻合，也正好是4个。这说明冉某某在生前曾长时间坐在审讯椅上，姿势很不舒服，所以后背在椅子上反复磨蹭，擦伤了表皮，留下了疤痕。冉某某的臀部也有许多擦伤，新伤叠旧伤，有的有溃烂迹象，鉴定专家一致认定是长时间坐在审讯椅上摩擦出来的。

综合上述情况，专家组经反复讨论达成一致意见。2011年6月16日下午，湖北同济法医学司法鉴定中心专家组在巴东向有关部门和冉某某家属通报了冉某某死亡原因司法鉴定：根据对死者冉某某的法医学尸检、病理组织学及相关化验结果，结合现有案情、病历资料、死亡经过及专家意见，综合分析认为，冉某某在被押审讯过程中，因躯体及精神刺激（长时间审讯、体位受限、损伤及情绪激动）导致其所患的垂体促性腺激素腺瘤发生急性出血坏死，最终因急性中枢性呼吸循环功能衰竭而死亡，可排除机械性损伤、机械性窒息、常见毒物中毒、电击及高低温损伤直接致死的可能。

2011年6月9日下午，恩施州第六届人民代表大会常务委员会第三十次会议决定，批准巴东县人民检察院检察长辞职。当晚，巴东县人民检察院两名办案人员因在办理本案中涉嫌职务犯罪，被恩施州人民检察院依法立案侦查，并决定对两人刑事拘留。6月10日，利川市委副书记、市纪委书记因在查办此案中负有领导责任，恩施州委决定对其停职，接受调查。

2012年1月，湖北省恩施州鹤峰县人民法院经审理认为，巴东县人民检察院反贪局原教导员和法警大队原教导员在办理冉某某涉嫌受贿案中，实施了刑讯逼供行为，构成刑讯逼供罪，依法分别判处两被告人有期徒刑3年和有期徒刑1年。

> ### 案件评析

本案涉及侦查讯问中的基本人权保障问题。侦查活动是刑事诉讼的基础环节，也是国家公权力对公民权利限制或剥夺程度最高的刑事诉讼环节，稍有不慎就会对公民权利造成严重损伤。而侦查讯问则集中体现了侦查活动的高压制性和高对抗性，侦查人员往往因为和犯罪嫌疑人利益互斥而存在滥用公权以达目的的冲动。为确保侦查活动特别是侦查讯问活动的合法性，防止出现侵犯人权行为，各国立法都就此作出了严格规范。有关国际公约则从人权保障的角度，构建了犯罪嫌疑人、被告人基本权利保护的框架性规则。从内容上看，有关国际人权公约关于侦查讯问中的人权保障主要包括如下方面：

第一，禁止酷刑或刑讯逼供。《世界人权宣言》第 5 条规定，任何人不得加以酷刑，或施以残忍的、不人道的或有侮辱性的待遇或刑罚。《公民权利和政治权利国际公约》第 7 条也有同样规定。《禁止酷刑和其他残忍、不人道的或侮辱性的待遇或处罚公约》则在进一步界定酷刑的基础上，指出免予酷刑是在任何情况下都必须得到尊重的人权。1988 年联合国《保护所有遭受任何形式拘留或监禁的人的原则》第 21 条明确规定，"应禁止不当利用被拘留人或被监禁人的处境而进行逼供，或强迫其以其他方式认罪，或作出不利于他的证言。审问被拘留人时不得对其施以暴力、威吓或使用损害其决定能力或其判断力的审问方法"。为捍卫这些标准，国际或区际已经建立一系列的调查和监督管理机构，如根据《联合国反酷刑公约》成立的联合国反对酷刑委员会与联合国酷刑问题特别报告员、欧洲禁止酷刑委员会等。而对于检察官在侦查讯问中的规范要求，1979 年联合国《执法人员行为守则》第 5 条明确规定："执法人员不得施加、唆使或容许任何酷刑行为或其他残忍、不人道或有辱人格的待遇或处罚，也不得以上级命令或特殊情况，例如战争状态、战争威胁、国家安全的威胁、国内政局不稳定或任何其他公共紧急情况，作为施行酷刑或其他残忍、不人道或有辱人格的待遇或处罚的理由。"

第二，不被强迫作不利于己的供述或不得被强迫自证其罪。不被强迫作不利于己的供述或不得被强迫自证其罪是刑事诉讼程序的基石性原则，是实现无罪推定的必然要求，在许多国际公约和国家立法中都有明确体现。联合国《公民权利和政治权利国际公约》第 14 条第 3 款规定："在判定对他提出的任何刑事指控时，人人完全平等地有资格享受以下最低限度的保证：……不被强迫作不利于他自己的证言或强迫承认犯罪。"《美国宪法第五修正案》规定："任何人不得被强迫自证其罪。"《日本国宪法》第 38 条规定："不得强制任何人作不利于本人的供述。"从一般理解来说，不被强迫作不利于己的供述或不得被强迫自证其罪首先是指犯罪嫌疑人或被告人没有义务提出任何可能使自己陷入不利境地的陈述和其他证据，追诉方则不得采取任何非人道或有损犯罪嫌疑人或被告人人格尊严的方法强迫其作出陈述或提供其他证据。按照由实践经验提炼出的理论认知，非人道的或有损人格尊严的方法包括刑讯逼供、疲劳审讯、限制休息和饮食、强迫服用药物、催眠以及过度的威胁引诱欺骗等。其次，不被强迫作不利于己的供述或不得被强迫自证其罪意味着被告人在面对控方时有权保持沉默，也有权基于自由意志而进行陈述，即供述必须出于犯罪嫌疑人、被告人的自愿，外界不得对其施加任何物理的或精神的强制。因此，在侦查讯问中，犯罪嫌疑人应当享有沉默权。欧洲人权法院在 1996 年 2 月 8 日有关 Murray 案的判决中指出，"在警察讯问时保持沉默的权利和反对自证其罪的权利是普遍承认的国际准则，是（《欧洲人权公约》）第 6 条规定的公正程序观念的核心"。再次，不被强迫作不利于己的供述或不得被强迫自证其罪意味着犯罪嫌疑人、被告人不负提供证据证明自己无罪的举证责任，不得基于被告人沉默而推导出对其不利的结论。最后，不被强迫作不利于己的供述或不得被强迫自证其罪意味着以强制手段获取的犯罪嫌疑人、被告人供述应当被排除在指控证据体系之外。对此，联合国人权事务委员会在 1984 年第 13 号一般性意见中，对不强迫自证其罪的权利作了如下解释："第 3 款第 7 项规定，被告人不得被强迫作不利于他自己的证言或强迫承认犯罪。在考虑这项保障时应记住第 7 条和第 10 条第 1 款的规定，强迫被告供认或作不利于他自己的证言的常用方法往往违反这些规定。法律应当规定完全不能接受用这种方式或其他强迫方法获得的证据。"尤其值得注意的是，有关国际规范性文件明确界定了检察官在这方面的责任。《联合国关于检察官作用的准则》规定，对于公职人员侵犯人权的罪行，检察官可以采取适当行动。检察官有责任排除以非法方法取得的证据，这些方法构成了对犯罪嫌疑人人权的严重侵犯。"当检察官根据合理的原因得知或认为其掌握的不利于犯罪嫌疑人的证据是通过严重侵犯犯罪嫌疑人人权的非法手段，尤其是通过拷打，残酷的、非人道的或有辱人格的待遇或处罚或以其他违反人权的方法取得的，检察官应拒绝使用此类证据来反对采用上述手段者之外的任何人或将此事通知法院，并采取一切必要的步骤确保将使用上述手段的责任者绳之以法。"

第三，权利告知和讯问中的律师帮助权。《公民权利和政治权利国际公约》第 14 条第 3 款第 1 项规定："迅速以一种他懂得的语言详细告知对他提出的指控的性质和原因。"第 4 项规定："出席受审并亲自替自己辩护或经由他自己选择的法律援助；如果他没有法律援助，要通知他享有这种权利。"《联合国关于律师作用的基本原则》第 1 条规定："所有人都有权请求由其选择的一名律师协助保护和确立其权利并在刑事诉讼的各个阶段为其辩护。"第 7 条规定："各国政府还应确保，被逮捕或居留的所有人，不论是否受到刑事指控，均应迅速得到机会与一名律师联系，不管在任何情况下至迟不得超过自逮捕或拘留之时的四十八小时。"讯问中的权利告知是为了使犯罪嫌疑人及时了解法律所赋予其的诉讼权利，从而为行使这些权利提供基础。相应地，及时地向犯罪嫌疑人告知权利就成为指控机关的一种义务。

在本案中，湖北省恩施州鹤峰县人民法院认为巴东县人民检察院反贪局原教导员和法警大队原教导员在办理冉某某涉嫌受贿案中，实施了刑讯逼供行为，构成刑讯逼供罪，依法分别判处两被告人有期徒刑 3 年和有期徒刑 1 年。据此可以认定，两被告人在讯问犯罪嫌疑人冉某某时存在刑讯逼供等非法讯问行为。而在我国，刑讯逼供等损害公民人权的公权滥用行为一直是宪法和刑事诉讼法等重要法律的规制重点，但由于各种现实因素的羁绊和利益纠葛，刑讯逼供等问题尚未得到彻底解决。实践中，仍然有少量侦查人员出于各种因素考量而主动或被动地对犯罪嫌疑人刑讯以获取口供，以求顺利办结案件。但是，无论理由再正当，都无法使刑讯逼供行为获取正当性。作为国家公器的行使者，侦查办案人员负有打击犯罪、维护社会公平正义的神圣使命，但目的的正当性并不必然意味着手段的正当性。事实上，在现代法治国家，公众对执法目的正当性和执法手段正当性都报以同样高度关注，甚至在一定程度上，对执法手段正当性的关注已超过执法目的正当性。20 世纪 60 年代肇端于美国并大大影响各国刑事司法程序革新的正当法律程序革命的兴起表明，随着时代进程的推进，特别是法治成为现代公众的理性判断和自觉选择以后，公权力机关再也不能仅仅依靠目的正当而使其执法行为获取正当性，只有获取法定授权并严格遵守法律程序，才是公权力行使行为正当性合法性的唯一来源。在我国现行法律体制下，检察机关是法定的行使职务犯罪侦查权的国家机关，肩负着行使法律监督权的神圣职责，同时，立法又特别强调检察官客观义务，要求检察官在执法司法活动必须严格遵守法律，不偏不倚地查明案件真相，实现司法公正。因此，在保障犯罪嫌疑人各项法定权利的基础上查明案件事实是对检察官的必然要求，检察官采取任何以办案需要或查明事实为理由的侵犯犯罪嫌疑人权利的侦查行为都是不可接受的，也是无法得到公众理解和支持的。在本案中，两被告人作为冉某某涉嫌受贿案的承办检察官，原本应当严格遵守有关侦查讯问的法律规定，依据法定讯问程序对犯罪嫌疑人冉某某进行讯问以获取有关供述，但可惜的是，两被告人的所作所为远远超出了有关讯问规则所能容许的界限，最终导致受贿嫌疑人冉某某死亡的悲剧。这不仅是对法律规定本身的亵渎，也极大地损害了检察权公信力，相关办案人员应当承担相应法律责任。

案例 12 浙江省宁波市鄞州区人民检察院诉章某某受贿案[*]

> **案件概要**

　　被告人章某某曾先后担任宁波东钱湖旅游度假区建设管理局建设工程前期办公室（以下简称前期办）项目经办人、副主任、主任。2010 年 7 月 22 日中午，宁波市鄞州区人民检察院以章某某收受史某某 2 万元贿赂的线索要求章某某接受谈话，但没有出具相关法律手续，也没有制作谈话笔录。7 月 23 日 22 时 55 分，侦查机关对章某某予以刑事传唤，7 月 24 日 10 时 55 分对其刑事拘留，仍没有对章某某制作讯问笔录。同年 8 月 5 日，经浙江省宁波市人民检察院决定，章某某被逮捕。其间，章某某供称收受史某某所送现金 2 万元、周某所送现金 1 万元；并供称又分别收受宁波建工集团股份有限公司项目经理蔡某某、宁波星荷园林公司总经理徐某某所送的价值 4000 元的银行卡各 1 张，宁波住宅建设集团股份有限公司副总经理赵某某所送的价值 2000 元的银行卡 1 张。

　　宁波市鄞州区人民法院经审理后认定，宁波市鄞州区人民检察院在 2010 年 7 月 22 日中午控制章某某到 23 日 22 时 55 分刑事传唤章某某期间，没有出具相关法律手续，也没有制作谈话笔录，至 7 月 24 日 10 时 55 分刑事拘留章某某，仍没有对章某某制作讯问笔录，故侦查机关的前期侦查行为存在瑕疵。审判过程中，章某某及其辩护人提出侦查机关违法获取章某某有罪供述，并提供相关证据和线索。公诉机关虽然出示、宣读了章某某的有罪供述笔录、播放了部分审讯录像片段、提交了没有违法审讯的情况说明等，但没有针对章某某及其辩护人提供的章某某在侦查机关审讯时受伤这一线索提出相应的反驳证据，无法合理解释章某某伤势的形成过程，其提出的证据不足以证明侦查机关获取章某某审判前有罪供述的合法性，故章某某审判前有罪供述不能作为定案根据。因此，起诉书指控章某某收受周某所送现金 1 万元、史某某所送 2 万元和蔡某某于 2008 年春节时所送银行卡价值 2000 元、赵某某于 2008 年春

---

　　*　参见陈东升等：《"检方指控证据被排除"首现浙江》，载《法制日报》2011 年 8 月 24 日。

节时所送银行卡价值 2000 元等事实，因仅有行贿人证词，且证词前后矛盾，又无其他证据印证，证据不足，故均不能认定。据此，法院认定被告人章某某在担任宁波东钱湖旅游度假区建设管理局副主任、主任期间，分别于 2007 年春节前、2008 年 5 月、2009 年春节前，利用工程监管等职务便利，非法收受宁波建工集团股份有限公司项目经理蔡某某、宁波星荷园林公司总经理徐某某、宁波住宅建设集团股份有限公司副总经理赵某某等人，分别为谋求、感谢章某某在其公司承建或代管宁波效实中学东钱湖校区、东钱湖连心路工程等项目上给予的帮助而所送的价值 2000 元的银行卡各 1 张，合计价值 6000 元。

宁波市鄞州区人民法院于 2011 年 7 月 11 日作出（2011）甬鄞刑初字第 320 号刑事判决，认为章某某受贿 6000 元，犯受贿罪，免予刑事处罚。鄞州区人民检察院和被告人章某某均不服，分别提出抗诉、上诉至宁波市中级人民法院。该院依法组成合议庭，分别于 2011 年 8 月 26 日、12 月 14 日两次公开开庭审理了本案。宁波市人民检察院指派检察员王某某、童某某出庭支持抗诉，上诉人章某某及其辩护人到庭参加诉讼。

被告人章某某及其辩护人提出：（1）本案侦查、审查起诉程序严重违法。2010 年 7 月 22 日中午，侦查机关在没有出具任何法律手续的情况下对章某某实施人身控制，直到 23 日 22 时 55 分才出示传唤证；侦查机关的立案依据即史某某 2010 年 7 月 21 日笔录涉嫌造假，系违法立案。（2）侦查机关刑讯逼供，非法取证。连续审讯、章某某体表伤等证据证明侦查人员刑讯逼供、非法获取章某某有罪供述。被告人章某某及其辩护人并对该案的事实认定问题提出了不同意见。上诉人及辩护律师提供了宁波市鄞州区看守所入所健康检查记录和入所健康检查登记表、提押证、宁波市第二医院 X 诊断报告单、章某某的宁波市城镇职工基本医疗保险证历本和会议记录本复印件等证据材料。

宁波市鄞州区人民检察院抗诉认为，侦查机关 2010 年 7 月 23 日传唤章某某后，对其进行了讯问，填写了相关材料，并对审讯进行同步录像，章某某还作了二次自书交代，故侦查机关的前期侦查行为合法。原审法院调取的体检调查登记表仅反映章某某体表伤势特征的情况，不能说明伤势形成的原因及过程，而同步审讯录像以及侦查人员的证言证实章某某体表伤并非刑讯逼供造成。公诉机关向原审法庭提供的章某某多次供述笔录、自书交代、悔过书以及同步审讯录像和讯问人员出具的无刑讯逼供的说明材料等证据，足以证明侦查机关获取章某某审判前有罪供述的合法性，原审法庭以非法证据排除章某某审判前供述，显属不当。抗诉机关同时对本案的事实认定、适用法律等提出了抗诉意见。浙江省宁波市人民检察院支持抗诉机关的抗诉意见，同时还认为，同步审讯录像以及侦查人员出具的无刑讯逼供的说明材料等证据充分说明章某某体表伤并非刑讯逼供造成，原判认定章某某审判前供述不能作为定案根据的理由不能成立。为支持抗诉，出庭检察员还向法庭提供了证人沈某某、周某、史某某等人的证言，章某某的自我交代材料、被调查人权利义务告知书及基本情况表，书证工商行政管理局复函，建设工程合同、银行汇款凭证等证据，同时又申请法庭通知证人周某、史某某到庭作证，并提供相关同步审讯录像供合议庭审查。

宁波市中级人民法院经审理后认定，一审期间，被告人及其辩护人提出章某某审判前供述是非法取得，并提供了章某某在侦查阶段审讯时受伤的线索。法庭调取并查看了看守所体表检查登记表，要求公诉人提供章某某同步审讯录像等证据，以查明原因，但公诉机关拒绝提供。原审法院据此认为公诉机关提供的现有材料不足以证明其获取章某某有罪供述的合法性，章某某有罪供述在未排除非法获得的情况下，无法作为定案根据，因而未认定相关事实的做法，符合法律、司法解释规定。鄞州区人民检察院就此提出的抗诉理由尚不充分，不予采信。二审期间，检察机关提请行贿人周某、史某某出庭作证，提交了行贿人史某某的同步审讯录像、章某某同步审讯录像以及侦查人员关于讯问过程合法性的证言。经合议庭、出庭检察员、辩护人共同观看同步审讯录像，确认本案线索来源正常，侦查机关系根据史某某的交代而调查章某某，章某某右上臂小面积皮下淤血、皮肤划伤 2cm 并非刑讯逼供所致。章某某并非在刑讯逼供的情况下作出有罪供述。宁波市人民检察院出庭检察员提供的证据足以证明侦查机关获取章某某供述的合法性。故原审中涉及的前述相关问题已经解决，章某某审判前的有罪供述可以作为证据采用。据此，二审法院以被告人章某某受贿 7.6 万元判处其犯受贿罪，撤销一审判决，改判其有期徒刑 2 年。

▶ 案件评析

本案涉及联合国人权公约中的有效救济权问题。有效救济权是指权利受到侵犯的个人有权通过国内途径请求并获得有效救济。它是一项保障性权利，与其他各项权利的行使和保护密切相关。有效救济权的存在使公民在其他任何一项权利受到侵害的情况下，都能够获得有效救济。在人权公约的立场上，有效救济权主要包括以下四个方面的内容：（1）任何认为自身权利受到其他个人、团体或国家机关侵犯的个人有权向本国司法机关、行政机关、立法机关或本国法律制度所规定的其他主管机关提出救济请求；（2）任何提出权利救济请求的个人有权得到国家主管机关对其请求进行独立公正的审理和裁定；（3）个人得到的救济必须是有效的，即有关救济应足以终止正在进行或仍在持续的侵害行为，矫正已经发生的侵害行为，适当惩罚和制裁责任人员，充分补偿受害者人身、物质和精神方面的损害，并尽可能阻止可能再次发生的类似侵害行为；（4）最终生效的救济裁定应能得到实际执行，国家有义务确保个人有效救济权的实现。①

在相关国际人权公约中，有关有效救济权的最主要的一般性规定体现在《公民权利和政治权利国际公约》第 2 条第 3 款。该款规定："本公约每一缔约国承担：（甲）保证任何一个被侵犯了本公约所承认的权利或自由的人，能得到有效的补救，尽管此种侵犯是以官方资格行事的人所为；（乙）保证任何要求此种补救的人能由合格的司法、行政或立法当局或由国家法律制度规定的任何其他合格当局断定其在这方面的权利；并发展司法补救的可能性；（丙）保证合格当局在准予此等补救时，确能付诸实施。"同时，该公约第 9 条第 5 款和第 14 条第 6 款还分别规定了非法逮捕或拘禁的受害者和刑事错判的受害者有获得赔偿的权利。除此之外，《世界人权宣言》第 8 条、《消除一切形式种族歧视国际公约》第 6 条、《禁止酷刑和其他残忍、不人道或有辱人格的待遇或处罚公约》第 12 条至第 14 条、《欧洲人权公约》第 13 条、《关于暴力犯罪受害者补偿的欧洲公约》和《美洲人权公约》第 25 条都规定了这一权利。联合国人权事务委员会、经济社会和文化权利委员会、消除种族歧视委员会和儿童权利委员会等条约机构发表的许多一般性意见或建议都不同程度地对这一权利进行了进一步说明。

对于受到侦查权不正当对待而权利受损的状况，尤其是人身权受损的状况，《禁止酷刑和其他残忍、不人道或有辱人格的待遇或处罚公约》第 12 条规定，每一缔约国应确保在有理由认为在其管辖的领土内有施用酷刑的行为时，其主管当局应立即对此进行公正的调查。第 13 条规定，每一缔约国应确保任何声称在其管辖的领土内遭到酷刑的个人有权向该国主管当局申诉，其案件应得到该主管当局迅速而公正的审查。应采取步骤确保申诉人和证人不因提出申诉或提供证据而遭受苛待或恐吓。第 14 条规定，每一缔约国应在其法律体制内确保酷刑受害者得到补偿，并享有获得公平和足够赔偿（包括尽可能使其完全复原的费用）的权利。如果受害者因受酷刑死亡，其受抚养人应享有获得赔偿的权利。根据这些规定，在刑事侦查程序中受到刑讯逼供等酷刑行为的公民，可以向国家有关机关请求救济，而主管机关应当展开迅速而公正的调查，并予以补偿和赔偿。第 15 条进一步规定，每一缔约国应确保在任何诉讼程序中不得援引任何确属酷刑逼供作出的陈述为证据，但这类陈述可引作对

---

① 李步云、孙世彦主编：《人权案例选编》，高等教育出版社 2008 年版，第 308 页。

被控施用酷刑逼供者起诉的证据。综合上述规定，在国际人权公约层面，有关有效救济权的理解可分解为两个方面：第一，实体意义上的有效救济权，即公民因不当待遇遭受人身、财产损失而应享有的提出救济请求并实际获得赔偿、补偿的权利；第二，程序意义上的有效救济权，即国家公权力机关因不当对待公民而获取的程序利益应当被依法剥夺。《禁止酷刑和其他残忍、不人道或有辱人格的待遇或处罚公约》针对反酷刑和其他残忍、不人道或有辱人格的待遇或处罚的需要，将程序意义上的有效救济权进一步具体化，明确规定如果公民在刑事程序中遭受酷刑待遇，有关机关因采取酷刑行为而获取的收益将受到法律非难，最直接的体现就是因此获得的证据将被排除于对被告人的指控证据体系之外。

对于上述公约的规定，我国立法和司法解释也予以积极借鉴。2010 年 5 月，最高人民法院、最高人民检察院、公安部、国家安全部和司法部联合发布《关于办理死刑案件审查判断证据若干问题的规定》和《关于办理刑事案件排除非法证据若干问题的规定》（以下简称"两个证据规定"），明确规定采取刑讯逼供等获取的犯罪嫌疑人供述等应当排除。2012 年修改的《刑事诉讼法》和有关司法解释进一步予以确认和完善。本案发生于"两个证据规定"颁布之后不久，其核心争议点之一就是被告人在侦查阶段所作口供是否应予排除，因此，该案被冠以"非法证据排除第一案"而广受公众关注。在本案中，被告人章某某因涉嫌受贿罪被当地检察机关立案侦查并被起诉。在法庭审理过程中，章某某声称其在侦查阶段遭受刑讯逼供，并要求法庭排除相关证据，其和辩护人还提出了相关证据。一审法院经审理后，认为侦查机关的前期侦查行为存在瑕疵，而且公诉机关没有针对章某某及其辩护人提供的章某某在侦查机关审讯时受伤这一线索提出相应的反驳证据，无法合理解释章某某伤势的形成过程，提出的证据不足以证明侦查机关获取章某某审判前有罪供述的合法性，故章某某审判前有罪供述不能作为定案根据，即排除侦查机关刑讯获取的有关证据。该案二审和再审阶段，合议庭均再次对章某某提出的排除非法证据的请求进行了审理，并作出了相应决定。本案中，章某某针对其在侦查阶段遭受刑讯逼供的不正当待遇提出了救济请求，一审法院、二审法院和再审法院都针对这一救济请求，重点审查了侦查机关取证行为合法性并作出了相应裁决。应当说，对于本案被告人章某某的救济请求，司法机关按照有关国际人权公约要求和我国相关法律规定，迅速及时地进行了审查，在法定程序内为被告人提供了有效救济，在充分保障被告人有效救济权得以行使的同时，也履行了司法机关应负的责任。尽管本案一审裁判在再审程序被推翻，但被告人章某某提出的非法证据排除请求成为法庭审理焦点并引发社会高度关注这一现象本身就说明，我国立法和司法对有效救济权及其行使的重视和保障。特别是在 2012 年修改《刑事诉讼法》时明确将人权保障作为刑事司法程序重要价值目标之一后，立法和司法实务部门对犯罪嫌疑人、被告人权利的保障程度更是日益强化，对犯罪嫌疑人、被告人以遭受刑讯逼供等非法讯问为由提出排除非法证据的救济请求更是重视有加。这正是此案一经披露，即引起公众高度关注的根本原因所在。

作为人权公约中有关有效救济权规定的具体表现，非法证据排除规则在近十五年内始终是我国学术研究和理论探讨的重要课题之一。1996 年《刑事诉讼法》对此语焉不详，但鉴于不断被披露的冤假错案都涉及刑讯逼供等非法讯问行为，为犯罪嫌疑人、被告人提供及时有效的程序性救济、防范冤错案件一再发生已经成为普遍共识。2010 年"两个证据规定"终于首次明确规定非法证据排除规则，2012 年修改《刑事诉讼法》时则将排除非法证据的权力授予包括检察官在内的公检法执法人员，明确要求检察官在办案过程中，如果发现非法证据的，应主动将该证据排除。《人民检察院刑事诉讼规则（试行）》进一步明确了检察官排除非法证据的具体程序。这是立法和司法解释对检察官保障犯罪嫌疑人、被告人有效救济权的明确要求。因此，从理论上说，即使在侦查过程中，因侦查行为导致权利受损的受害人也可以向检察官提出救济请求，况且我国还非常强调检察官客观义务，及时将以损害犯罪嫌疑人利益的手段获取的证据排除、确保案件从侦查阶段就得到公正处理也是检察官的重要职责。对于这一点，有关国际公约更是作出了明确要求。《联合国关于检察官作用的准则》第 16 条规定："当检察官根据合理的原因得知或认为其掌握的不利于嫌疑犯的证据是通过严重侵犯嫌疑犯人权的非法手段，尤其是通过拷打，残酷的、非人道的或有辱人格的待遇或处罚或以其他违反人权办法而取得的，检察官应拒绝将此类证据用于采用上述手段者之外的任何人，或将此事通知法院，并应采取一切必要的步骤确保将使用上述手段的责任者绳之以法。"因此，无论是从国际人权法还是国内法，甚至是从基本法理角度来看，检察官在整个刑事诉讼阶段都承担犯罪嫌疑人、被告人基本权利保障者和救济者的角色。尽管实践中由于职务犯罪嫌疑人在利益选择上和负责侦查工作的检察官无法兼容，导致犯罪嫌疑人即便提出救济请求，也很难得到有效回应的情况大量存在，但这并不妨碍检察官负有保障犯罪嫌疑人权利并为其提供有效救济的义务。在本案中，负责职务犯罪侦查的检察官非但没有积极履行这一义务，反而直接以损害犯罪嫌疑人权利的方式获取用于指控犯罪嫌疑人的证据，远远背离了立法要求和公权力行使的一般准则。无论是从履行国内法规定还是从国际人权公约的精神来看，这种行为都难称妥当。

第四章

公诉与人权保障

案例 13　检察机关排除非法证据案

案件概要

（一）云南省昆明市人民检察院诉杜某某故意杀人案①

1998 年 4 月 22 日，昆明警方接到报案，在昆明市圆通北路40 号思远电脑开发公司门口停放了一天一夜的一辆昌河面包车内发现了一男一女两具尸体。经查，男性死者王某波为昆明市路南县（现名石林县）公安局副局长，女性死者王某湘为昆明市公安局通讯处民警。两人均系遭枪击身亡，所携财物被劫，死者王某波的配枪去向不明。经过一系列侦查工作，警方认定杀人凶手是死者王某湘的丈夫、昆明市公安局戒毒所民警杜某某，抢劫财物是其制造的假象，实际的杀人动机是其认为两名死者间存在不正当的男女关系。审查起诉期间，杜某某翻供，并称在侦查阶段受到刑讯逼供，但未引起检方重视。1998 年 12 月 17 日，昆明市中级人民法院公开开庭审理此案，辩方要求法庭提取杜某某之前提交给驻所检察官的关于遭受刑讯逼供的控告书及驻所检察官拍摄的伤情照片，法庭宣布休庭，要求公诉方调取相关证据。1999 年 1 月 15 日第二次开庭，公诉方称没有找到相关证据，辩方当庭出示血衣，但法庭未予重视，于 1999 年 2 月 5 日判处杜某某死刑。杜某某不服，向云南省高级人民法院提起上诉。云南省高级人民法院于 1999 年 11 月 20 日改判杜某某死刑缓期执行。2000 年 6 月 14 日，昆明警方在侦破其他案件的过程中意外发现本案为他人所为。2000 年 7 月 6 日，云南省高级人民法院再审改判杜某某无罪，当庭释放。

（二）海南省 A 市人民检察院诉邢某、吴某故意杀人案②

2011 年 4 月 8 日 19 时许，居住在海南省 A 市大田镇新宁坡村的被害人符

---

① 参见王达人、曾粤兴：《正义的诉求——美国辛普森案和中国杜某某案的比较》，法律出版社 2003 年版，第 2 页、第 58~66 页；顾永忠主编：《中国疑难刑事名案程序与证据问题研究》，北京大学出版社 2008 年版，第 2 页。

② 参见最高人民法院刑事审判第一、二、三、四、五庭编：《刑事审判案例参考》（总第 95 集），法律出版社 2014 年版，第 46~50 页。

某骑摩托车回家，途经其家附近的小土路时，被人用火药枪开枪击中死亡。经海南省 A 市公安局侦查，认定系村民邢某、吴某作案，后海南省 A 市人民检察院向海南省 A 市中级人民法院提出指控，称邢某因符某父亲的水牛吃了其地里的玉米苗却不兑现赔偿协议而怀恨在心，于案发当日携带一支火药枪，乘其表弟吴某所驾驶的摩托车到达案发现场附近，并告诉吴某要去"打一个人"后藏到案发现场附近的灌木丛中，当符某经过时开枪将其打死，之后乘吴某的摩托车逃离现场。

但两被告人均予翻供，并称在侦查阶段遭受刑讯逼供与诱供。被告人邢某称：2011 年 5 月 31 日上午，A 市公安局将其押解到 D 市刑警大队，侦查人员用一双蓝色护腕套住其手腕，外加一层旧毛巾卷捆后上手铐，将其挂在房顶的电风扇挂钩上，仅脚尖着地，捶打胸部、右侧腋下部位，并诱导其如何供述。2011 年 6 月 4 日、5 日、6 日制作指认现场笔录、讯问笔录并同步录像。同月 11 日，A 市检察院对其讯问并制作同步录像，其哭着喊冤称遭到公安机关刑讯逼供。同月 15 日上午，其在 D 市刑警大队再次遭受刑讯逼供，并于当晚制作同步录像。被告人吴某称：侦查人员用手铐铐住他的手，然后用绳子吊他，大概吊了五六天，每天约吊半小时。公诉机关提交了 7 名侦查人员出具的说明情况，D 市第一看守所、C 县看守所出具健康检查表 3 份，同步录像光盘 10 张，以此证明侦查和讯问程序及内容的合法。但合议庭认为，公诉机关出示的这些证据不足以证明侦查机关取得供述的合法性，尤其是侦查机关 6 月 15 日 10 时将邢某提解出 D 市第一看守所长达 9 个多小时而未有任何有关侦查活动的记载，尽管公诉机关补充证据证明该时间段内侦查机关获批准将邢某提出看守所指认现场，但邢某指认现场笔录所记载的日期却是 6 月 4 日，二者显然不符，且侦查机关在还押后仅 10 分钟又再次提讯邢某，这显然也不合常理。

最后，海南省 A 市中级人民法院经审理认为，公安机关指控被告人邢某、吴某实施故意杀人的事实不清、证据不足，依法应当判处邢某、吴某无罪。公诉机关在宣判前要求撤回起诉，海南省 A 市中级人民法院裁定予以准许。

（三）海南省人民检察院第一分院诉冯某某故意伤害案①

海南省人民检察院第一分院指控称，2012 年 7 月 18 日 22 时许，被告人冯某某带被害人黄某杰（男，殁年 14 岁）和叶某峰、林某裕、冯某波到后安镇

---

① 案件来源：《冯某某故意伤害案》，载北大法宝网司法案例库，http：//www. pku-law. cn/case/pfnl_ 1970324843262957. html？ keywords = % E6% 8E% 92% E9% 99% A4% E9% 9D% 9E% E6% B3% 95% E8% AF% 81% E6% 8D% AE% 20% E6% 97% A0% E7% BD% AA&match = Exact&tiao = 1，2016 年 1 月 7 日访问。

安坡洋水田里捕鱼。19 日零时许捕鱼结束后，因摩托车一趟坐不下五人，冯某某便载黄某杰、叶某峰先返回后安镇安坡村委会办公楼的庭院后，叫叶某峰回去接冯某波和林某裕。冯某某叫黄某杰洗鱼，黄某杰不同意，二人发生口角。黄某杰便从村委会办公楼东侧围墙爬上村委会计划生育室的屋顶，继续和冯某某吵嘴。冯某某恼怒，于是捡起一块砖头并搬来梯子也上到屋顶并对黄某杰说："叫你割个鱼会死人吗，这么'假精'，你想我打你否？"黄某杰回应说："我没做什么你干嘛要打我，有本事你就打。"冯某某便右手持砖头打击黄某杰头部，又用脚踢黄某杰阴部，黄某杰倒下呻吟。这时，冯某某听到叶某峰等人回来的摩托车声音，便迅速下屋并将梯子放回原处，快步走到围墙外的草丛里大便。叶某峰等人回来后不见黄某杰，冯某某骗叶某峰等人说，刚才其大便时听到好像有人爬墙摔倒的响声，还听到呻吟的声音，就不见黄某杰了。于是当晚大家一起寻找未果。第二天继续寻找，至上午 12 时许，在村委会计划生育室屋顶上发现黄某杰的尸体。经鉴定：黄某杰系头部受外力作用致颅骨骨折与原发性脑干损伤死亡。

海南省第一中级人民法院一审认定被告人冯某某无罪后，海南省人民检察院第一分院向海南省高级人民法院提出抗诉，海南省高级人民法院二审以原判决认定的事实不清，证据不足为由，撤销原审判决，发回海南省第一中级人民法院重审。

海南省第一中级人民法院另行组成合议庭，于 2014 年 12 月 23 日对本案予以重审。关于被告人冯某某审判前供述取得的合法性问题，经法庭调查，海南省第一中级人民法院认为，相关证据证明侦查机关在侦查过程中，对被告人冯某某的审讯存在以下问题：

1. 侦查机关存在违反规定在看守所之外的地点讯问被告人，并将被告人冯某某在看守所外羁押过夜的情形。《一证通》是记录办案机关从看守所提押被告人的书面凭证，被告人冯某某的《一证通》显示，冯某某于 2012 年 8 月 1 日 10 时 20 分被提讯，还押看守所的时间为 2012 年 8 月 2 日 17 时 15 分，其间，侦查机关于 2012 年 8 月 1 日 18 时 15 分至 21 时 22 分在万宁市公安局审讯室第 4 次对冯某某进行审讯，冯某某开始作出伤害黄某杰致死的有罪供述。侦查机关当天未将冯某某还押看守所，将冯某某在看守所外羁押过夜。2012 年 8 月 2 日，侦查机关又在万宁市公安局审讯室对冯某某进行第 5 次和第 6 次审讯，冯某某也作了有罪供述。在第 5 次讯问时，侦查机关制作了同步录音录像。冯某某作出三次有罪供述后，侦查机关于 2012 年 8 月 2 日 17 时 15 分将冯某某还押看守所。以上事实有《一证通》、证人林某、林某宁等人的证言，以及被告人冯某某供述等证据证实，足以认定。

根据最高人民法院、最高人民检察院、公安部《关于进一步严格依法办案确保办理死刑案件质量的意见》第11条规定："提讯在押的犯罪嫌疑人，应当在羁押犯罪嫌疑人的看守所内进行。"公安部《公安机关办理刑事案件程序规定》第145条规定："对被拘留、逮捕的犯罪嫌疑人、被告人应当立即送看守所羁押。"侦查机关明显违反了以上规定，被告人冯某某的前三次有罪供述均系侦查机关违反上述规定将冯某某提押到非法定场所审讯取得，还存在将冯某某羁押在法定羁押场所外过夜的情形，上述被告人有罪供述的取得违反法定程序。

2. 被告人冯某某在作有罪供述前，存在被限制睡眠的情形，其在看守所长达数天只被允许每天睡眠2小时。以上事实有证人冯某英、叶某彪、吴某军、温某标、林某、熊某、陈某闪、林某宁等人的证言，以及被告人冯某某的供述证实，足以认定。侦查机关关于为了配合测谎工作而让被告人少睡眠的解释，明显缺乏合理性。

3. 侦查机关的侦查过程存在不能合理解释的情形，出具的证据存在矛盾。侦查机关提讯被告人冯某某后，存在8小时的空白时间，没有任何侦查活动记录和说明。侦查机关于2012年8月1日10时20分提解被告人冯某某离所，在同日18时15分讯问冯某某前，侦查机关没有任何侦查活动的书面记录。根据侦查人员翁某云、叶某彪的证言，2012年8月1日第二次对冯某某进行测谎，原因是7月30日第一次测谎时冯某某的身体状况不符合测谎的要求，没有进行完测谎。但在案没有关于在2012年8月1日进行测谎的证据材料，测谎专家出具的测谎结果的时间为2012年7月30日。相关证据存在矛盾，侦查机关没能对提讯被告人冯某某后长时间羁押作出合理解释。

4. 关于被告人冯某某在看守所接受侦查机关和检察机关讯问时仍作有罪供述的问题。公诉机关认为，被告人冯某某在看守所接受侦查机关和检察机关讯问时，没有对其刑讯逼供或者威胁，仍作有罪供述，可以作为定案依据。被告人冯某某在审查起诉阶段及法庭上均辩称，其在侦查机关开始不承认伤害被害人，由于受到办案人员威胁，并且不让他睡觉，其不得已才供认，后来也在看守所继续承认，接受媒体采访时，看到办案人员在场，就按照以前的有罪供述说了。经审查，被告人冯某某辩称其受到威胁之事没有充分证据证实，但被告人冯某某在作出有罪供述之前其在看守所内被限制睡眠，以及在看守所外被羁押过夜的事实，有充分证据证实。本院认为，侦查机关违反法定程序，在看守所外过夜羁押、审讯被告人，并在之前数日内限制被告人的睡眠时间，客观上已经对被告人的生理、心理施加了压力，且被告人一直处于万宁市公安局监管之下，被告人冯某某关于其在看守所接受侦查机关和检察机关讯问时仍被迫承认有罪的辩解具有合理性。

综上，鉴于侦查机关在取证过程中，存在违反羁押和审讯被告人的有关规定之情形，且违反规定长达数日限制被告人的睡眠时间，足以使被告人作出违背其意志的供述。同时，对被告人冯某某审判前供述取得的合法性，公诉机关也未能提供确实、充分的证据加以证明。因此，被告人冯某某审判前有罪供述依法不能作为定案的根据。

最终，海南省第一中级人民法院认定，公诉机关指控被告人冯某某殴打被害人黄某杰并导致黄某杰死亡的事实，除了被告人冯某某审判前有罪供述外，缺乏其他直接证据加以印证，并且，本案不能排除被告人冯某某审判前有罪供述系采用非法方法获取，被告人冯某某的有罪供述依法不能作为定案的根据。因此，在案证据之间不能形成锁链，也不能排除存在的合理怀疑，不足以认定被告人冯某某实施了犯罪行为，从而判处被告人冯某某无罪。

➤ 案件评析

案例（一）、（二）、（三）发生于不同的时期，均涉及人人应得享有的免受酷刑和其他残忍、不人道或有辱人格的待遇或处罚的权利。对这一权利的保障主要包括四个方面：第一，对酷刑和其他残忍、不人道或有辱人格的待遇或处罚的禁止；第二，对使用禁止性方法所取得的供述的排除；第三，对违反禁止性规定者责任的追究；第四，对受害者的救济。其中，与公诉工作密切相关的主要是第一和第二两个方面。上述三个案例主要反映了我国第二个方面的保障在不同时期的发展状况。

从国际人权文件的相关规定来看，一方面，诸多国际人权文件均对酷刑和其他不人道或有辱人格的待遇或刑罚予以了明确的禁止。《世界人权宣言》第5条规定："对任何人不得加以酷刑，或施以残忍的、不人道的或侮辱性的待遇或刑罚。"第6条规定："人人在任何地方有权被承认在法律前的人格。"《公民权利和政治权利国际公约》第7条规定："对任何人均不得加以酷刑或施以残忍的、不人道的或侮辱性的待遇或刑罚。特别是对任何人均不得未经其自由同意而施以医药或科学实验。"第10条第1款规定："所有被剥夺自由的人应给予人道及尊重其固有的人格尊严的待遇。"联合国大会1975年12月9日通过的《保护人人不受酷刑和其他残忍、不人道或有辱人格待遇或处罚宣言》第1条规定："一、为本宣言目的，酷刑是指政府官员、或在他怂恿之下，对一个人故意施加的任何使他在肉体上或精神上极度痛苦或苦难，以谋从他或第三者取得情报或供状，或对他做过的或涉嫌做过的事加以处罚，或对他或别的人施加恐吓的行为。按照囚犯待遇最低限度标准规则施行合法处罚而引起的、必然产生的或随之而来的痛苦或苦难不在此列。二、酷刑是过分严厉的、故意施加的、残忍、不人道或有辱人格的待遇或处罚。"第 2 条规定："任何施加酷刑的行为或其他残忍、不人道或有辱人格的待遇或处罚都是对人的尊严的冒犯，应视为否定《联合国宪章》宗旨和侵犯《世界人权宣言》所宣布的人权和基本自由，加以谴责。"第 3 条规定："任何国家不得容许或容忍酷刑或其他残忍、不人道或有辱人格的待遇或处罚。非常情况如战争状态或战争威胁、国内政治不稳定或任何其他任何紧急状态，均不得用来作为施行酷刑或其他残忍、不人道或有辱人格的待遇或处罚的理由。"第 4 条规定："每个国家应按照本宣言的各项条款，采取有效措施，防止在本国的管辖范围内施行酷刑和其他残忍、不人道或有辱人格的待遇或处罚。"第 5 条规定："执法人员和可能负责看管被剥夺自由的人的其他公务人员的训练，应保证充分顾及对施行酷刑和其他残忍、不人道或有辱人格的待遇或处罚的禁令。这项禁令应斟酌情况，列入为任何负责拘押或处理这些人的人员执行责任或职务而颁布的一般守则或指示之内。"其后，联合国大会于 1979 年 12 月 17 日第 34/169 号决议通过的《执法人员行为守则》第 5 条规定："执法人员不得施加、唆使或容许任何酷刑行为或其他残忍、不人道或有辱人格的待遇或处罚，也不得以上级命令或非常情况，例如战争状态或战争威胁、对国家安全的威胁、国内政局的不稳定或其他任何紧急状态作为施行酷刑或其他残忍、不人道或有辱人格的待遇或处罚的理由。"联合国大会于 1984 年 12 月 10 日第 39/46 号决议通过的《禁止酷刑和其他残忍、不人道或有辱人格的待遇或处罚公约》第 1 条规定："一、就本公约而言，'酷刑'系指为了向某人或第三者取得情报或供状，为了他或第三者所作或被怀疑所作的行为对他加以处罚，或为了恐吓或威胁他或第三者，或为了基于任何一种歧视的任何理由，蓄意使某人在肉体或精神上遭受剧烈疼痛或痛苦的任何行为，而这种疼痛或痛苦又是在公职人员或以官方身份行使职权的其他人所造成或在其唆使、同意或默许下造成的。纯因法律制裁而引起或法律制裁所固有或随附的疼痛或痛苦则不包括在内。二、本条规定并不妨碍会有或可能会有适用范围更广的规定的任何国际文书或国家法律。"第 2 条规定："一、每一缔约国应采取有效的立法、行政、司法或其他措施，防止在其管辖的任何领土内出现施行酷刑的行为。二、任何意外情况，如战争状态、战争威胁、国内政局不稳定或任何其他社会紧急状态，均不得作为施行酷刑之理由。三、上级官员或政府当局之命令不得作为施行酷刑之理由。"

另一方面，一些国际人权文件也对通过禁止性方法所取得的供述的可采性问题予以了规定。《保护人人不受酷刑和其他残忍、不人道或有辱人格待遇或处罚宣言》第 12 条规定："如果证实是因为受酷刑或其他残忍、不人道或有辱人格的待遇或处罚而作的供词，不得在任何诉讼中援引为指控有关的人或任何其他人的证据。"《禁止酷刑和其他残忍、不人道或有辱人格的待遇或处罚公约》第 15 条规定："每一缔约国应确保在任何诉讼程序中，不得援引任何业经确定系以酷刑取得的口供为证据，但这类口供可用作被控施用酷刑者刑讯逼供的证据。"

我国政府已于 1986 年签署《禁止酷刑和其他残忍、不人道或有辱人格的待遇或处罚公约》。1988 年 9 月，全国人大批准了该公约。1988 年 11 月 3 日，该公约开始对中国生效。与此同时，我国也通过修改国内立法和出台相关司法解释、规定等方式逐渐地将国际人权文件的有关原则与规定反映在国内法中。

上述案例（一），云南省昆明市人民检察院诉杜某某故意杀人案发生于 20 世纪 90 年代末，当时的《刑事诉讼法》第 43 条规定了"……严禁刑讯逼供和以威胁、引诱、欺骗以及其他非法的方法收集证据……"但在实践中并未得到严格的执行，非法取证的情况比较普遍。当时的《刑事诉讼法》也没有确立非法证据排除规则，"两高"的司法解释中虽有关于非法证据排除的原则性规定，但非常粗疏，在实践中也未受到重视。在杜某某案中，杜某某被刑讯逼供后，曾向驻所检察官提出控告，驻所检察官还对其伤情拍摄了照片，但在法庭审理时，公诉人却声称控告书和照片都"找不到了"，可见，公诉人极有可能是在明知杜某某的供述为刑讯逼供所得的情况下，仍然无视案件的诸多疑点提起公诉并竭力证明杜某某有罪。在当时的时代背景下，这当然不只是公诉人个人的责任，但却值得今天的公诉人警醒。

上述案例（二），海南省 A 市人民检察院诉邢某、吴某故意杀人案发生于 2011 年。2010 年，最高人民法院、最高人民检察院、公安部、国家安全部、司法部联合出台了《关于办理刑事案件排除非法证据若干问题的规定》，对非法证据的排除范围、证据合法性的调查程序、证明责任的分配和证明标准等予以了系统的规定，初步确立起我国的非法证据排除制度。该规定于 2010 年 7 月 1 日起实施。该规定第 1 条规定："采用刑讯逼供等非法手段取得的犯罪嫌疑人、被告人供述和采用暴力、威胁等非法手段取得的证人证言、被害人陈述，属于非法言词证据。"第 2 条规定："经依法确认的非法言词证据，应当予以排除，不能作为定案的根据。"第 11 条规定："对被告人审判前供述的合法性，公诉人不提供证据加以证明，或者已提供的证据不够确实、充分的，该供述不能作为定案的根据。"案例（二）中，被告人供述可能系通过刑讯逼供的手段取得，而公诉人出示的用以证明取证手段合法的证据显然不够确实、充分，因此根据该规定，对该供述应当予以排除。

上述案例（三），海南省人民检察院第一分院诉冯某某故意伤害案发生于2014 年。2012 年，我国对《刑事诉讼法》予以了大幅修改，修改的重要内容之一就是确立了反对强迫自证其罪原则，并吸收了《关于办理刑事案件排除非法证据若干问题的规定》中的相关内容，完善了我国的非法证据排除制度。新修改的《刑事诉讼法》于 2013 年 1 月 1 日起实施。该法第 50 条在保留原有的"严禁刑讯逼供和以威胁、引诱、欺骗及其他非法方法收集证据"规定的基础上，增加了"不得强迫任何人证实自己有罪"的规定。该法第 54 条至第58 条系统地规定了非法证据的排除范围、调查程序、证明责任的分配及证明标准。其中，与免受酷刑和其他残忍、不人道或有辱人格的待遇或处罚的权利密切相关的主要有如下两方面的问题：

（一）关于非法证据的排除范围

从理论上讲，非法证据的排除范围越广，对被取证人权利的保障就越周全。但是，非法证据排除范围的划定需要考虑多方面的因素与价值平衡，如果对该范围规定得过窄，将会导致大量的非法证据不被排除，从而使非法证据排除规则沦为虚设；但如果规定得过宽，则又可能导致过多的犯罪分子因警察取证的瑕疵而逍遥法外，也可能导致该规则因代价过大、不切实际而沦为虚设。因此，非法证据排除范围的划定要综合考虑社会人权保障的整体水平、侦查人员普遍的取证水平、社会治安状况、民众接受程度等多种因素，既要适度超前，以形成对侦查机关合法取证的倒逼机制，又要注意切合实际，以免因代价过大、难以落实而被虚置。但随着倒逼机制效用的逐渐显现，随着侦查人员取证水平的不断提升，这一范围又必然会逐渐扩大，以此方能形成良性循环。

就非法言词证据而言，从 2012 年刑事诉讼法修改至今，我国法律、司法解释及相关的规范性文件，已经在逐步扩大其排除范围。

《刑事诉讼法》第 54 条第 1 款规定："采用刑讯逼供等非法方法收集的犯罪嫌疑人、被告人供述和采用暴力、威胁等非法方法收集的证人证言、被害人陈述，应当予以排除。"该款规定将犯罪嫌疑人、被告人供述和证人证言、被害人陈述的排除范围分开予以规定了，前者是"刑讯逼供等"，后者是"暴力、威胁等"，由此可见，该条规定为非法犯罪嫌疑人、被告人供述和非法证人证言、被害人陈述设定的排除范围并不一致，否则也就没有必要分开规定了，这实际上是反映出了法律对于犯罪嫌疑人、被告人权利的保障程度与对证人、被害人权利的保障程度是不一样的，对后者的保障显然更为周全。

同样于 2013 年 1 月 1 日起实施的《人民检察院刑事诉讼规则（试行）》第 65 条第 2 款、第 3 款对非法证据的排除范围作出了进一步的解释，该条规定："刑讯逼供是指使用肉刑或者变相使用肉刑，使犯罪嫌疑人在肉体上或者精神上遭受剧烈疼痛或者痛苦以逼取供述的行为。其他非法方法是指违法程度和对犯罪嫌疑人的强迫程度与刑讯逼供或者暴力、威胁相当而迫使其违背意愿供述的方法。"但这一规定作为对《刑事诉讼法》第 54 条的解释存在两个问题：一是《刑事诉讼法》第 54 条中并没有"其他非法方法"的表述；二是《刑事诉讼法》第 54 条规定中的"刑讯逼供等"和"暴力、威胁等"是分别对应于不同对象的，前者对应的是"犯罪嫌疑人、被告人供述"，后者对应的是"证人证言、被害人陈述"，而最高人民检察院《刑事诉讼规则》却以"或者"关系将其都对应于犯罪嫌疑人供述。

同于 2013 年 1 月 1 日起实施的最高人民法院《关于适用〈中华人民共和国刑事诉讼法〉的解释》第 95 条第 1 款的解释则直接对何为《刑事诉讼法》第 54 条规定"刑讯逼供等"作出了解释，即直接规定"使用肉刑或者变相肉刑，或者采用其他使被告人在肉体上或者精神上遭受剧烈疼痛或者痛苦的方法，迫使被告人违背意愿供述的，应当认定为刑事诉讼法第五十四条规定的'刑讯逼供等非法方法'"。可见，根据该条解释，我们对于非法证据的排除还是采比较谨慎的立场，排除的范围是非常有限的，只有会给被告人肉体上或精神上造成剧烈疼痛或痛苦的方法才可能导致所取得的供述被排除。

但是同时，《关于适用〈中华人民共和国刑事诉讼法〉的解释》第 81 条又规定："被告人供述具有下列情形之一的，不得作为定案的根据：（一）讯问笔录没有经被告人核对确认的；（二）讯问聋、哑人，应当提供通晓聋、哑手势的人员而未提供的；（三）讯问不通晓当地通用语言、文字的被告人，应当提供翻译人员而未提供的。"第 82 条规定："讯问笔录有下列瑕疵，经补正或者作出合理解释的，可以采用；不能补正或者作出合理解释的，不得作为定案的根据：（一）讯问笔录填写的讯问时间、讯问人、记录人、法定代理人等有误或者存在矛盾的；（二）讯问人没有签名的；（三）首次讯问笔录没有记录告知被讯问人相关权利和法律规定的。"2013 年 10 月 9 日，最高人民法院颁布了《关于建立健全防范刑事冤假错案工作机制的意见》，该意见第 8 条规定："采用刑讯逼供或者冻、饿、晒、烤、疲劳审讯等非法方法收集的被告人供述，应当排除。除情况紧急必须现场讯问以外，在规定的办案场所外讯问取得的供述，未依法对讯问进行全程录音录像取得的供述，以及不能排除以非法方法取得的供述，应当排除。"这些规定实际上已经扩展了《刑事诉讼法》第 54 条及《关于适用〈中华人民共和国刑事诉讼法〉的解释》第 95 条第 1 款所规定的排除范围，其涉及的一些违法取证行为本身并不会给被告人肉体上或精神上造成剧烈疼痛或者痛苦，但通过这些方法所取得的供述仍然要被排除。

就案例（三）而言，根据判决书所展示的内容可以判断，侦查机关存在违反规定在看守所之外讯问被告人及严重限制被告人睡眠时间的情形，后者显然会给犯罪嫌疑人的肉体上或精神上造成剧烈疼痛或痛苦，属于"刑讯逼供等非法方法"，前者则并不属于"刑讯逼供等非法方法"，但根据《关于建立健全防范刑事冤假错案工作机制的意见》的规定，亦属应当排除的范围。

2016 年 10 月 11 日，最高人民法院、最高人民检察院、公安部、国家安全部、司法部又联合印发了《关于推进以审判为中心的刑事诉讼制度改革的意见》，其中"四、侦查机关应当全面、客观、及时收集与案件有关的证据"下规定"对采取刑讯逼供、暴力、威胁等非法方法收集的言词证据，应当依法予以排除"。即改变了之前对犯罪嫌疑人、被告人供述与证人证言、被害人陈述划定不同排除范围的立场，转而为言词证据划定了统一的排除范围，其实际上是扩大了非法言词证据的排除范围，也为犯罪嫌疑人、被告人权利提供了更为周全的保障。

就实物证据而言，《刑事诉讼法》第 54 条第 1 款还规定："收集物证、书证不符合法定程序，可能严重影响司法公正的，应当予以补正或者作出合理解释；不能补正或者作出合理解释的，对该证据应当予以排除。"该规定实际上为非法物证、书证的排除设置了两个条件：一是可能严重影响司法公正，二是不能补正或者作出合理解释，只有满足了这两个条件，才会导致非法取得的物证、书证被排除。由此可以看出，立法者在对非法物证、书证的排除方面更为谨慎，更倾向于真实发现的价值选择。这是因为，与言词证据相比，物证、书证有以下两方面的特点：一是物证、书证的客观性较强，其真实性受取证手段的影响较小，而一旦排除便无法重新取得，会给案件事实的认定造成严重的、无法挽回的影响；二是获取物证、书证的非法手段与刑讯逼供等获取言词证据的非法手段相比，对个人权利的侵害一般相对较小，一般不涉及免受酷刑和其他残忍、不人道或有辱人格的待遇或处罚的权利。《关于推进以审判为中心的刑事诉讼制度改革的意见》在这一问题上采取了与《刑事诉讼法》相同的立场，所作规定也基本一致。

（二）关于证据合法性证明责任的分配及证明标准

《刑事诉讼法》第 57 条第 1 款规定："在对证据收集的合法性进行法庭调查的过程中，人民检察院应当对证据收集的合法性加以证明。"第 56 条规定："法庭审理过程中，审判人员认为可能存在本法第五十四条规定的以非法方法收集证据情形的，应当对证据收集的合法性进行法庭调查。当事人及其辩护人、诉讼代理人有权申请人民法院对以非法方法收集的证据依法予以排除。申请排除以非法方法收集的证据的，应当提供相关线索或者材料。"第 58 条规定："对于经过法庭审理，确认或者不能排除存在本法第五十四条规定的以非法方法收集证据情形的，对有关证据应当予以排除。"

上述规定意味着：一方面，应当由人民检察院对证据收集的合法性加以证明，且此种证明必须达到能够排除存在刑讯逼供等非法取证情形的程度。换句话说，根据《刑事诉讼法》第58条的规定，在确认存在刑讯逼供等非法取证情形时，所取得的证据当然要被排除；在不能确认，但也不能排除存在刑讯逼供等非法取证情形时，也即只是是否存在非法取证情形存疑时，所取得的证据仍然要被排除。可见，该条规定实际上与《关于办理刑事案件排除非法证据若干问题的规定》第11条的规定异曲同工，后者是要求公诉人必须以确实、充分的证据证明取证合法，该证据才不会被排除。另一方面，辩方只需对存在非法取证的情形提供相关线索或者材料即可，只要这些线索或材料使得法官怀疑可能存在刑讯逼供等非法取证情形，即应启动证据合法性调查程序，由公诉方来证明取证合法。

在案例（三）中，公诉人提供的证明取证手段合法的各种证据和解释之间存在矛盾，显然无法排除存在刑讯逼供等（含疲劳审讯）非法方法收集证据的情形，因此相关供述应当予以排除。

单从公诉工作的角度来看，关于免受酷刑和其他残忍、不人道或有辱人格的待遇或处罚的权利，《联合国关于检察官作用的准则》第16条规定："当检察官根据合理的原因得知或认为其掌握的不利于嫌疑犯的证据是通过严重侵犯嫌疑犯人权的非法手段，尤其是通过拷打，残酷的、非人道的或有辱人格的待遇或处罚或以其他违反人权办法而取得的，检察官应拒绝将此类证据用于采用上述手段者之外的任何人，或将此事通知法院，并应采取一切必要的步骤确保将使用上述手段的责任者绳之以法。"我国《刑事诉讼法》第54条第2款也规定："在侦查、审查起诉、审判时发现有应当排除的证据的，应当依法予以排除，不得作为起诉意见、起诉决定和判决的依据。"《人民检察院刑事诉讼规则（试行）》第65条规定："对采用刑讯逼供等非法方法收集的犯罪嫌疑人供述和采用暴力、威胁等非法方法收集的证人证言、被害人陈述，应当依法排除，不得作为报请逮捕、批准或者决定逮捕、移送审查起诉以及提起公诉的依据。"因此，人民检察院公诉部门在审查起诉的过程中，既要认真审查是否存在刑讯逼供等非法取证的情形，并预估控方对证据合法性的证明能否达到排除存在非法取证情形的程度，如果不能，则应在审查起诉环节即对相关证据予以排除，不应以其作为提起公诉的依据。遗憾的是，在上述案例（二）和案例（三）中，公诉部门都未能在审查起诉环节即排除相应供述，这可能是因为公诉人确实认为该证据是合法取得的，也可能是因为公诉人对非法证据排除制度的认识还不到位，对相关人权及其保障途径的认识还不到位。

案例 14 广东省东莞市人民检察院 诉陈某某抢劫案[*]

> ## 案件概要

2011 年 12 月 19 日，广东省东莞市中级人民法院对广东省东莞市人民检察院诉陈某某抢劫一案作出一审判决，以抢劫罪判处陈某某死刑。宣判后，被告人陈某某不服，以没有实施犯罪为由向广东省高级人民法院提出上诉。2013 年 9 月 9 日，广东省高级人民法院裁定撤销原判，发回广东省东莞市中级人民法院重新审判。广东省东莞市中级人民法院依法重新组成合议庭审理本案，于 2014 年 4 月 15 日以抢劫罪改判陈某某死刑，缓期二年执行。被告人陈某某仍然不服，继续以没有实施犯罪为由提出上诉。

原审判决认定，2001 年 9 月 25 日左右，被告人陈某某意欲抢劫其打工期间所熟识的广东省东莞市沙田镇西太隆村崇兴商店，事先购买了铁锤作为作案工具并进行了踩点。同月 27 日早上 6 时许，陈某某进入崇兴商店假意购买商品，趁被害人方某申不备时，用铁锤猛击方某申后脑数下致其晕倒，随后进入店内卧室，用铁锤猛击正在睡觉的被害人方某己头部、背部等部位数下，击打方某己的女儿方某酉、方某辛头部各一下，之后取走方某己裤袋内装有现金 500 元等财物的钱包并逃离现场。方某己经送医院抢救无效死亡，方某申、方某酉、方某辛所受损伤均为重伤。

广东省高级人民法院经二审公开开庭审理此案后认为：一方面，本案案发时间与陈某某归案时间相距近九年，被害人方某申及多名证人在案发当年（2001 年）和陈某某归案后（2010 年）所做的笔录存在矛盾或前后出现不合理变化，并都表示对于当时的情况记忆已经模糊，证据补查工作已难以进行；

---

* 参见《陈某某抢劫案》，载北大法宝网司法案例库，http：//www.pkulaw.cn/case/pfnl_ 1970324844277402.html？keywords=% E8% AF% 81% E6% 8D% AE% E4% B8% 8D% E8% B6% B3% EF% BC% 8C% E6% 8C% 87% E6% 8E% A7% E7% 9A% 84% E7% 8A% AF% E7% BD% AA% E4% B8% 8D% E8% 83% BD% E6% 88% 90% E7% AB% 8B&match = Exact，2016 年 3 月 10 日访问。

另一方面，"本案的证据格局出现两维角力的局面。有多个指向上诉人陈某某于某某时间出现在案发现场的证据，陈某某的有罪供述与其他证据之间有一定程度的吻合性。但同时，原判认定陈某某实施犯罪的证据中，客观证据缺失；言词证据仅指向陈某某出现在案发现场而非实施犯罪；证据之间存在矛盾，疑点难以合理解释；陈某某的有罪供述虽排除刑讯逼供情形，但已被其推翻，且仅有被告人供述不足以定罪；其无罪辩解虽有违背常理之处，但例外也属客观世界之常有，常理之悖不足以成就定论。因此，本案虽如检方所主张的有一定规格的证据支持，但更有辩方所提出的证据链条存在硬伤、环节脆弱、疑点重重等缺陷。""在对于上诉人陈某某是否本案真凶既无法证实亦无法证伪的两难局面下，人民法院应当恪守证据裁判规则，绝不能为片面追求打击效果而背离'疑罪从无'的精神。"最终，广东省高级人民法院认定，原判认定陈某某构成犯罪的证据达不到确实、充分的证明标准，不能得出陈某某实施本案犯罪的唯一结论，认定陈某某犯抢劫罪的事实不清、证据不足，原公诉机关指控陈某某所犯罪名不能成立，于 2015 年 7 月 28 日改判陈某某无罪。

▶ 案件评析

本案涉及人人应得享有的得受无罪推定原则保护、免受错误追诉的权利。

《世界人权宣言》第 11 条第 1 款确立了无罪推定原则，即"凡受刑事控告者，在未经获得辩护上所需的一切保证的公开审判而依法证实有罪以前，有权被视为无罪"。《公民权利和政治权利国际公约》第 14 条第 2 款再次确认了这一原则，即"凡受刑事控告者，未经依法证实有罪之前，应有权被视为无罪"。

我国《刑事诉讼法》第 12 条规定："未经人民法院依法判决，对任何人都不得确定有罪。"尽管该条规定在表述上与国际人权文件对无罪推定原则的表述还存在一定差异，用了"不得确定有罪"而非"有权被视为无罪"的表述，但我国刑事诉讼制度在整体上仍然体现了无罪推定原则的要求。首先是规定了反对强迫自证其罪原则。反对强迫自证其罪是无罪推定的基本要求。我国《刑事诉讼法》第 50 条明确规定了"不得强迫任何人证实自己有罪。"其次是规定了由控方承担证明责任。我国《刑事诉讼法》第 49 条规定："公诉案件中被告人有罪的举证责任由人民检察院承担，自诉案件中被告人有罪的举证责任由自诉人承担。"最后是规定了认定被告人有罪必须达到证据确实、充分的证明标准及疑罪从无的原则。我国《刑事诉讼法》第 195 条规定："在被告人最后陈述后，审判长宣布休庭，合议庭进行评议，根据已经查明的事实、证据和有关的法律规定，分别作出以下判决：（一）案件事实清楚，证据确实、充分，依据法律认定被告人有罪的，应当作出有罪判决；（二）依据法律认定被告人无罪的，应当作出无罪判决；（三）证据不足，不能认定被告人有罪的，应当作出证据不足，指控的犯罪不能成立的无罪判决。"第 53 条第 2 款规定："证据确实、充分，应当符合以下条件：（一）定罪量刑的事实都有证据证明；（二）据以定案的证据均经法定程序查证属实；（三）综合全案证据，对所认定事实已排除合理怀疑。"这些规定其实都是相辅相成的，是无罪推定原则的必然要求。无罪推定原则意味着任何人在依法定程序被确认有罪前，都应当被视为无罪，这就意味着控诉他人有罪的控方要承担起证明被指控者有罪的证明责任，且该证明责任的完成必须达到法定的证明标准，当其根据证据所进行的证明能够达到法定证明标准时，即可推翻无罪之推定，认定被告人有罪；相反，当其证明无法达到证明标准时，无论是已经可以确认被告人无罪的情况，还是被告人有罪无罪无法确认的情况，即所谓"事实真伪不明"的情况，都只能认定或推定被告人无罪，而不能强迫被告人证明自己有罪，也不能因被告人无法证明自己无罪而推定其有罪。

本案从终审判决书对全案证据的综合分析来看，是典型的疑罪从无案件，体现了无罪推定原则的精神与要求。本案中，陈某某享有被推定无罪之权利，因此，指控陈某某实施了抢劫犯罪的公诉机关就必须对其指控事实承担证明责任，且该证明所依据的证据必须是确实、充分的，依该证明所得出的陈某某实施了抢劫犯罪的结论必须能达到排除合理怀疑的程度，才能推翻对陈某某的无罪推定，即才能对陈某某作出有罪认定。本案中，从终审判决对全案证据的综合分析来看，公诉方对陈某某有罪的证明没有达到这一程度，因此其证明责任并未完成，也就不能推翻对陈某某无罪的推定，故而只能判决其无罪，而不能因陈某某无法证明自己无罪就推定其有罪，更不能强迫陈某某证明自己有罪。可见，终审判决对无罪推定原则的把握是正确的。

从公诉工作的角度来看，《联合国关于检察官作用的准则》第 14 条规定："如若一项不偏不倚的调查表明起诉缺乏根据，检察官不应提出或继续指控，或应竭力阻止诉讼程序。"我国《刑事诉讼法》第 172 条规定："人民检察院认为犯罪嫌疑人的犯罪事实已经查清，证据确实、充分，依法应当追究刑事责任的，应当作出起诉决定……"第 171 条第 4 款规定："对于二次补充侦查的案件，人民检察院仍然认为证据不足，不符合起诉条件的，应当作出不起诉的决定。"这些规定意味着，公诉部门只有在认为犯罪嫌疑人的犯罪事实已经查清，证据确实、充分的情况下，才能够提起公诉，如果达不到这样的标准，则不能提起公诉。多年来，一直有一部分学者和实务工作者从认识的渐进性角度出发，认为提起公诉的证明标准应当低于定罪的证明标准，并以英美等国提起公诉的证明标准低于定罪的证明标准为佐证，以此来说明无罪判决的存在是正常的。我们认为，首先，认识的渐进性原理是与线型诉讼构造相适应的，是把刑事诉讼视为一个公、检、法三机关前后相继、一脉相承的调查活动，而与控辩平等、裁判者中立的正三角形诉讼构造并不契合。其次，英美等国提起公诉的证明标准低于定罪标准，是因为其在正式的审判程序前有一个决定是否将被告人交付正式审判的程序，其所谓的提起公诉的证明标准实际上是指是否可以把被告人交付正式审判的标准，而是否能将被告人交付正式审判的标准当然低于将被告人定罪的标准。但就公诉人自身的心证而言，其当然是要在至少自己能够排除合理怀疑相信被告人有罪，并能预期陪审团也会作出同样判断的情况下，才会提起公诉，如其自己都不能排除合理怀疑相信被告人有罪，那么他当然也不会提起公诉，否则他拿什么去与辩方对抗呢？再次，无罪判决当然是正常的，但这并不是因为定罪标准要高于起诉标准，而是因为法官的心证是根据控辩双方的法庭对抗得出的，而公诉人的心证是根据自己一方的审查起诉得出的。因此，公诉人根据单方的审查起诉，认为证据确实、充分，能够排除合理怀疑得出犯罪嫌疑人有罪的结论，从而对其提起公诉；而法官根据控辩双方的法庭对抗，平等考虑控辩双方的证据和意见后，认为指控达不到证据确实、充分的标准，不能排除合理怀疑地得出犯罪嫌疑人有罪的结论，这当然是正常的。但绝不能因此认为公诉人可以对一个自己都无法排除合理怀疑的案件提起公诉。换句话说，公诉人只有在确实认为证据确实、充分，能够排除合理怀疑得出犯罪嫌疑人有罪的结论时，才能对其提起公诉。《关于推进以审判为中心的刑事诉讼制度改革的意见》也在"二、严格按照法律规定的证据裁判要求，没有证据不得认定犯罪事实"下明确规定了"侦查机关侦查终结，人民检察院提起公诉，人民法院作出有罪判决，都应当做到犯罪事实清楚，证据确实、充分"。并在"九"下进一步规定"完善不起诉制度，对未达到法定证明标准的案件，人民检察院应当依法作出不起诉决定，防止事实不清、证据不足的案件进入审判程序"。本案中，广东省东莞市人民检察院对陈某某提起公诉，可能是由于其根据自己单方的调查，确实认为有确实、充分的证据能够证实陈某某实施了抢劫犯罪，但也有可能是其对无罪推定原则本身及其所衍生出来的各项要求认识得还不到位，对己方应当承担的证明责任及其所需要达到的证明标准要求得不够严格。

案例 15 湖南省沅江市人民检察院不起诉陆某妨害信用卡管理、销售假药案*

> ### 案件概要

2002 年，陆某被查出患有慢粒性白血病，需要长期服用抗癌药品。我国国内对症治疗白血病的正规抗癌药品"格列卫"系列系瑞士进口，每盒需人民币 2. 35 万元，陆某曾服用该药品。为了与同病患者之间交流，相互传递寻医问药信息，通过增加购买同一药品的人数而降低药品价格，陆某从 2004 年 4 月开始建立了白血病患者病友网络 QQ 群。2004 年 9 月，陆某通过他人从日本购买由印度生产的同类药品，价格每盒约为人民币 4000 元，服用效果与瑞士进口的"格列卫"相同。之后，陆某开始直接从印度购买抗癌药物，并通过 QQ 群等方式向病友推荐。随着病友间的传播，从印度购买该抗癌药品的国内白血病患者逐渐增多，药品价格逐渐降低，直至每盒为人民币 200 余元。为方便给印度公司汇款，陆某网购了 3 张信用卡，用于帮病友代购药品，其中一张卡给印度公司作收款账户，另外两张因无法激活被他丢弃。

2013 年，湖南省沅江市公安局在查办一个网络银行卡贩卖团伙时，将陆某抓获。2013 年 11 月 23 日，因涉嫌妨害信用卡管理罪，陆某被沅江市公安局刑事拘留。2014 年 7 月 22 日，沅江市人民检察院以涉嫌妨害信用卡管理罪和涉嫌销售假药罪对陆某提起公诉。此后，上百名白血病患者联名写信，请求司法机关对陆某免予刑事处罚。2015 年 1 月 27 日，沅江市人民检察院向沅江市人民法院撤回起诉，2 月 26 日宣布不起诉决定。

沅江市人民检察院在《对陆某决定不起诉的释法说理书》中指出，一方面，陆某的行为是买方行为，并且是白血病患者群体购买药品整体行为中的组成行为，寻求的是印度赛诺公司抗癌药品的使用价值。陆某有违反国家药品管理法的行为，如违反了《药品管理法》第 39 条第 2 款有关个人自用进口的药

---

* 参见《检察机关详解陆某案撤诉缘由》，载北大法宝网司法案例库，http: // www. pkulaw. cn/case/pal_ 211110623254381240. html? keywords = % E4% B8% 8D% E8% B5% B7% E8% AF% 89&match = Exact&tiao = 1，2016 年 1 月 10 日访问。

品，应按照国家规定办理进口手续的规定等，但陆某的行为因不是销售行为而不构成销售假药罪。另一方面，陆某通过淘宝网购买 3 张以他人身份信息开设的借记卡，并使用其中户名为"夏维雨"的借记卡的行为，属于购买使用虚假的身份证明骗领信用卡的行为，但情节显著轻微，危害不大，根据《刑法》第 13 条的规定，不认为是犯罪。而且，陆某购买借记卡的动机、目的和用途是方便白血病患者购买抗癌药品。除了用于为病友购买抗癌药品支付药款外，陆某没有将该借记卡账号用于任何营利活动，更没有实施其他危害金融秩序的行为，也没有导致任何方面的经济损失。因此，陆某的行为不构成销售假药罪和妨害信用卡管理罪，应当对其作出不起诉的决定。

▶ 案件评析

本案涉及人人应得享有的得受罪刑法定原则保护、免受错误追诉的权利。

《世界人权宣言》第 11 条第 2 款规定了罪刑法定原则，即"任何人的任何行为或不行为，在其发生时依国家法或国际法均不构成刑事罪者，不得被判为犯有刑事罪。刑罚不得重于犯罪时适用的法律规定"。《公民权利和政治权利国际公约》第 15 条进一步规定："一、任何人的任何行为或不行为，在其发生时依照国家法或国际法均不构成刑事罪者，不得据以认为犯有刑事罪。所加的刑罚也不得重于犯罪时适用的规定。如果在犯罪之后依法规定了应处以较轻的刑罚，犯罪者应予减刑。二、任何人的行为或不行为，在其发生时依照各国公认的一般法律原则为犯罪者，本条规定并不妨碍因该行为或不行为而对任何人进行的审判和对他施加的刑罚。"

我国《刑法》第 3 条也规定了罪刑法定原则，即"法律明文规定为犯罪行为的，依照法律定罪处刑；法律没有明文规定为犯罪行为的，不得定罪处刑"。第 13 条规定："一切危害国家主权、领土完整与安全，分裂国家、颠覆人民民主专政的政权和推翻社会主义制度，破坏社会秩序和经济秩序，侵犯国有财产或者劳动群众集体所有的财产，侵犯公民私人所有的财产，侵犯公民的人身权利、民主权利和其他权利，以及其他危害社会的行为，依照法律应当受刑罚处罚的，都是犯罪，但是情节显著轻微危害不大的，不认为是犯罪。"

罪刑法定原则实际上含有两方面的要求：一是只有法律才能规定犯罪和处罚，其他行政命令、内部规定、长官意志等，都不能作为定罪和处罚的根据；二是只有根据行为人行为时有效的法律才能对行为人定罪量刑，不能根据无效的法律，或在某行为以后制定的法律对行为人定罪或处罚。① 该原则在人权保障方面意义重大，一方面能够保障人们免受任意的刑罚处罚；另一方面也使人们能够预测自己行为的性质和后果，而不至于因为无法预测自己的行为是否会受到刑罚处罚而陷入不安与恐慌。

从公诉工作的角度看，罪刑法定原则要求公诉机关在审查起诉中，要严格依据刑法的规定来判断侦查部门移送起诉的案件是否构成犯罪，对不存在犯罪事实、不应当判处刑罚的案件，不得提起公诉，即"无罪不诉"。《联合国关于检察官作用的准则》第14条规定："如若一项不偏不倚的调查表明起诉缺乏根据，检察官不应提出或继续指控，或应竭力阻止诉讼程序。""起诉缺乏根据"包括无罪和疑罪两种情况，根据该规定，在这两种情况下，检察官都不应提出或继续指控，或应竭力阻止诉讼程序。我国《刑事诉讼法》第173条第1款规定："犯罪嫌疑人没有犯罪事实，或者有本法第十五条规定的情形之一的，人民检察院应当作出不起诉决定。"第15条规定："有下列情形之一的，不追究刑事责任，已经追究的，应当撤销案件，或者不起诉，或者终止审理，或者宣告无罪：（一）情节显著轻微、危害不大，不认为是犯罪的……"这两条规定均属于"法定不起诉"的范畴，其中，对于犯罪嫌疑人没有犯罪事实和情节显著轻微、危害不大、不认为是犯罪的不起诉，均属于"无罪不诉"。无罪又包括"没有实施危害行为"和"虽有危害行为，但不认为是犯罪"两种情况，对这两种情况，均不应提起公诉。

本案中，一方面，陆某的行为并非刑法所规定的销售假药的危害行为，相反，其行为在客观上惠及了白血病患者；另一方面，陆某虽然有妨害信用卡管理的行为，但情节显著轻微，危害不大，应属于"情节显著轻微、危害不大，不认为是犯罪"的情形，均属于法定不起诉的范畴。因此，根据罪刑法定原则的要求和我国《刑事诉讼法》第173条第1款的规定，人民检察院应当对其作出不起诉的决定。

---

① 参见杨宇冠：《人权法》，中国人民公安大学出版社2003年版，第325～326页。

案例 16　福建省石狮市人民检察院不起诉施某等聚众斗殴案 *

▶ **案件概要**

福建省石狮市永宁镇西岑村与子英村相邻，原本关系友好。近年来，两村因土地及排水问题发生纠纷，永宁镇政府为解决两村之间的纠纷，曾组织人员对发生土地及排水问题的地界进行现场施工，但被多次阻挠未果。2008 年 12 月 17 日上午 8 时许，该镇组织镇干部与施工队再次进行施工。上午 9 时许，犯罪嫌疑人施某等 9 人以及数十名西岑村村民头戴安全帽，身背装有石头的袋子，手持木棍、铁锹等器械到达两村交界处的施工地界，犯罪嫌疑人李某等 8 人以及数十名子英村村民随后也到达施工地界，手持木棍、铁锹等器械与西岑村村民对峙，双方互相谩骂、互扔石头。出警到达现场的石狮市公安局工作人员把双方村民隔开并劝说离去，但仍有村民不听劝阻，继续叫骂并扔掷石头，致使两辆警察被砸损（经鉴定损失价值人民币 761 元），三名民警手部被打伤（经鉴定均未达轻微伤）。

案发后，石狮市公安局对积极参与斗殴的西岑村施某等 9 人和子英村李某等 8 人以涉嫌聚众斗殴罪向石狮市人民检察院提请批准逮捕。为避免事态进一步扩大，也为矛盾化解创造有利条件，石狮市人民检察院在依法作出批准逮捕决定的同时，建议公安机关和有关部门联合两村村委做好矛盾化解工作，促进双方和解。2010 年 3 月 16 日，石狮市公安局将本案移送石狮市人民检察院审查起诉。石狮市人民检察院在办案中，抓住化解积怨这一关键，专门成立了化解矛盾工作小组，努力促成两村之间矛盾的化解。在取得地方党委、人大、政府支持后，工作小组多次走访两村所在的永宁镇党委、政府，深入两村争议地点现场查看，并与村委会沟通，制定工作方案。随后协调镇政府牵头征求专家意见并依照镇排水、排污规划对争议地点进行施工，从交通安全与保护环境的

---

* 参见《最高人民检察院关于印发第一批指导性案例的通知》，载最高人民检察院法律政策研究室编著：《最高人民检察院司法解释、指导性案例理解与适用》，中国检察出版社 2015 年版，第 519～520 页。

角度出发，在争议的排水沟渠所在地周围修建起护栏和人行道，并纳入镇政府的统一规划。这一举措得到了两村村民的普遍认同。化解矛盾工作期间，工作小组还耐心、细致地进行释法说理、政策教育、情绪疏导和思想感化等工作，两村相关当事人及其家属均对用聚众斗殴这种违法行为解决矛盾纠纷的做法进行反省并表示后悔，都表现出明确的和解意愿。2010 年 4 月 23 日，西岑村、子英村两村村委会签订了两村和解协议，涉案人员也分别出具承诺书，表示今后不再就此滋生事端，并保证遵纪守法。至此，两村纠纷得到妥善解决，矛盾根源得以消除。

石狮市人民检察院认为，施某等 17 人的行为均已触犯了《刑法》第 292 条第 1 款、第 25 条第 1 款之规定，涉嫌构成聚众斗殴罪，依法应当追究刑事责任。鉴于施某等 17 人参与聚众斗殴的目的并非私仇或争霸一方，且造成的财产损失及人员伤害均属轻微，并未造成严重后果；两村村委会达成了和解协议，施某等 17 人也出具了承诺书，从惩罚与教育相结合的原则出发以及有利于促进社会和谐的角度考虑，2010 年 4 月 28 日，石狮市人民检察院根据《刑事诉讼法》第 142 条第 2 款之规定，决定对施某等 17 人不起诉。

▶ 案件评析

本案例为最高人民检察院发布的第一个指导性案例（检例第 1 号），发布要旨虽为社会矛盾化解，但实际上也与人权保障息息相关，从权利角度言，可谓之"免受不必要追诉的权利"或"免受过度追诉的权利"。

本案例涉及两个制度，即刑事和解制度和酌定不起诉制度，其中，酌定不起诉是刑事和解的非必然结果，刑事和解是酌定不起诉的非必要条件，即刑事和解有可能但并不必然导致酌定不起诉，酌定不起诉也不一定以刑事和解为前提。但这两个制度都与公诉工作中的人权保障密切相关。

（一）酌定不起诉制度

在起诉法定主义下，凡是符合起诉条件的案件，公诉机关必须起诉，这主要是受有罪必罚的报应刑思想的影响。而在起诉便宜主义下，公诉机关则可出于利益衡量，斟酌各种情形，对一些虽然符合起诉条件，但不必要起诉的案件，裁量决定不起诉。起诉便宜主义体现了对刑事程序所涉及的各种利益的考量与平衡，既包括对诉讼经济的考量，也包括对被追诉人利益的考量。《联合国关于检察官作用的准则》第 18 条规定："根据国家法律，检察官应在充分尊重嫌疑者和受害者的人权的基础上，适当考虑免予起诉、有条件或无条件地中止诉讼程序或使某些刑事案件从正规的司法系统转由其他办法处理。为此目的，各国应充分探讨改用非刑事办法的可能性，目的不仅是减轻过重的法院负担，而且也可避免受到审前拘留、起诉和定罪的污名以及避免监禁可能带来的不利后果。"其中，"避免受到审前拘留、起诉和定罪的污名以及避免监禁可能带来的不利后果"即体现了对被追诉人利益的考量和权利的保障。

我国法律中也有类似的规定。我国《刑事诉讼法》第173条第2款、第3款规定："对于犯罪情节轻微，依照刑法规定不需要判处刑罚或者免除刑罚的，人民检察院可以作出不起诉决定。人民检察院决定不起诉的案件，应当同时对侦查中查封、扣押、冻结的财物解除查封、扣押、冻结。对被不起诉人需要给予行政处罚、行政处分或者需要没收其违法所得的，人民检察院应当提出检察意见，移送有关主管机关处理。有关主管机关应当将处理结果及时通知人民检察院。"我国《刑法》第37条规定："对于犯罪情节轻微不需要判处刑罚的，可以免予刑事处罚，但是可以根据案件的不同情况，予以训诫或者责令具结悔过、赔礼道歉、赔偿损失，或者由主管部门予以行政处罚或者行政处分。"这些规定与《联合国关于检察官作用的准则》第18条规定的"免予起诉、有条件或无条件地中止诉讼程序或使某些刑事案件从正规的司法系统转由其他办法处理"的要求是一致的，既有诉讼经济方面的考虑，也有人权保障方面的考虑。

值得指出的是，有学者认为，依据《刑法》的规定，适用上述"酌定不起诉"的情形包括：犯罪嫌疑人在我国领域外犯罪，依照我国刑法应当负刑事责任，但在外国已经受过刑事处罚的；犯罪嫌疑人又聋又哑，或者是盲人的；犯罪嫌疑人因正当防卫或紧急避险过当而犯罪的；为犯罪准备工具、制造条件的；在犯罪过程中自动中止犯罪或者自动有效防止犯罪结果发生，没有造成损害的；在共同犯罪中，起次要或辅助作用的；被胁迫参加犯罪的；犯罪嫌疑人自首或者有重大立功表现或者自首后又有重大立功表现的。并且认为，人民检察院只有在确认犯罪嫌疑人具有上述情形之一，且同时具备"犯罪情节轻微"的前提条件下才能考虑作出不起诉决定。[1] 我们认为，上述八种情形只包括了依据刑法规定应当或者可以"免除处罚"的情形，而"依据刑法规定不需要判处刑罚"的情形则是指《刑法》第37条规定的情形，其与应当或可以免除处罚的八种情形是并列选择的关系，即无论具备哪种情形，均可作出酌定不起诉决定，而非既要属于前述八种情形之一，又要属于"犯罪情节轻

---

[1]　参见陈光中：《刑事诉讼法》，北京大学出版社、高等教育出版社2012年版，第306～307页。

微"，才能作出酌定不起诉决定。

实践中，由于不起诉的内部审批及考核都非常严格，加之有些地方对酌定不起诉的适用范围存在上述错误理解，因此酌定不起诉制度的适用受到了很大的限制，没能充分发挥出其应有的功能。

（二）刑事和解制度

近年来，随着恢复性司法理念在我国的兴起，刑事和解制度应运而生，也使得酌定不起诉制度有了进一步的发展。在刑事诉讼法修改前，刑事和解制度一直处于在各试点检察院试运行的状态。本案就是这一时期试行该制度的典型案例。在本案中，施某等人为聚众斗殴的首要分子和积极参加者，但其聚众斗殴并非为了私仇或争霸一方，且造成的财产损失及人员伤害均属轻微，并未造成严重后果，虽然不属于刑法规定的八种应当或可以"免除处罚"的情形，但符合《刑法》第37条规定的"犯罪情节轻微不需要判处刑罚"的情形，在此前提下，考虑到两村村委会之间已达成了和解协议，当然可以作出不起诉的决定。对施某等人作出酌定不起诉决定，既有利于提高诉讼效率、节约诉讼成本，又有利于尽快对受害人作出补偿，防止矛盾继续扩大，还有利于推动冲突双方社会关系的修复，同时也避免了使施某等人陷入不必要的追诉及免遭由其所带来的包括名誉、经济、身心等多方面的不必要的损害，有利于被追诉人权利的保障。

值得指出的是，在刑事和解制度的试点阶段，有些地区对酌定不起诉的适用突破了"犯罪情节轻微，依照刑法规定不需要判处刑罚或者免除刑罚"的条件，对一些比较严重的，又不属于《刑法》规定的八种应当或者可以免除刑罚的情形的犯罪，仅因为达成了和解协议，即作出了不起诉的决定。我们认为，这种突破《刑事诉讼法》规定的做法是错误的。"犯罪情节轻微，依照刑法规定不需要判处刑罚或者免除刑罚"是适用酌定不起诉的前提条件，即当具备了这一条件时，才可以适用酌定不起诉，但究竟是否适用，还要酌情考虑其他因素，而双方是否达成和解协议仅仅是在具体前提条件的情况下需要酌情考虑的"其他因素"，尽管这一因素非常重要，但其既非适用酌定不起诉的必要条件，更非充分条件。

2012年《刑事诉讼法》修改之后，专门在特别程序编中规定了"当事人和解的公诉案件诉讼程序"，对该程序的适用范围、程序及刑事和解的效力等作出了比较系统的规定。其中，第279条规定："对于达成和解协议的案件，公安机关可以向人民检察院提出从宽处理的建议。人民检察院可以向人民法院提出从宽处罚的建议；对于犯罪情节轻微，不需要判处刑罚的，可以作出不起诉的决定。人民法院可以依法对被告人从宽处理。"可见，在新刑事诉讼法规定的刑事和解制度中，要适用酌定不起诉仍然需要符合"犯罪情节轻微，不需要判处刑罚"的前提条件。

刑事和解制度本身在人权保障方面也具有很重大的意义，既有利于保障被害人的利益尽快得到补偿，也避免或减轻了犯罪嫌疑人、被告人因不必要的追诉或更严重的刑罚所导致的包括名誉、经济、身心等多方面的损害。从公诉工作中人权保障的角度来看，我们认为，对刑事和解制度的理解与适用中需要注意以下问题：

第一，关于刑事和解的适用条件。《刑事诉讼法》第274条规定："下列公诉案件，犯罪嫌疑人、被告人自愿真诚悔罪，通过向被害人赔偿损失、赔礼道歉等方式获得被害人谅解，被害人自愿和解的，双方当事人可以和解：（一）因民间纠纷引起，涉嫌刑法分则第四章、第五章规定的犯罪案件，可能判处三年有期徒刑以下刑罚的；（二）除渎职犯罪以外的可能判处七年有期徒刑以下刑罚的过失犯罪案件。犯罪嫌疑人、被告人在五年以内曾经故意犯罪的，不适用本章规定的程序。"这里关乎人权保障的有两个问题：

其一，对"由民间纠纷引起"这一条件应如何把握？这一点"两高"的司法解释都未提及。但全国人大常委会法工委在立法释义中指出，"因民间纠纷引起"是指犯罪的起因是公民之间因人身、财产权益等问题引起的纠纷，既包括因婚姻家庭、邻里纠纷等民间矛盾激化引起的案件，也包括因口角、泄愤等偶发性矛盾引发的案件。[①] 根据这一解释，本案例显然属于由民间纠纷引起的案件。而《公安机关办理刑事案件程序规定》第323条规定："有下列情形之一的，不属于因民间纠纷引起的犯罪案件：（一）雇凶伤害他人的；（二）涉及黑社会性质组织犯罪的；（三）涉及寻衅滋事的；（四）涉及聚众斗殴的；（五）多次故意伤害他人身体的；（六）其他不宜和解的。"根据这一规定，本案例又显然不属于因民间纠纷引起的犯罪案件（暂不考虑本案例发生于刑事诉讼法修改前的问题）。可见，公安机关的这条规定大幅限缩了刑事和解制度的适用范围，不利于刑事和解制度功能的充分发挥。总体上，我们认为，对"民间纠纷"不应掌握过严，对当事人自愿、合法的和解，应尽可能积极支持，鼓励犯罪嫌疑人积极悔过与赔偿。

其二，对于不属于上述案件范围，但犯罪嫌疑人自愿真诚悔罪，积极向被害人赔偿损失、赔礼道歉，并获得被害人谅解，自行达成和解协议的，应如何处理？我们认为，犯罪后的态度理应成为酌定量刑情节，如果其能够自愿真诚

---

① 全国人大常委会法制工作委员会刑法室编：《关于修改中华人民共和国刑事诉讼法的决定——条文说明、立法理由及相关规定》，北京大学出版社2012年版，第339页。

悔罪，积极向被害人赔偿损失、赔礼道歉，并获得被害人谅解，当然应当酌情予以考虑是否可以从轻处理，而无论其是否属于新刑事诉讼法规定的刑事和解适用范围。新刑事诉讼法之所以对刑事和解的适用范围予以了比较严格的限制，主要是怕刑事和解所可能具有的"花钱买刑"等负面影响扩大化。但是，我们认为，对于刑事和解可能存在的负面影响的防范重点应当在于对犯罪嫌疑人、被告人是否确实自愿真诚悔罪予以严格的审查，以及对可以从宽处理的程度予以比较严格的限制。至于适用案件的范围实际上是无法限制的，因为对于超出适用范围的案件，如犯罪嫌疑人自愿真诚悔罪，通过向被害人赔偿损失、赔礼道歉等方式获得被害人谅解的，也理应作为从宽处理的酌定情节来予以考虑，对于犯罪情节轻微，不需要判处刑罚的，也理应可以作出不起诉的决定。即便是犯罪嫌疑人、被告人在 5 年以内曾经故意犯罪的，如果其自愿真诚悔罪，通过向被害人赔偿损失、赔礼道歉等方式获得被害人谅解的，也不可能在处理上毫不考虑，只不过其"在 5 年以内曾经故意犯罪"本身也应当作为一个从重的酌定情节来予以综合考虑。

第二，关于人民检察院在刑事和解中的地位和作用。《刑事诉讼法》第278 条规定："双方当事人自行和解的，公安机关、人民检察院、人民法院应当听取当事人和其他有关人员的意见，对和解的自愿性、合法性进行审查，并主持制作和解协议。"《人民检察院刑事诉讼规则（试行）》第 514 条规定："双方当事人可以自行达成和解，也可以经人民调解委员会、村民委员会、居民委员会、当事人所在单位或者同事、亲友等组织或者个人调解后达成和解。人民检察院对于本规则第五百一十条规定的公诉案件，可以建议当事人进行和解，并告知相应的权利义务，必要时可以提供法律咨询。"以上规定，实际上是不允许人民检察院对公诉案件进行调解的，但是，在人民检察院建议当事人进行和解、告知相应的权利义务、提供法律咨询、听取当事人和其他有关人员的意见，对和解的自愿性、合法性进行审查，并主持制作和解协议的这一过程中，实际上很难避免人民检察院进行类似于调解的行为。对于当事人尚未进行和解的，人民检察院不是告诉当事人可以和解就行了，而是要"建议"其进行和解，要告知其相应的权利义务，必要时还要提供法律咨询，在这一过程中，人民检察院无形中就会发挥出引导当事人走向和解的类似于调解的作用。对于当事人已经和解的，人民检察院在审查其和解的自愿性、合法性并主持制作和解协议的过程中，除非当事人对和解内容无任何争议，否则人民检察院也难免对其争议予以调解。完全不允许人民检察院进行调解是不切实际的，也是不合理的，只是要注意防止人民检察院过度介入，防止其滥用权力，干涉当事人的意志自由或以威胁、欺骗等方式对当事人予以错误的引导。

案例 17 贵州省习水县人民检察院诉袁某某介绍、容留妇女卖淫，冯某某等人嫖宿幼女案*

> **案件概要**

2007 年 10 月，贵州省遵义市习水县妇女袁某某在县佳和市场非法经营旅社期间，与 14 岁的刘某及其 15 岁的男友袁某认识。三人商议，由刘某和其男友负责寻找女学生带到袁某某家中进行卖淫，由袁某某提供场所并联系嫖客。袁某某按嫖资的 30% 收取"卫生费"，剩余嫖资归刘某及其男友。2007 年 10 月至 2008 年 7 月，刘某及其男友在下午放学或下晚自习期间守候在学校附近，采用打毒针、拍摄裸照散播等威胁手段将女学生李某、王某、罗某等 11 名女生带到袁某某家中，由袁某某先后联系嫖客母某某、冯某某、陈某、黄某某、李某某、陈某某等前去嫖娼。其中未满 14 周岁的幼女 3 名。

2008 年 8 月 15 日，习水县公安局城西派出所接到一女子报案称女儿被强奸。2008 年 10 月底，公安侦破案件，共抓获涉案违法犯罪嫌疑人员 21 人。其中，介绍、容留妇女卖淫的犯罪嫌疑人袁某某和 7 名嫖宿幼女犯罪嫌疑人被依法批准逮捕，刘某及其男友因未成年被公安机关依法进行少管，10 名嫖娼人员被治安处罚，1 名卖淫女被公安机关劳教。

2009 年 2 月，习水县人民检察院对相关犯罪嫌疑人提起公诉，2009 年 4 月 8 日，习水县人民法院对该案进行了不公开开庭审理。据 2009 年 4 月 10 日《京华时报》报道，庭审时，媒体记者也从全国各地来到这里，要求旁听庭审。经过两个多小时的协调，习水县人民法院和遵义市中级人民法院向贵州省高级人民法院提出申请。8 日早上，诸媒体被告知，只有新华社和中央电视台的 4 名记者可以进入庭审现场，但不得携带任何器材设备和纸笔。

---

* 参见《贵州习水嫖宿幼女案》，载百度百科，http：//baike. baidu. com/link？url = c8xFGym7MVzMXzPT2Lx9LlzGfxdgQfKq – ZWBh_ 2615Hw8L – AXrss9_ 4qqpsam P8fO3prZBA0l9c V68qqkhBy8a，2016 年 1 月 18 日访问；郑赫南：《记者旁听习水案有违公开审判原则》，载《检察日报》2009 年 5 月 18 日第 6 版。

2009 年 4 月 21 日，因庭审中案件证据和事实发生变化，习水县人民检察院依法将全案撤回补充侦查，并因袁某某已涉嫌强迫卖淫罪，情节特别严重，可能判处无期徒刑或死刑，应由中级人民法院管辖，故改由遵义市人民检察院向遵义市中级人民法院提起公诉。

2009 年 7 月 24 日，贵州省遵义市中级人民法院经审理后公开宣判，以强迫卖淫罪判处被告人袁某某无期徒刑；以嫖宿幼女罪分别判处被告人冯某某有期徒刑 14 年，被告人陈某有期徒刑 12 年，被告人母某某有期徒刑 10 年，被告人冯某、李某某、黄某某、陈某某各有期徒刑 7 年。

▶ 案件评析

本案涉及所有被指控者均得享有的得受公开审判原则保护的权利及隐私权。

《世界人权宣言》第 10 条规定："人人完全平等地有权由一个独立而无偏倚的法庭进行公正的和公开的审讯，以确定他的权利和义务并判定对他提出的任何刑事指控。"《公民权利和政治权利国际公约》第 14 条第 1 款规定："所有的人在法庭和裁判所前一律平等。在判定对任何人提出的任何刑事指控或确定他在一件诉讼案中的权利和义务时，人人有资格由一个依法设立的合格的、独立的和无偏倚的法庭进行公正的和公开的审讯。由于民主社会中的道德的、公共秩序的或国家安全的理由，或当诉讼当事人的私生活的利益有此需要时，或在特殊情况下法庭认为公开审判会损害司法利益因而严格需要的限度下，可不使记者和公众出席全部或部分审判；但对刑事案件或法律诉讼的任何判决应公开宣布，除非少年的利益另有要求或者诉讼系有关儿童监护权的婚姻争端。"

我国《刑事诉讼法》第 11 条规定："人民法院审判案件，除本法另有规定的以外，一律公开进行……"第 183 条规定："人民法院审判第一审案件应公开进行。但是有关国家秘密或者个人隐私的案件，不公开审理；涉及商业秘密的案件，当事人申请不公开审理的，可以不公开审理。不公开审理的案件，应当当庭宣布不公开审理的理由。"第 274 条规定："审判的时候被告人不满十八岁的案件，不公开审理。但是，经未成年被告人及其法定代理人同意，未成年被告人所在学校和未成年人保护组织可以派代表到场。"

公开审判是保障被指控人各项程序性权利的一个基础性原则，意在防止秘密审判所可能导致的对被指控人权利的剥夺与侵害，同时也具有保障法庭独立与公正的作用。公开审判的例外情形中也有相当一部分是出于权利保障的需要，如对公民隐私权的保障等。隐私权相较于受公开审判原则保护的权利而言，是更重要、更需要保障的权利，不公开审判并不意味着被指控人其他程序性权利的必然丧失，也不意味着法庭必然丧失独立与公正，而且即便因为不公开审判导致了不公正的后果，也还可以纠正和救济，而隐私一旦被公开，当事人所受到的侵害就无法再予以有效的救济了，因此，当案件涉及隐私时，就不能再公开审理。

本案显然属于涉及个人隐私的案件，不应当公开审理。最高人民法院《关于适用〈中华人民共和国刑事诉讼法〉的解释》第 186 条第 3 款规定："不公开审理的案件，任何人不得旁听，但法律另有规定的除外。"这里的例外情形目前仅指《刑事诉讼法》第 274 条规定中的但书，即"经未成年被告人及其法定代理人的同意，未成年被告人所在学校和未成年人保护组织可以派代表到场"。本案中的被告人均已成年，因此不适用此例外情形，应遵守"任何人不得旁听"的规定，记者亦不例外。本案中允许新华社和中央电视台记者进入庭审现场的做法显然非常错误。

从公诉工作而言，公诉人应积极推动与监督公开审判原则的落实，对于不应当公开审判的，也应积极阻止法院予以错误的公开审判。同时，根据《刑事诉讼法》第 227 条的规定："第二审人民法院发现第一审人民法院的审理有下列违反法律规定的诉讼程序的情形之一的，应当裁定撤销原判，发回原审人民法院重新审判：（一）违反本法有关公开审判的规定的……"根据该条规定，对于第一审人民法院的审理违反刑诉法有关公开审判的规定的，理应提出抗诉。但是，违反公开审判的规定可以从两个方面理解：一是应当公开的而没有公开，这种情形本身属于严重违反法定程序，并且可能影响公正审判，当然应当提出抗诉；二是不应公开而公开了，这种情况下国家秘密、个人隐私、商业秘密已被公开，重新审判亦无法挽回，因此是否有必要再以不公开审理的方式重新审判，理论上值得探讨。

案例18 山东省广饶县人民检察院 诉刘某某抢劫案[*]

> ## 案件概要

受援人刘某某系东营市广饶县农村失学少年。因家庭生活困难，很早就辍学在家，由于年龄小不好找工作，不是泡网吧就是跟一些所谓的"朋友"闲玩。2011年7月中旬一天晚21时许，刘某某吃完晚饭跟同伴在外闲逛，一同伴提议说："前面有三个骑自行车的小孩，我们追上去吓唬吓唬他们。"刘某某就跟着同伴一起追赶上三个小孩，见他们都带着手机，就伙同其他同伴手持啤酒瓶抢了三个小孩三部手机、一个耳机及三元现金。同年7月23日20时许，他又在同伴的撺掇下，跟随同伴持砍刀抢劫了他人一辆摩托车。

东营市广饶县法律援助中心接到县人民法院的指定辩护人通知书后，指派本中心律师艾建设、王艳云担任被告人刘某某的辩护人，为其提供法律援助。接受指派后，承办律师及时查阅了案卷材料，并先后三次会见了刘某某，对其进行了法制、道德教育。通过阅卷和会见，承办律师除了解基本案情外，对该少年的家庭情况也有了基本了解。了解到该少年家在广饶县农村，家境一般，从小跟随爷爷长大，父母常年在外打工，对其关心、教育甚少。为了掌握更多有关该少年的情况，承办律师还走访了该少年曾经就读的学校和邻里街坊。从走访的情况看，刘某某在校期间学习成绩一般，但没有任何劣迹，也没有受过任何处分。辍学在家期间，邻里反映尚好，也无任何劣迹，具有较大的可挽救性。

根据以上情况，辩护律师提出以下辩护意见：

第一，被告人刘某某系未成年人。被告人刘某某出生于1995年2月7日，其参与抢劫作案时，年仅16岁，系未成年人。根据我国《刑法》第17条第3款规定："已满十四周岁不满十八周岁的人犯罪，应当从轻或者减轻处罚。"

---

* 参见《东营法律援助挽救失足少年》，载中国法律援助网法援案例库，http：//www.chinalegalaid. gov. cn/China_ legalaid/content/2012 - 04/17/content_ 3502785. htm? node = 24972，2016年1月22日访问。

第二，被告人刘某某系初犯且认罪悔罪、主观恶性不大。案发前，被告人刘某某从未受过任何行政处分或者刑事处罚。归案后，被告人刘某某如实供述了自己的罪行，认罪、悔罪。根据最高人民法院、最高人民检察院、司法部《关于适用普通程序审理"被告人认罪案件"的若干意见（试行）》第9条规定：人民法院对自愿认罪的被告人，酌情予以从轻处罚。

第三，被告人刘某某虽然使用暴力但没有造成被害人人身实际伤害，劫取了少量财物；在共同犯罪中处于次要作用，系从犯。根据被害人的陈述和同案被告人的供述，被告人刘某某第一次只是跟随同案被告人实施抢劫，没有从被害人手里抢东西，只是在同案被告人抢劫完毕后出于生气用脚踹了被害人，而不是先实施暴力而后迫使被害人交出财物，整个抢劫过程中没有实施具体的抢劫行为，其实施的暴力行为并没有造成被害人人身实际伤害。第二次抢劫没有持械，只是站在一旁凑人数。两次抢劫仅分得103元，其既不是行为的策划者、犯意提议者，又未负责购买作案工具，也不是分赃的组织者，而且未分得多少利益。从整个案件的主要分工和所起的作用来看，被告人刘某某处于次要地位，因此不应当认为两起共同犯罪中都积极参与、不分主次，被告人刘某某应当被认定为从犯。根据我国《刑法》第27条第2款规定："对于从犯，应当从轻、减轻或者免除处罚。"

第四，被告人刘某某已取得被害人的谅解且其法定代理人表示愿意缴纳罚金。综上，辩护律师根据最高人民法院《关于适用〈中华人民共和国刑事诉讼法〉的解释》第3条"人民法院审理未成年人刑事案件，应当贯彻教育、感化、挽救的方针，坚持教育为主、惩罚为辅的原则，加强对未成年人的特殊保护"的规定精神，请求法庭对被告人刘某某减轻处罚并适用缓刑。

法庭经过不公开审理，采纳了律师的大部分辩护意见，最终判决刘某某犯抢劫罪，判处有期徒刑3年，缓刑4年，并处罚金人民币4万元。未成年人刘某某拿到判决书后，痛哭流涕，表示一定痛改前非，好好做人。

▶ 案件评析

本案涉及所有被指控者均得享有的辩护权及接受法律援助的权利。

《公民权利和政治权利国际公约》第14条第3款规定："在判定对他提出的任何刑事指控时，人人完全平等地有资格享受以下的最低限度的保障：……（丁）出席受审并亲自替自己辩护或经由他自己所选择的法律援助进行辩护；如果他没有法律援助，要通知他享有这种权利；在司法利益有此需要的案件中，为他指定法律援助，而在他没有足够能力偿付法律援助的案件中，不要他自己付费……"值得指出的是，该条规定中的"法律援助"不同于我们通常所说的"法律援助"，前者就是指法律专业人员，一般就是指律师的帮助，无关费用问题，后者则是指免费的律师帮助。

我国《刑事诉讼法》第 11 条规定了被告人享有辩护权的基本原则，即"……被告人有权获得辩护，人民法院有义务保证被告人获得辩护"。第 32 条规定了被告人可以自行辩护，亦可获他人帮助辩护，即"犯罪嫌疑人、被告人除自己行使辩护权以外，还可以委托一至二人作为辩护人"。第 33 条第 2 款规定了有关机关的告知义务，即"侦查机关在第一次讯问犯罪嫌疑人或者对犯罪嫌疑人采取强制措施的时候，应当告知犯罪嫌疑人有权委托辩护人。人民检察院自收到移送审查起诉的案件材料之日起 3 日以内，应当告知犯罪嫌疑人有权委托辩护人。人民法院自受理自诉案件之日起 3 日以内，应当告知被告人有权委托辩护人。犯罪嫌疑人、被告人在押期间要求委托辩护人的，人民法院、人民检察院和公安机关应当及时转达其要求"。第 34 条规定了法律援助制度，即"犯罪嫌疑人、被告人因经济困难或者其他原因没有委托辩护人的，本人及其近亲属可以向法律援助机构提出申请。对符合法律援助条件的，法律援助机构应当指派律师为其提供辩护。犯罪嫌疑人、被告人是盲、聋、哑人，或者是尚未完全丧失辨认或者控制自己行为能力的精神病人，没有委托辩护人的，人民法院、人民检察院和公安机关应当通知法律援助机构指派律师为其提供辩护。犯罪嫌疑人、被告人可能被判处无期徒刑、死刑，没有委托辩护人的，人民法院、人民检察院和公安机关应当通知法律援助机构指派律师为其提供辩护"。第 267 条规定了专门针对未成年犯罪嫌疑人、被告人的法律援助，即"未成年犯罪嫌疑人、被告人没有委托辩护人的，人民法院、人民检察院、公安机关应当通知法律援助机构指派律师为其提供辩护"。第 35 条到第 42 条规定了辩护人的责任、权利与义务。

本案中，刘某某系未成年人，在刑事诉讼法修改前后均属于应予法律援助的对象。未成年人由于年龄较小，心智不成熟，相较于成年人更难有效地进行自行辩护，因此当其没有辩护人时，应当为其指定辩护人帮助其行使辩护权。从本案的介绍中也可看出，指定辩护人的帮助确实意义重大，能够有效地帮助被援人充分地行使辩护权，维护其合法权益。

2012 年刑事诉讼法修改的一个重要内容就是通过强化律师帮助来强化对犯罪嫌疑人、被告人辩护权的保障，其具体表现有三：一是强化了辩护律师的相关权利；二是强化了有关机关的配合义务；三是扩大了法律援助的适用范围，并将法律援助的适用阶段延展到了侦查和审查起诉阶段。从公诉工作的角度而言，在审查起诉阶段就要保障好犯罪嫌疑人的辩护权，对于犯罪嫌疑人委托了辩护人的，要积极履行配合义务，保障辩护人权利，并为其权利行使提供便利；对没有委托辩护人的，如果是盲、聋、哑人，或是尚未完全丧失辨认或者控制自己行为能力的精神病人，或是未成年人，或可能被判处无期徒刑、死刑的，应当通知法律援助机构为其提供辩护；如果不属于这些情况，但因经济困难或其他原因没有委托辩护人，可能符合法律援助条件的，应告知其可以向法律援助机构提出申请；在审判阶段应对被告人的自行辩护及辩护人的辩护予以尊重，与被告人及其辩护人进行平等的对抗。

案例 19　江西省靖安县人民检察院
诉何某甲受贿案[*]

▶ **案件概要**

　　何某甲 2012 年 9 月 7 日因涉嫌受贿、徇私舞弊低价出售国有资产罪被刑事拘留，同年 9 月 20 日被逮捕。江西省宜春市靖安县人民法院于 2013 年 9 月 4 日作出一审判决，何某甲不服提出上诉。江西省宜春市人民法院受理后，于 2014 年 3 月 10 日以事实不清、证据不足为由撤销原判，发回重审。靖安县人民法院依法另行组成合议庭公开开庭进行了重新审理，并于 2014 年 8 月 14 日作出一审判决，何某甲仍不服，提出上诉。宜春市中级人民法院再次受理后，于 2014 年 12 月 12 日公开开庭审理了本案。

　　原审判决认定的事实包括：（1）收受何某乙 8 万元的事实。2004 年 4 月，被告人何某甲任中国银行宜春市资产保全部副主任，具体负责位于宜春市中山中路 194 号（以下简称 194 号）的处置，在该房产经评估拍卖之后，被告人何某甲违反规定，在王某、何某乙夫妇提供房产空白过户委托书上加盖宜春分行公章并提供相关资料，将该房产由实际竞买人陈某某名下登记到王某、何某乙儿子王某某的名下。为感谢被告人何某甲的帮助，王某授意何某乙送 8 万元给被告人何某甲。2005 年 1 月下旬至 2 月，何某乙开车来到被告人何某甲家楼下，打电话叫被告人何某甲下楼，在车内将用黑色塑料袋装好的 8 万元送给了被告人何某甲。（2）收受胡某某 5000 元的事实。2011 年 4 月，被告人何某甲任中国银行宜春市分行业务部副主任，负责贷款审批业务。江西某实业有限公司因自有资金不足，2011 年度向中国银行宜春市分行申请贷款 1 亿元人民币。被告人何某甲多次到中国银行江西省分行协调贷款事宜。2011 年 11 月，江西某实业有限公司法人胡某某陪同被告人何某甲到吉安市安福县考察，在考察期间，胡某某在被告人何某甲住宿的房间送给被告人何某甲人民币 5000 元。

---

　　[*] 参见《何某甲受贿案》，载北大法宝网司法案例库，http：//www. pkulaw. cn/case/pfnl_ 1970324841015515. html？keywords = % E4% BD% 95% E6% 9F% 90% E6% 9F% 90% E5% 8F% 97% E8% B4% BF% E6% A1% 88&match = Exact，2016 年 1 月 25 日访问。

2012 年 10 月，江西某实业有限公司获得了该笔贷款。（3）收受袁某某 5000 元的事实。2005 年 12 月 19 日至 2009 年 8 月，被告人何某甲被聘任为中国银行万载支行副行长，分管业务发展部。2006 年 4 月，万载县某汽车销售有限公司在中国银行万载支行办理汽车销售按揭贷款业务，被告人何某甲负责审批。2007 年 7 月，被告人何某甲的儿子考取了临川中学。被告人何某甲要万载县某汽车销售有限公司股东李某某、马某、袁某某安排一辆汽车送其到临川中学考察。袁某某等三人考虑到公司按揭贷款业务由被告人何某甲审批，决定安排一辆汽车送被告人何某甲到临川中学。从临川回来之后，袁某某在宜春市一酒店请被告人何某甲吃饭时，送给被告人何某甲 5000 元。（4）收受欧阳某某 2000 元的事实。2005 年 12 月至 2009 年 12 月，被告人何某甲为中国银行万载支行副行长，分管信贷业务。2008 年至 2009 年，万载县某烟花进出口有限公司在中国银行万载支行有贷款业务。2008 年春节前，万载县某烟花进出口公司总经理欧阳某某在被告人何某甲宿舍，送给被告人何某甲人民币 2000 元。

据此，原审法院认为，被告人何某甲利用职务之便收受他人 92000 元，其行为构成受贿罪。公诉机关指控的罪名成立；公诉机关对被告人何某甲犯徇私舞弊低价出售国有资产罪的指控证据不足，指控的罪名不能成立。案发后，被告人何某甲未退受贿赃款。最终判决被告人何某甲犯受贿罪，判处有期徒刑 5 年 6 个月，并处没收财产 30000 元；赃款 92000 元予以追缴，上缴国库。

之后，上诉人何某甲上诉提出其没有收受何某乙 8 万元的事实，收受袁某某 5000 元、欧阳某某 2000 元、胡某某 5000 元属正常人情往来，不属于受贿，请求二审宣告无罪。

二审期间，证人何某乙、王某出庭作证，对行贿 8 万元的事实予以否认，并提出之前承认行贿 8 万元的证言是在急于获得取保候审而违背其真实意愿的情形下作出的。

宜春市中级人民法院经审理认为，原审认定何某甲收受王某、何某乙 8 万元贿赂款的事实不清，证据不足，理由如下：（1）上诉人何某甲在侦查阶段既有有罪供述，也有无罪辩解，数次庭审均当庭对受贿 8 万元的事实予以否认；（2）上诉人何某甲对证人何某乙、王某的证言提出异议，经二位证人出庭作证，对行贿 8 万元的事实也予以否认，并提出之前承认行贿 8 万元的证言是在急于获得取保候审而违背其真实意愿的情形下所作；（3）上述证据在多处关键细节不能完全吻合，又无其他证据予以印证。关于何某甲及其辩护人提出收受胡某某、袁某某、欧阳某某共计 12000 元属正常人情往来的赠予款项，原审判决适用法律错误及审判程序存在重大瑕疵的意见，与查明的事实和法律规定不符，不予支持。

最终，宜春市中级人民法院作出终审判决，撤销江西省靖安县人民法院的一审判决，认定何某甲犯受贿罪，判处有期徒刑 2 年 4 个月，犯罪所得赃款 12000 元予以追缴，上缴国库。

▶ 案件评析

本案涉及被指控者应当享有的与证人对质的权利。

《公民权利和政治权利国际公约》第 14 条第 3 款规定："在判定对他提出的任何刑事指控时，人人完全平等地有资格享受以下的最低限度的保障：……（戊）讯问或业已讯问对他不利的证人，并使对他有利的证人在与对他不利的证人相同的条件下出庭和受讯问……"联合国人权事务委员会指出："该项规定意在保证被告人在强制获得证人出庭和讯问与交叉询问任何证人方面，同起诉方具有同样的法律上的权利。"①

我国《刑事诉讼法》第 59 条规定："证人证言必须在法庭上经过公诉人、被害人和被告人双方质证并且查实以后，才能作为定案的根据……"但第 187 条第 1 款、第 2 款又规定："公诉人、当事人或者辩护人、诉讼代理人对证人证言有异议，且该证人证言对案件定罪量刑有重大影响，人民法院认为证人有必要出庭作证的，证人应当出庭作证。人民警察就其执行职务时目击的犯罪情况作为证人出庭作证，适用前款规定。"第 190 条规定："公诉人、辩护人应当向法庭出示物证，让当事人辨认，对未到庭的证人的证言笔录、鉴定人的鉴定意见、勘验笔录和其他作为证据的文书，应当当庭宣读。审判人员应当听取公诉人、当事人和辩护人、诉讼代理人的意见。"

根据后两条规定，可以看出，我国《刑事诉讼法》并不要求所有的证人都要出庭作证，而是在一定范围内承认未到庭证人证言笔录的证据能力与证明力。由于司法资源的有限性，出于诉讼效率与诉讼经济的考虑，要求所有案件中的所有证人一律出庭是不现实的，即证人出庭的范围一定是有限的。但限制证人出庭范围的途径却有两种：一是程序分流，即通过诉辩交易、简易程序等将大量的案件分流出去，只要求很少量的案件须采取所有证人均需出庭的正式的审判程序，西方国家一般都是采取此种途径；二是直接限制证人出庭范围，即在程序分流功能不足，大量案件均需予以正式审判的情况下，直接规定仅部

---

① 联合国人权事务委员会第 13 号一般性意见。

分证人需要出庭，承认其他不出庭证人的书面证言亦具备证据能力和证明力，我国即采取此种途径。不过，我们目前的很多试点地方正在试行被告人认罪认罚从宽制度，意图强化程序的分流功能，仅使较少的案件进入正式的普通审程序中，从而强化这部分案件中的证人出庭。《关于推进以审判为中心的刑事诉讼制度改革的意见》的相关规定也体现了这一趋势，一方面规定了"完善对证人、鉴定人的法庭质证规定"。另一方面规定了"推进案件繁简分流，优化司法资源配置"。

上述改革的效果还有待考证和需要实践的检验，但就目前而言，由于我们还没有普遍建立起强大的分流程序，因此大量的案件还是要通过普通程序来审理，而在这么大量的案件中，不可能做到要求所有的证人都出庭作证，因此只能对证人出庭作证的范围予以限制。根据现行法律规定，证人只有在同时满足如下三个条件的情况下才必须出庭作证：其一，公诉人、当事人或者辩护人、诉讼代理人对证人证言有异议；其二，该证人证言对案件定罪量刑有重大影响；其三，人民法院认为证人有必要出庭作证。

本案中，证人何某乙、王某在二审中出庭作证，对行贿8万元的事实予以否认，直接改变了法院对事实的认定，从而使判决结果发生了重大变化，可见证人出庭作证的重要性。证人在法庭上接受控辩双方的质证，有利于保障证人证言的真实性。对被告人对质权的剥夺可能导致对其错误的定罪，影响重大，因此即便如上文所述，要求所有案件的所有证人都出庭作证并不现实，也应尽可能地保障证人出庭，保障被告人对质权的实现，尤其是对被告人不利的证人，更应当保障其到庭接受被告人的质询，以防止因其不需出庭接受对质而提供虚假证言从而导致错误的定罪。因此，尽管刑事诉讼法的相关规定把判断证人是否有出庭必要性的决定权交给了法院，但是，我们认为，凡是控辩双方对证人证言有异议且该证人证言对案件定罪量刑有重大影响的，只要此种影响是不利于被告人的，就一律应当认为该证人有必要出庭作证，即对于控辩双方存在争议、对定罪量刑有重大影响的、不利于被告人的书面证言，一律不应不经证人出庭接受被告人质询即直接采信。

此外，《刑事诉讼法》第188条还规定了证人强制出庭制度，为被告人对质权的实现提供了保障，即"经人民法院依法通知，证人没有正当理由不出庭作证的，人民法院可以强制其到庭，但是被告人的配偶、父母、子女除外。证人没有正当理由逃避出庭或者出庭后拒绝作证的，予以训诫，情节严重的，经院长批准，处以十日以下的拘留。被处罚人对拘留决定不服的，可以向上一级人民法院申请复议。复议期间不停止执行"。该规定中有一个问题值得探讨，即对被告人的配偶、父母、子女，不得强制其到庭，有学者认为这属于近亲属间的作证豁免。但值得指出的是，在西方国家，作证豁免意味着被告人的近亲属可以拒绝提供证言，这不仅意味着其不必出庭作证，更意味着其不必提出对自己的近亲属不利的证言。那么，在我国，这条规定如果仅仅意味着配偶、父母、子女可以不出庭作证，而其提供的书面证言却可以成为对被告人不利的证据，则这不仅不属于作证豁免，并且是对被告人对质权的严重侵犯。我们认为，如果配偶、父母、子女的书面证言可能对定罪量刑产生不利于被告人的重大影响，而被告人对该书面证言存在异议的，也不能不经证人出庭即予采信，如其拒绝出庭，则只能放弃该份证据，这才符合作证豁免的要求，才能保障被告人的对质权，才能防止因直接采信相关证据所可能导致的错误定罪。

就公诉工作而言，基于同样的道理，对于辩方持异议的证人证言，如其可能对定罪量刑产生不利于被告人的重大影响，应竭力促使其出庭作证，接受辩方的质证，以此来保障被告人的对质权，防止错误定罪。

案例 20　福建省长乐市人民检察院 诉阿某甲盗窃案[*]

> ► **案件概要**

　　福建省长乐市人民检察院指控被告人阿某甲犯盗窃罪，于 2015 年 4 月 30 日向长乐市人民法院提起公诉。长乐市人民法院受理后，依法组成合议庭，于同年 5 月 19 日公开开庭审理了本案。因被告人阿某甲为维吾尔族人，经征得被告人同意，长乐侨中教师热某某（维吾尔族）担任本案翻译人员出庭参加诉讼。

　　长乐市人民检察院指控被告人阿某甲实施了以下犯罪行为：（1）2014 年 8 月 9 日 18 时 20 分许，被告人阿某甲带领未成年人阿某乙（9 岁）到长乐市某某小学旁的一家文具店门前，其在一旁望风，由阿某乙从被害人王某某停放在该处的小车副驾驶座上盗走挎包一个，包内有人民币 2000 元。（2）2014 年 8 月 9 日 22 时许，被告人阿某甲与阿某乙、依某某等三人相约到长乐市区伺机盗窃，后四人窜到长乐市某某医院对面的食杂店门口，由依某某从被害人黄某某停在该处的小车后座上盗走挎包一个，包内有人民币 2800 元。（3）2014 年 8 月 19 日 19 时 20 分许，被告人阿某甲带领未成年人阿某乙等二人窜到长乐市吴航某亭附近的水果摊前，其在一旁望风，由阿某乙从被害人陈某某的电动车脚踏板上盗走钱包一个，包内有人民币 8000 元。

　　经翻译人员翻译，被告人阿某甲对起诉指控的第一、三起盗窃事实无异议；对起诉指控的第二起盗窃事实辩称，该起盗窃是由依某某实施的，且其在该起盗窃中没有非法所得，故其行为不属于共同犯罪。

　　长乐市人民法院经审理认为，相关事实有公诉机关提供并经庭审查证属实

---

　　* 参见《阿某甲犯盗窃罪案》，载北大法宝网司法案例库，http://www.pkulaw.cn/case/pfnl_ 1970324858107892. html? keywords = % E7% BF% BB% E8% AF% 91% E4% BA% BA% E5% 91% 98% E5% 87% BA% E5% BA% AD&match = Exact&tiao = 1，2012 年 1 月 28 日访问。

的被害人王某某、黄某某、陈某某的陈述，同案人阿某乙、依某某的供述，指认现场照片、人像、辨认笔录，盗窃现场监控录像及视频截图，户籍证明，抓获经过等证据证实，被告人阿某甲在庭审中亦供认在案。各证据之间已形成必要的证据锁链，足以认定。关于被告人阿某甲对起诉指控的第二起盗窃提出其行为不属共同犯罪的辩解，由于共同犯罪是指二人以上共同故意犯罪，起诉指控的第二起盗窃，被告人阿某甲与同案人依某某等人主观上均具有共同盗窃故意，该起盗窃虽客观上由依某某实施，但并不影响该起共同盗窃犯罪事实的认定，故对被告人阿某甲的该项辩解，不予采纳。最终，长乐市人民法院判处被告人阿某甲有期徒刑 10 个月，并处罚金人民币 8000 元；责令被告人阿某甲退赔被害人王某某人民币 2000 元、退赔被害人黄某某人民币 2800 元、退赔被害人陈某某人民币 8000 元。

➤ 案件评析

本案涉及语言不通的被指控者应当享有的获得翻译的权利。

《公民权利和政治权利国际公约》第 14 条第 3 款规定："在判定对他提出的任何刑事指控时，人人完全平等地有资格享受以下的最低限度的保障：……（己）如他不懂或不会说法庭上所用的语言，能免费获得译员的援助……"人权事务委员会指出："这项权利……既适用于本国人，也适用于外国人。当不懂或不熟悉法庭所用语言的因素成为行使辩护权的重大障碍时，这项规定尤其显得重要。"[①]

我国《刑事诉讼法》第 9 条规定："各民族公民都有用本民族语言文字进行诉讼的权利。人民法院、人民检察院和公安机关对于不通晓当地通用的语言文字的诉讼参与人，应当为他们翻译。在少数民族聚居或者多民族杂居的地区，应当用当地通用的语言进行审讯，用当地通用的文字发布判决书、布告和其他文件。"显然，在包括侦查、审查起诉、审判环节在内的各个诉讼阶段，公安机关、人民检察院、人民法院均应保障语言不通的被指控人获得翻译帮助的权利。此外，我国《刑事诉讼法》第 119 条还规定："讯问聋、哑的犯罪嫌疑人，应当有通晓聋、哑手势的人参加，并且将这种情况记明笔录。"这种通晓聋哑手势的人，我们也将其归类为"翻译人员"，该条虽然是规定在"侦查"章节中的，但也应当适用于审查起诉及审判阶段。

---

① 人权事务委员会第 13 号一般性意见第 13 段。

语言不通将给被指控人辩护权及其他各项权利的行使造成极大的障碍，甚至导致其实际上无法行使这些权利，因此对语言不通者而言，获得翻译帮助的权利乃是一项基础性权利。本案中，福建省长乐市的通用语言为汉语，而被告人阿某甲为维吾尔族人，不懂汉语，因此应当为阿某甲提供翻译。正是由于翻译的存在，被告人阿某甲对于相关事实的异议才能被反映出来，其辩护权才能得到有效的行使，而人民法院最终没有认同这一异议的理由也才能为阿某甲所理解。

就公诉工作的角度而言，除在审查起诉阶段要为语言不通的被指控人，包括聋、哑的被指控人提供翻译外，还要竭力保障这种翻译帮助的准确与充分，即保障翻译能够准确、充分地反映被指控人的意思，并能准确、充分地将其他人的意思传递给被指控人，从而防止因翻译错误给被指控人的利益造成损害或对其权利行使形成妨碍。为此，一要注意翻译人员的资质，为被指控人提供合格的、有能力进行准确翻译的翻译人员。二要向翻译人员说明利害关系，告知其相关的义务和责任，敦促翻译人员认真、准确地翻译。三要严格遵守关于翻译人员的回避规定，也监督、敦促其他机构遵守相关规定。除《刑事诉讼法》第三章的规定外，《人民检察院刑事诉讼规则（试行）》第30条规定："参加过本案侦查的侦查人员，不得承办本案的审查逮捕、起诉和诉讼监督工作。"第33条规定："本规则关于回避的规定，适用于书记员、司法警察和人民检察院聘请或者指派的翻译人员、鉴定人。"最高人民法院《关于适用〈中华人民共和国刑事诉讼法〉的解释》第25条规定："参与过本案侦查、审查起诉工作的侦查、检察人员，调至人民法院工作的，不得担任本案的审判人员。在一个审判程序中参与过本案审判工作的合议庭组成人员或者独任审判员，不得再参与本案其他程序的审判。但是，发回重新审判的案件，在第一审人民法院作出裁判后又进入第二审程序或者死刑复核程序的，原第二审程序或者死刑复核程序中的合议庭组成人员不受本款规定的限制。"第33条规定："书记员、翻译人员和鉴定人适用审判人员回避的有关规定，其回避问题由院长决定。"根据这些规定，侦查、审查起诉和审判阶段的翻译人员不能是同一个人，公诉部门在审查起诉阶段应重新为被指控人提供翻译人员，在审判阶段也应敦促法院为被指控人提供新的翻译人员，以此来避免由于翻译人员有意或无意的错误翻译给被指控人的权利造成损害。四要注意观察翻译人员的语量、被指控人的反应等细节，对翻译可能有误的，要及时予以核实和澄清，保障翻译的准确性。

案例 21　检察机关适用"一事不再理"原则案

➤ 案件概要

（一）湖南省湘潭县人民检察院诉张某某交通肇事案①

张某某于 2009 年 7 月 30 日被湖南省湘潭县人民法院以交通肇事罪判处有期徒刑 1 年。该判决认定被告人张某某违反道路交通安全法的有关规定，驾驶机动车在国道上测试刹车性能而发生交通事故，致一人重伤，应负本次事故的全部责任，且肇事后逃逸，其行为构成交通肇事罪，依法应予以惩处，公诉机关指控的罪名成立，被告人张某某对其犯罪行为造成附带民事诉讼原告人唐某某的经济损失依法亦应当予以赔偿，从而判决被告人张某某犯交通肇事罪，判处有期徒刑 1 年，并判令被告人张某某赔偿附带民事诉讼原告人唐某某因交通事故受伤后所造成的经济损失 180627 元。2010 年 4 月 21 日，张某某被刑满释放。

2010 年 11 月 11 日，经原审法院院长发现，本案原判适用法律错误，经提交该院审判委员会讨论决定再审。原审法院经再审认为，原审查明张某某交通肇事罪的事实清楚，适用的法律条文正确，但在量刑时没有考虑被告人的认罪态度不好，没有进行民事赔偿等情节，因此，量刑畸轻，从而判决撤销原审判决，改判被告人张某某犯交通肇事罪，判处有期徒刑 2 年 6 个月，并判令其赔偿附带民事诉讼原告人唐某某因交通事故受伤所造成的经济损失，共计人民币 180361 元。

被告人张某某不服，向湖南省湘潭市中级人民法院提起上诉。湖南省湘潭市中级人民法院经审理认定，鉴于上诉人张某某在二审期间，其家属尽力筹集部分资金偿付赔偿款，可以酌情对张某某从轻处罚。原审认定事实清楚，程序合法，但量刑欠妥，应予改判，附带民事赔偿部分处理正确，应予维持。遂改判上诉人张某某有期徒刑 1 年 6 个月 10 天。

---

① 参见《张某某交通肇事案》，载北大法宝网司法案例库，http：//www. pkulaw. cn/case/pfnl_ 1970324837402016. html？keywords＝张某某交通肇事 &match＝Exact，2016 年 11 月 6 日访问。

（二）辽宁省营口市站前区人民检察院诉陈某某故意伤害案①

2015年5月25日，辽宁省营口市站前区人民法院以故意伤害罪判处被告人陈某某有期徒刑9个月，认定事实如下：2012年6月14日6时许，在营口市站前区东升市场一层干鲜摊位处，被害人李某将板凳刮碰掉，板凳砸在被告人陈某某摊位的冰箱上，二人因此产生口角，后撕扯在一起，陈某某将李某打倒在地。当中，被害人李某受伤并于当日入医院治疗，被确诊为"（1）头面部外伤。（2）左眼外伤。（3）颈部外伤"。经营口市公安局物证鉴定所鉴定，李某左眼部所受损伤属轻伤二级。

被告人不服，向辽宁省营口市中级人民法院提起上诉。二审中，辩护人的辩护意见之一是，公安机关已因陈某某的上述行为对其作出了行政拘留的行政处罚，因同一事实再次追究其刑事责任有违"一事不再理"原则。

辽宁省中级人民法院经二审认为，原判认定事实清楚，证据确实、充分，定罪准确，量刑适当，审判程序合法，从而作出了驳回上诉，维持原判的决定。对于辩护人提出本案有违"一事不再理"原则的问题，该院在判决中指出，经查，2012年10月25日营口市公安局站前分局确实曾对上诉人陈某某作出了罚款500元的行政处罚，但该行政处罚并不能代替刑罚，故上诉人及辩护人提出的这一上诉理由及辩护意见不成立。

▶ **案件评析**

案例一、案例二涉及已被定罪或被宣告无罪者得受"一事不再理"原则保护的权利。

《公民权利和政治权利国际公约》第14条第7款规定："任何人已依一国的法律及刑事程序被最后定罪或宣告无罪者，不得就同一罪名再予审判或惩罚。"该条规定一般被称为"一事不再理"原则。

我国《刑事诉讼法》没有明确规定"一事不再理"原则。但其对再审程序的启动条件予以了规定，可以视为，除符合再审条件的案件外，一律应遵循"一事不再理"原则，对已经生效裁判定罪或宣告无罪者，不得启动再审。其中，第242条规定："当事人及其法定代理人、近亲属的申诉符合下列情形之一的，人民法院应当重新审判：（一）有新的证据证明原判决、裁定认定的事

---

① 参见《陈某某故意伤害案》，载北大法宝网司法案例库，http：//www.pkulaw.cn/case/pfnl_1970324844377353.html？keywords=陈某某故意伤害&match=Exact，2016年11月6日访问。

实确有错误，可能影响定罪量刑的；（二）据以定罪量刑的证据不确实、不充分、依法应当予以排除，或者证明案件事实的主要证据之间存在矛盾的；（三）原判决、裁定适用法律确有错误的；（四）违反法律规定的诉讼程序，可能影响公正审判的；（五）审判人员在审理该案件的时候，有贪污受贿，徇私舞弊，枉法裁判行为的。"第 243 条规定："各级人民法院院长对本院已经发生法律效力的判决和裁定，如果发现在认定事实上或者在适用法律上确有错误，必须提交审判委员会处理。最高人民法院对各级人民法院已经发生法律效力的判决和裁定，上级人民法院对下级人民法院已经发生法律效力的判决和裁定，如果发现确有错误，有权提审或者指令下级人民法院再审。最高人民检察院对各级人民法院已经发生法律效力的判决和裁定，上级人民检察院对下级人民法院已经发生法律效力的判决和裁定，如果发现确有错误，有权按照审判监督程序向同级人民法院提出抗诉。人民检察院抗诉的案件，接受抗诉的人民法院应当组成合议庭重新审理，对于原判决事实不清楚或者证据不足的，可以指令下级人民法院再审。"即只有当符合这两条规定的情形时，才能作为"一事不再理"的例外，启动再审程序。

但是，我国对启动再审的条件规定得过于宽泛，本院决定再审的只需要符合"发现在认定事实上或者在适用法律上确有错误"的条件，最高人民法院或上级院提审或指令下级院再审的以及人民检察院抗诉的则只需要符合"发现确有错误"的条件，而对错误的性质、程度等均无限制。因此，在我国，已被定罪或被宣告无罪的人得受一事不再理原则保护的权利是非常有限的。

在案例一中，原审法院以原判适用法律有错误为由决定再审，经再审后认定适用法律条文正确，但量刑畸轻。我们认为，其一，"量刑畸轻"是否属于"适用法律错误"本身存在很大的争议，因此是否可以作为原审法院决定再审的理由也是存在争议的，从保障已被定罪或被宣告无罪的人得受一事不再理原则保护的角度，不宜仅以"量刑畸轻"为由决定再审。其二，何为"量刑畸轻"也没有明确的标准。就本案而言，再审一审改判的 2 年 6 个月有期徒刑是原来判处的 1 年有期徒刑的两倍多，但实际仅相差一年半，与之相比，原来判处的 1 年有期徒刑算不算量刑畸轻？我们认为，再审的启动，尤其是不利于被告人的再审的启动应当越慎重越好，尤其是对认定事实清楚、适用法律正确，只是量刑不当的案件，应尽量不启动再审。

在案例二中，辩护人以被告人已受过行政处罚为由，提出对被告人的刑事追究违反了"一事不再理"原则，这种辩护理由在我国司法实践中非常多见。比较相似的还有，以被告人与被害人之间的经济纠纷已经民事诉讼作出生效裁判为由，认为对被告人的刑事追究违反了"一事不再理"原则。我们认为，这两种意见都不能成立，从相关国际人权文件的规定中可以看出，"一事不再理"原则针对的应当是被告人"已被最后定罪或被宣告无罪"的情况，如其只是曾被行政处罚，或是曾与被害人进行过民事诉讼并获得过民事裁判，则并不属于"一事不再理"的适用范围。

从公诉工作的角度来看，关于"一事不再理"原则所涉及的人权保障问题，在再审抗诉工作中，对于可能导致无罪改判有罪、轻罪改判重罪的情况，要格外慎重。如果只是量刑较轻，不应提出抗诉，对于量刑畸轻的把握应尽量严格，尽量也不提出抗诉。在审查起诉工作中，要注意审查犯罪嫌疑人是否已因同一犯罪事实被定罪或被判无罪，如果犯罪嫌疑人已因同一事实被定罪或被判无罪，则不能再行起诉，原判确有错误的，按审判监督程序处理。

第五章

刑事执行检察与人权保障

案例 22　浙江张氏叔侄强奸再审无罪案[*]

▶ 案件概要

（一）一审、二审情况

杭州市中级人民法院一审判决认定，被告人张某甲、张某乙系叔侄关系。2003 年 5 月 18 日 21 时许，两人驾驶皖 j－112××解放牌货车送货去上海，途中经过安徽省歙县竹铺镇非典检查站时，遇要求搭车的同县女青年王某，张某乙同意将王捎带至杭州市。当晚 24 时许，该车到达浙江省临安市昌化镇停车休息片刻，于次日凌晨 1 时 30 分到杭州市天目山路汽车西站附近。王某借用张某乙的手机打电话给朋友周某某要求其前来接人，周某某让王某自己打的到钱江三桥后再与其联系。张某甲见此遂起奸淫王某的邪念，并将意图告诉张某乙后，驾车调头来至杭州市西湖区留下镇留泗路东穆坞村路段偏静处停下，在驾驶室内对王某实施强奸。王某挣扎，张某乙即应张某甲要求按住王某的腿，尔后张某甲采用掐颈等暴力手段对王某实施奸淫，并致王某因机械性窒息死亡。随后，张某甲、张某乙将被害人尸体抛于路边溪沟，并在开车逃离途中将被害人所携带的背包等物丢弃。

一审判决认为，被告人张某甲因被害人孤立无援而产生奸淫之念，并与被告人张某乙沟通后，采用掐颈等暴力手段，对王某实施强奸并致其窒息死亡的行为，均已构成强奸罪。判决被告人张某甲犯强奸罪，判处死刑，剥夺政治权利终身；被告人张某乙犯强奸罪，判处无期徒刑，剥夺政治权利终身。

被告人张某甲、张某乙及其辩护人提出上诉。二审判决认定的事实与一审判决一致。二审判决张某甲犯强奸罪，判处死刑，缓期二年执行，剥夺政治权利终身；被告人张某乙犯强奸罪，判处有期徒刑 15 年，剥夺政治权利 5 年。

（二）再审情况

再审中原审被告人张某甲、张某乙及其辩护人均提出，再审阶段的新证据

---

[*] 参见浙江省高级人民法院（2013）浙刑再字第 2 号刑事附带民事判决书；最高人民检察院刑事执行检察厅《关于张某乙申诉案的办理情况》。

相关 DNA 鉴定反映，排除张某甲和张某乙作案，不能排除有其他人致死王某。两原审被告人在被刑事拘留后长时间被非法关押。一、二审法院认定张某甲、张某乙犯罪的事实，主要证据是两人的有罪供述，但两人的供述包括指认现场的笔录系侦查机关采用刑讯逼供等非法方法收集，公安机关对其收集证据的合法性至今未提供充分的证据予以证明，应依法予以排除。侦查机关还违法指使同监犯袁某某采用暴力、威胁等方法参与案件侦查，协助公安机关获取张某甲有罪供述，同时又以该同监犯的证言作为证据，直接炮制了本起冤案。退一步讲，两人的供述即使不能以非法证据予以排除，其供述相互间也存在矛盾，且与尸体检验报告等证据反映的情况不符；原判认定张某甲、张某乙犯罪，没有证据能够证实。要求依法改判张某甲、张某乙无罪。

出庭检察员认为，本案没有证明原审被告人张某甲、张某乙强奸杀人的客观性直接证据，间接证据极不完整，缺乏对主要案件事实的同一证明力，没有形成有效的证据链。重要的技术鉴定不能排除勾某某作案的可能。公安机关在侦查本案时，侦查程序不合法，相关侦查行为的一些方面确实存在不规范或个别侦查人员的行为存在不文明的情况，不能排除公安机关在侦查过程中有以非法方法获取证据的一些情形。本案定案的主要证据两原审被告人的有罪供述，依法不能作为定案的依据。应宣告两原审被告人无罪。

经再审查明，原判认定原审被告人张某甲、张某乙系叔侄关系，2003 年 5 月 18 日 21 时许，被害人王某（殁年 17 岁）经他人介绍搭乘张某甲、张某乙驾驶送货去上海的皖 j－112××解放牌货车，途经浙江省临安市昌化镇，次日凌晨 1 时 30 分到达杭州市天目山路汽车西站附近的事实清楚。有王某某、潘某某、许某某、周某某、吴某乙等人的证言及杭州市公安局西湖区分局出具的《关于 5·19 案件通话时间的说明》等证据证实。张某甲、张某乙对此所作的供述与上述证据证明的情况相符，再审予以确认。

再审又查明，原判认定被害人王某离开汽车西站后于 2003 年 5 月 19 日早晨被人杀害，尔后尸体被抛至杭州市西湖区留下镇留泗路东穆坞村路段路边溪沟的事实清楚。有黄某某、刘某甲、刘某乙、吴某甲等人的证言，公安机关的现场勘查笔录、尸体检验报告等证据证实。再审予以确认。

但原判认定原审被告人张某甲、张某乙犯强奸罪的证据，现已查证不实。

1. 有新的证据证明，本案不能排除系他人作案的可能

根据杭州市公安局 2003 年 6 月 23 日作出的《法医学 DNA 检验报告》，所提取的被害人王某 8 个指甲末端检出混合 DNA 谱带，可由死者王某和一名男性的 DNA 谱带混合形成，排除张某甲、张某乙与王某混合形成。

杭州市公安局于 2011 年 11 月 22 日将王某 8 个指甲末端擦拭滤纸上分离

出来一名男性的 DNA 分型与数据库进行比对时，发现与勾某某 DNA 分型七个位点存在吻合的情况，该局将此结果送公安部物证鉴定中心再次进行鉴定。2011 年 12 月 6 日，该中心出具《物证鉴定查询比对报告》证明，经查询比对，王某 8 个指甲末端擦拭滤纸上的 DNA 检出的混合 STR 分型中包含勾某某的 STR 分型。上述鉴定意见具有科学依据，符合客观性的要求。

经再审查实，罪犯勾某某是吉林省汪清县人，2002 年 12 月 4 日始在杭州市从事出租汽车司机工作，2005 年 1 月 8 日 19 时 30 分许，勾某某利用其驾驶出租汽车的便利，采用扼颈等手段将乘坐其出租汽车的浙江大学城市学院学生吴某某杀死并窃取吴随身携带的财物。2005 年 4 月 22 日，勾某某因犯故意杀人罪、盗窃罪被终审判处死刑，剥夺政治权利终身，并处罚金人民币 1000 元，经核准已于同年 4 月 27 日被执行死刑。

综合本案现有的相关事实证据不能排除系勾某某杀害被害人王某的可能。检、辩双方对此所提的意见予以采纳。

2. 原判据以认定案件事实的主要证据不能作为定案依据

原判认定原审被告人张某甲、张某乙强奸的事实，主要依据两原审被告人有罪供述与现场勘查笔录、尸体检验报告反映的情况基本相符来定案。再审庭审中，张某甲、张某乙及其辩护人以两原审被告人的有罪供述和指认犯罪现场笔录均是采用刑讯逼供等非法方法收集等为由，申请本院对上述证据予以排除。出庭检察员认为，本案不能排除公安机关在侦查过程中有以非法方法获取证据的一些情形。经再审庭审查明，公安机关审讯张某甲、张某乙的笔录、录像及相关证据证明，侦查人员在审讯过程中存在对犯罪嫌疑人不在规定的羁押场所关押、审讯的情形；公安机关提供的张某甲首次有罪供述的审讯录音录像不完整；张某甲、张某乙指认现场的录像镜头切换频繁，指认现场的见证人未起到见证作用；从同监犯获取及印证原审被告人有罪供述等侦查程序和行为不规范、不合法。因此，本案不能排除公安机关存在以非法方法收集证据的情形，张某甲、张某乙的有罪供述、指认现场笔录等证据，依法应予排除。

综上，原判据以定案的主要证据即原审被告人张某甲、张某乙的有罪供述、指认现场笔录等不能作为定案依据。

再审另查明，2006 年 10 月 21 日，本院作出（2006）浙刑执字第 953 号刑事裁定，将张某甲的刑罚减为无期徒刑，剥夺政治权利终身。

浙江省高级人民法院认为，原一、二审判决认定原审被告人张某甲、张某乙强奸并致被害人王某死亡的证据经查证不实。原判定罪、适用法律错误，依法应予改判纠正。检、辩双方要求撤销原判，宣告张某甲、张某乙无罪的意见成立，均予以采纳。原审附带民事诉讼原告人王某某、吴某甲对张某甲、张某乙所提起的附带民事诉讼不符合起诉的条件，应予驳回。本院（2006）浙刑执字第953号刑事裁定书对张某甲的减刑裁定，系基于二审判决作出，现二审判决已予改判，该裁定依法应予撤销。依照《刑事诉讼法》第245条、第50条、第54条、第58条、第225条第1款第（三）项，《中华人民共和国民事诉讼法》第207条、第119条、第170条第1款第（二）项之规定，判决如下：（1）撤销本院（2004）浙刑一终字第189号刑事附带民事判决和杭州市中级人民法院（2004）杭刑初字第36号刑事附带民事判决及本院（2006）浙刑执字第953号刑事裁定；（2）原审被告人张某甲无罪；（3）原审被告人张某乙无罪；（4）驳回原审附带民事诉讼原告人王某某、吴某甲的起诉。

（三）新疆石河子人民检察院办理张某乙申诉情况

2005年5月26日，张某乙、张某甲从浙江调往新疆，张某乙在新疆石河子监狱服刑，张某甲在新疆焉耆监狱服刑。2007年7月，石河子市检察院监所检察科干警张飚、毛笃生等同志在巡视检察时，了解到服刑人员张某乙一直喊冤叫屈，不认罪，不参加劳动等情况，找张某乙谈话，但张某乙述说案情时，情绪特别激动，哭诉自己冤情，不服原判决，自称无罪，坚持要申诉，要求对其无罪释放。同时，张某乙请求石河子市检察院协助递交申诉状，并提供了相应材料。这次谈话后，张飚同志立即向主管院领导和监所检察科科长魏刚汇报。同年底，石河子市检察院监所检察科向浙江省检察院转寄了张某乙的申诉材料。

2008年7月初，石河子市检察院向浙江省检察院监所检察处转寄了张某乙的申诉材料。2008年7月，张飚、高晨两位检察官与张某乙谈话，张某乙反映，他在《民主与法制》第13期看到一篇文章，写的是一起凶杀案被告人被无罪释放的内容，其中上面提到一个在该案作伪证的证人叫"袁连芳"，张飚立即向领导汇报，展开调查。同年12月17日，石河子市检察院将张某乙申诉材料和2008年《民主与法制》第13期相关内容复印寄往浙江省检察院。浙江省检察院收到该申诉材料，并转送浙江省高级法院。

2008年12月30日，石河子市检察院监所检察科魏刚、张飚在石河子监狱会见张某乙，对案件做进一步了解，并制作了调查笔录。张某乙称自己和张某甲未作案，并就判决中所列证据、自己曾作的有罪供述、DNA检材情况等进行说明。2009年1月24日，石河子市检察院将调查笔录及张某乙申诉材料以机要文件形式寄往浙江省检察院。同年8月16日，石河子市检察院将张某乙申诉材料以机要文件形式寄往浙江省检察院，浙江省检察院收到该申诉材料。

2010年5月，张飚同志还以个人名义，给浙江省检察院陈云龙检察长写了一封信，希望引起陈云龙检察长的重视，启动再审程序。在这封信中，张飚同志写道："我就要退休了，退休之前我想说个事，就是张某乙这个案件，存在非常多的疑点，希望能引起您的重视……"

▶ 案件评析

刑事错案严重践踏人权，涉及一个人的生命、人身自由以及人格尊严。像湖南省滕兴善案、内蒙古呼格吉勒图案，侵犯了他们的生命，而其他众多刑事错案则侵犯了自由权。浙江张某甲、张某乙强奸杀人案，两人被羁押将近10年。当然，刑事错案除侵犯人身自由外，还同时侵犯人格尊严等。《公民权利和政治权利公约》第6条、第9条、第10条分别规定了生命权、人身自由和人格尊严。我国《刑法》《刑事诉讼法》和《监狱法》对此也有具体的规定。

近年来，发现报道了不少刑事错案，也纠正了不少刑事错案。关注刑事错案本身就标志着刑事法治的进步。国家很重视防范冤假错案，2013年中央政法委出台了《关于切实防止冤假错案的指导意见》，提出要"坚守防止冤假错案底线"。检察机关作为法律监督机关，在防范冤假错案上更是责无旁贷。2013年，最高人民检察院也颁布了《关于切实履行检察职能防止和纠正冤假错案的若干意见》，提出"把严防冤假错案发生作为检察工作必须坚决守住、不能突破的底线"，并就检察各个环节在防范、发现、纠正冤假错案方面提出了具体的要求。刑事执行检察是人民检察院对刑事强制措施执行和刑事判决、裁定、决定执行实行法律监督的重要职能，也是防止和纠正冤假错案的重要环节。2015年2月，最高人民检察院刑事执行检察厅印发了《关于在刑事执行检察工作中防止和纠正冤假错案的指导意见》，12月出台的最高人民检察院《关于全面加强和规范刑事执行检察工作的决定》也提出："充分发挥刑事执行检察职能优势和作用，有效防止、及时发现和积极推动纠正冤假错案。"

（一）要充分发挥看守所检察，防范冤假错案

刑事执行检察部门在检察机关各部门中是接触在押未决犯时间最长、最直接的部门，较为容易通过保障在押未决犯的合法权益来防范冤假错案。

一是严格收押检察。收押检察是指人民检察院对看守所拘禁和羁押活动是否合法进行的检察监督。① 这是发现和纠正错拘、错捕、错押和非法关押的首

---

① 荣彰主编：《监所检察案例教程》，中国检察出版社2014年版，第28页。

要环节,当然,也是防范冤假错案的关口。要检查被羁押人犯是否有法定的文书和手续,是否合法和完备,对一切不合法的收押甚至错押提出纠正意见。对入所在押人员身体健康检查要实施严格的监督,注意发现在押人员是否有出血、红肿、瘀瘢等外伤体征或疼痛、功能障碍等外伤症状,并监督看守所细致检查、拍照、录像,固定证据。另外,还应当对入所在押人员的身份核实进行监督,注意发现是否有"冒名顶罪"的情形。

二是加强对刑讯逼供、非法取证的源头预防。刑讯逼供、非法取证是造成冤假错案的重要因素,所以,能够遏制刑讯逼供、非法取证就能较大程度防范冤假错案的发生。作为刑事执行检察部门,主要是加强对看守所内刑讯逼供、非法取证的预防。按照规定,对犯罪嫌疑人的讯问,非特殊情况,一般均在看守所内进行。驻所检察官要督促看守所规范办案人员讯问犯罪嫌疑人的流程,尤其是讯问后对犯罪嫌疑人的健康检查。必要时,驻所检察官在办案人员讯问后也要主动找犯罪嫌疑人谈话,检查犯罪嫌疑人体表情况。如河北王某某错案,最先发现王某某遭受刑讯逼供的是驻所检察官,也是驻所检察官的积极推动,避免了这起错案的发生。

三是重点监督办案机关对犯罪嫌疑人的所外提讯。对于侦查机关以起赃、辨认等为由提解犯罪嫌疑人出所的,应当及时了解提解的时间、地点、理由、审批手续等情况,做好还押时体检情况记录的检察,注意通过询问犯罪嫌疑人等调查方式,发现提解期间是否存在刑讯逼供、暴力取证、体罚虐待等违法办案的情形。

(二)要切实通过在押人员的控告申诉,积极发现冤假错案

控告申诉是在押人员享有的合法权益,刑事执行检察人员要保障在押人员控告申诉权的行使,也要积极通过在押人员的控告申诉发现冤假错案。驻所检察官经常与在押人员打交道,也最容易发现冤假错案。发现不了冤假错案,也就无从谈起纠正冤假错案。

一是要畅通在押人员控告申诉渠道。在押人员与检察官的讯息交流畅通,是保障在押人员合法权益的重要保证,是规范羁押场所和办案机关规范执法的必然要求,也是发现、防范冤假错案的重要途径。刑事执行检察部门应当做好基础工作:在看守所、监狱、强制医疗执行场所建立健全检务公开栏,健全检务公开内容,使在押人员、被强制医疗人及其法定代理人、近亲属了解他们享有的控告、举报、申诉等权利。健全与在押人员定期谈话制度、在押人员约见检察官制度、检察官信箱制度。积极推广设立约见检察官信息系统,及时接受被监管人的控告申诉。总之,要保证在押人员想见检察官均能及时见到驻所检察官。

二是要依法受理在押人员控告申诉。刑事执行检察部门接到在押人员及其法定代理人、近亲属的控告、举报、申诉后，应当及时审查，并提出审查、处理意见。认为原判决、裁定、决定正确，申诉、控告理由不成立的，应当将审查结果答复申诉人，并做好息诉工作；认为存在刑讯逼供、暴力取证等可能导致冤假错案，需要人民检察院立案复查的，应当将申诉材料及审查意见一并移送作出原生效判决、裁定的人民法院的同级人民检察院的刑事申诉检察部门或其他有关部门办理，并跟踪监督办理情况和办理结果，及时将办理情况答复控告、举报、申诉人。对控告、举报、申诉案件，应当及时办理，跟踪监督，做到件件有结果，件件有答复。

三是要重点调查处理监狱内长年不认罪、拒绝减刑、坚持申诉及因对裁判不服而自杀、自残等的服刑人员的申诉案件。这一类案件存在冤假错案的可能性很大。从一般人的心理角度看，罪犯拒绝认罪很正常，但长期坚持，尤其是拒绝减刑，甚至为此自杀自残的，如果不是冤假错案，很难想像。作为驻所检察人员，应该对所在监狱这类情况做个摸底，并逐个进行谈话，及早发现冤假错案线索。

（三）要加强协调配合，与有关部门共同做好防止和纠正冤假错案工作

刑事执行检察部门在检察机关防范冤假错案中只是一个环节，对错案的纠正，对发现的有关职务犯罪案件的查处等都是其他部门的职责。因此，刑事执行检察部门还要加强协调配合，与有关部门共同做好防止和纠正冤假错案工作。

一是对于发现存在刑讯逼供、暴力取证、违法利用特情人员取证等可能造成冤假错案的情形和相关线索的，刑事执行检察部门应当及时通报或转交本院侦查监督、公诉、控告检察、刑事申诉检察部门或其他人民检察院办理，并及时了解办理情况，及时答复控告、举报、申诉人。

二是对于在押人员的控告申诉，有关人民检察院没有在规定时间内办理或久拖不办的，有关人民检察院刑事执行检察部门应当将情况书面报告上级人民检察院刑事执行检察部门。上级人民检察院刑事执行检察部门接到报告后，认为可能涉及刑讯逼供、冤假错案的，应当向本院侦查监督、公诉、控告检察、刑事申诉检察部门通报情况，并建议督促其下级部门及时办理。对侦查机关因刑讯逼供等违法办案行为涉嫌职务犯罪的，应当及时将线索移送反渎职侵权检察部门进一步调查处理。

三是在临场监督执行死刑中，应当注意检察被执行人是否为应当执行死刑的罪犯，以及罪犯犯罪时是否已满18周岁，罪犯审判的时候是否已满75周岁，是否依法不应当适用死刑的，罪犯是否正在怀孕，执行前罪犯有无检举揭

发重大犯罪事实或者有其他重大立功表现可能需要改判的。发现具有上述情形之一的，应当建议人民法院暂停执行，并立即向本院检察长报告。

（四）刑事执行检察人员要具有"忠诚、执着、担当、奉献"精神

发现、纠正冤假错案都很难，更不是一蹴而就的事情，往往需要攻坚克难，对办案的检察官更是一种考验，这就需要刑事执行检察人员要具有特殊的品格和意志。

浙江叔侄冤案的纠正有赖于张飚同志的不懈努力，张飚同志也因此获得了应得的荣誉。最高人民检察院刑事执行检察厅将张飚同志先进事迹的核心精神概括为8个字，即"忠诚、执着、担当、奉献"。这个概括很准确。忠诚，就是他从检30多年，始终保持忠于党、忠于人民、忠于宪法和法律、忠诚履职的政治品格。特别是在退休前10年的刑事执行检察工作岗位上，始终保持了高度的工作热情和责任感。"执着"，就是他对强化法律监督的不懈努力，对维护社会公平正义的执着追求，在推进张某甲、张某乙叔侄案纠错过程中遇有困难、阻力和压力时毫不退缩，对法律的坚定信仰和对司法公正的坚定信念毫不动摇。"担当"，就是他对所从事的刑事执行检察事业敢于负责，对所从事的具体工作极其负责，危急时刻能够挺身而出，是一个素质过硬、责任过硬、敢于担当、敢于监督、敢于碰硬的刑事执行检察干部。"奉献"，就是他淡泊名利，任劳任怨，勤勤恳恳，默默奉献，在艰苦的工作和生活条件下，在平凡的岗位上，作出了不平凡的业绩。就是在出了名以后，他仍然保持谦虚、低调，辛勤奔波，为刑事执行检察事业继续作无私贡献，极大地提升了刑事执行检察工作的执法公信力。

作为刑事执行检察人员，与其他检察工作人员相比，对自身的要求应更高。曹建明检察长在全国刑事执行检察工作会议上曾指出："刑事执行检察人员长期与犯罪嫌疑人和罪犯打交道，接触社会阴暗面较多，在理想信念、思想政治素质和职业道德修养上必须有更高标准、更严要求。"张飚就是一位在理想信念、思想政治素质和职业道德修养上有更高保准、更严要求的同志。张飚说，"我们的执法为民观念再强一些，冤假错案就会少一些"；"有申诉咱就得当回事"。这些朴实的话语，充分体现了张飚同志"立检为公、执法为民"的坚定信念。在日常工作特别是在推动张某甲、张某乙叔侄冤案再审过程中，他始终牢记检察官对人民的那份责任，坚韧执着、锲而不舍。刑事执行检察人员只有像张飚学习，具有"忠诚、执着、担当、奉献"精神，才能在防范、发现、纠正冤假错案中发挥应有的作用。

案例23 云南晋宁县看守所在押人员 李某某非正常死亡案[*]

➤ 案件概要

李某某系云南省玉溪市红塔区北城镇人，2009年1月29日因涉嫌盗伐林木罪被刑事拘留，羁押在晋宁县看守所。2月8日下午17时45分左右，李某某与同监室在押人员普某某等人在监室放风场内玩游戏时，受到普某某等人的殴打，致使李某某的头部直接撞击在水泥门框上当场昏倒，并送医院抢救。2月12日凌晨6时35分医院宣布李某某死亡。

事件发生后，晋宁县公安局向李某某家属说明死亡原因是其在看守所内与同监室人员玩"躲猫猫"游戏时，头部不慎撞墙所致。此消息一经媒体发布，在社会上引起较大反响，网络上称为"躲猫猫"事件。此后，由于晋宁县检察院认同县公安局"李某某系游戏致死"的结论，网民对死因普遍提出质疑。云南省委宣传部出面组织网民调查委员会，邀请网民参与事件调查，并于2月20日带委员会成员到晋宁县看守所听取了有关人员的情况介绍。委员会要求"观看监控录像并和在押人员会面"，因晋宁县检察院提出意见受阻，进一步引起了社会关注和热议。

2月23日，最高人民检察院派出工作组赴昆明配合云南省委进行指导和督办，协同云南省公安机关，查明李某某自2009年1月29日被刑事拘留后，多次被同监室在押人员张某华、张某等人以各种借口进行殴打，致使其头部、胸部多处受伤。2月8日下午，张某、普某某等人又以玩游戏为名，用布条将李某某眼睛蒙上进行殴打，致其头部撞墙后倒地昏迷，经送医院抢救无效于2月12日死亡。案发后，张某华、张某、普某某等人为逃避罪责，共谋编造了李某某系在玩游戏过程中，不慎头部撞墙致死的虚假事实。

根据工作组调查的情况，公安机关对负有监管失职责任的晋宁县公安局局

---

* 参见《云南省检察机关关于晋宁县看守所在押人员李某某非正常死亡案件的新闻发言稿》，载http：//special. yunnan. cn/feature/content/2009 – 02/27/content_ 259240. htm；云南省昆明市中级人民法院（2009）昆刑一初字第106号刑事判决。

长达琪明等 5 人予以行政处理，并根据检察机关建议，对张某华、张某、普某某故意伤害案进行侦查。检察机关对负有监督不到位责任的晋宁县检察院驻所检察室主任赵泽云予以免职。晋宁县看守所监管民警李某某、苏某某被以玩忽职守罪立案侦查。2 月 27 日 17 时，云南省政府新闻办召开新闻发布会，公布了李某某非正常死亡案件的调查结果和有关责任人员处理决定。8 月 14 日，法院对张某华等 3 人以故意伤害罪分别判处无期徒刑和有期徒刑。同日，对该看守所民警李某某以玩忽职守罪判处有期徒刑 1 年 6 个月，缓刑 2 年；苏某某以虐待被监管人罪判处有期徒刑 1 年。

> ## 案件评析

联合国《公民权利和政治权利国际公约》第 6 条明确规定，人人有固有的生命权。这个权利应受法律保护，不得任意剥夺任何人的生命。我国《监狱法》第 7 条第 1 款规定："罪犯的人格不受侮辱，其人身安全、合法财产和辩护、申诉、控告、检举以及其他未被依法剥夺或者限制的权利不受侵犯。"

"躲猫猫"事件发生之后，看守所等监管场所发生的被监管人死亡事件，成为社会关注的热点。为了解决这一监管执法中的突出问题，自 2009 年 4 月至 2010 年 2 月，最高人民检察院先后联合公安部、司法部开展了全国看守所监管执法专项检查活动和全国监狱清查事故隐患、促进安全监管专项活动。这两个专项活动，在加强监管场所被监管人死亡检察工作，整顿监管秩序，维护被监管人合法权益，促进监管安全等方面发挥了重要作用，取得了比较好的成效，被监管人非正常死亡情形也逐年减少。刑事执行检察部门在被监管人死亡检察工作中，应当坚持依法独立行使检察权，主动及时，客观公正，注重与有关部门协调配合，在查明死亡事实和原因后，应当分清责任，依法处理。在严格遵守规定的同时，要注重查办事件背后的职务犯罪，要从长远着眼，做好被监管人非正常死亡的防范工作。

（一）树立程序意识，严格按照规程办理

为了解决检察机关对被监管人死亡的调查处理程序没有全国统一的规范的问题，2010 年 11 月，最高人民检察院通过了《关于监管场所被监管人死亡检察程序的规定（试行）》。2011 年 11 月，最高人民检察院、公安部、民政部颁布了《看守所在押人员死亡处理规定》。当发生被监管人死亡事故时，刑事执行检察部门应严格按照这些规定处理。

一是被监管人死亡的受理和报告。人民检察院接到监管场所被监管人死亡报告后，应当立即受理，并开展调查和相关处理工作。县级检察院担负检察任务的监管场所发生被监管人死亡的，由地市级检察院负责调查和相关处理工作，或者组织、指导县级检察院开展调查和相关处理工作。地市级以上检察院担负检察任务的监管场所发生被监管人死亡的，由本院负责调查和相关处理工作。监所检察派出检察院对本辖区监管场所发生被监管人死亡的，负责调查和相关处理工作。对重大、敏感、社会关注的被监管人死亡事件，应当由省级检察院负责调查处理或者组织办理。

担负检察任务的人民检察院对监管场所发生被监管人死亡的，应当立即口头报告上一级检察院，并在报告后的 24 小时内填报被监管人死亡情况登记表。上一级检察院接到被监管人死亡情况登记表后，应当在 12 小时内进行审查并填写审查意见呈报省级检察院。对非正常死亡的，省级检察院应当在接到下级检察院报告后的 24 小时内，在被监管人死亡情况登记表上填写审查意见后呈报最高人民检察院。对非正常死亡或者死亡原因一时难以确定的，省级检察院应当每月向最高人民检察院报告一次工作进展情况和下步工作意见。对重大、敏感、社会关注的被监管人死亡事件，省级检察院应当随时向最高人民检察院报告工作进展情况。

二是被监管人死亡的调查。对于被监管人正常死亡的，调查一般由监管机关进行。检察机关需要调查的情形主要是：（1）在押人员非正常死亡的；（2）死亡在押人员的近亲属对公安机关的调查结论有疑义，向人民检察院提出，人民检察院审查后认为需要调查的；（3）人民检察院对公安机关的调查结论有异议的；（4）其他需要由人民检察院调查的。

担负审查和调查任务的人民检察院应当根据了解的情况，对监管机关提供的调查材料和调查结论进行审查。审查内容包括：（1）现场勘验资料；（2）原始监控录像、死亡的被监管人档案、值班民警值班记录或者值班巡视记录；（3）监管机关提供的讯问笔录、谈话记录等有关材料；（4）死亡证明书、尸表检验报告、法医鉴定书；（5）其他与死亡的被监管人有关的情况和材料。人民检察院经过审查，对监管机关作出的调查结论和死亡原因有异议的，应当进行调查，并将调查结果通知监管机关；无异议的，不再进行调查。

地市级检察院在接到县级检察院负责检察的监管场所发生被监管人死亡的报告后，应当派员在 24 小时内到达现场，开展工作；交通十分不便的，应当派员在 48 小时内到达现场。

被监管人非正常死亡的，担负调查任务的人民检察院应当进行调查。在调查过程中，担负调查任务的检察人员应当进行下列工作：（1）要求监管机关对现场进行复验、复查，或者对现场自行进行勘验，并制作勘验笔录；（2）查验尸表，对尸体拍照或者录像，制作尸表查验笔录；（3）检查已封存的死亡的被监管人遗物，对有关物品和文件进行拍照、录像或者复印；（4）向监管民警和狱医调查了解死亡的被监管人生前被监管及治疗情况，制作调查笔录；（5）向其他被监管人及知情人调查了解死亡的被监管人死亡时间、抢救经过及生前情况，制作调查笔录；（6）向医院调取抢救记录，向参加抢救的医生调查了解死亡情况，制作调查笔录；（7）调查和收集其他与死亡的被监管人有关的情况和材料。

调查终结后，担负调查任务的检察人员应当写出被监管人死亡检察报告。报告内容应当包括：事件来源、调查经过、认定事实、死亡原因和处理意见等。

三是调查终结后的处理。被监管人死亡案件调查终结后，人民检察院应当根据调查结果，分别对下列情况作出处理：（1）认为监管机关处理意见不当的，提出意见或者建议，必要时提出检察建议；（2）对监管机关监管执法中存在的问题，提出纠正意见或者检察建议，督促整改；（3）对涉嫌犯罪的被监管人，依法移送有关主管机关处理；（4）对负有渎职侵权责任的人员，建议有关部门给予纪律处分或者组织处理，涉嫌犯罪的，依法立案侦查。

（二）要大力查办事故背后的职务犯罪

非正常死亡是指自杀死亡，或者由于自然灾害、意外事故、他杀、体罚虐待、击毙等外部原因作用于人体造成的死亡。被监管人非正常死亡往往与相关公职人员的渎职有关，一种是直接因果关系，如监管人员的体罚、虐待，侦查人员刑讯逼供；另一种是间接因果关系，往往是监管人员玩忽职守所致。查办事故背后的职务犯罪是遏制事故发生的重要途径。当然，查办案件"一大三难"。首先是"一大"，犯罪主体是公安司法人员，干扰多，阻力大。其次是"三难"，取证难，由于犯罪主体多为司法人员，反侦查能力强，在调查和审讯中，往往避重就轻，推脱责任或强词夺理，串供、假供、拒不供认；发案单位对查处工作不予支持，内部知情人也持消极态度而不积极举证。立案难，有的关键性的直接证据很难取得，无法立案。处理难，对直接责任人难依法处理，往往强调因公犯罪，有的领导甚至公开干预、推责诿过。[①]

被监管人非正常死亡事件中最常涉及的罪名是虐待被监管人罪、滥用职权罪、玩忽职守和刑讯逼供罪。

一是虐待被监管人罪。虐待被监管人罪，是指监狱、拘留所、看守所等监

---

① 周伟：《监管场所被监管人死亡若干问题研究》，载《中国刑事法杂志》2011 年第 4 期。

管机构的监管人员对被监管人进行殴打或者体罚虐待，情节严重的行为。具体到被监管人死亡事件，此时"情节严重"，指的是：以殴打、捆绑、违法使用械具等恶劣手段虐待被监管人的；以较长时间冻、饿、晒、烤等手段虐待被监管人，严重损害其身体健康的；虐待造成被监管人轻伤；虐待被监管人，情节严重，导致被监管人自杀、自残造成重伤、死亡；指使被监管人殴打、体罚虐待其他被监管人的，具有上述情形之一的等情节。殴打或者体罚虐待并非导致死亡的主要死因，即并非由于殴打或者体罚虐待导致的重伤致死或直接导致的死亡，只能是辅助死因或诱因，其主要死因往往是疾病或自残、自杀。

二是滥用职权罪。滥用职权罪是指国家机关工作人员超越职权，违法决定、处理其无权决定、处理的事项，或者违反规定处理公务，致使公共财产、国家和人民利益遭受重大损失的行为。滥用职权造成死亡1人以上的，应当立案。具体到被监管人死亡事件，常见的情形是：监管部门的负责人违规审批使用禁闭、械具，作为主要死因造成被监管人死亡的情形；公安机关的领导违规批准提审犯罪嫌疑人、被告人，导致发生刑讯逼供，作为主要死因造成提审犯罪嫌疑人、被告人死亡。

三是玩忽职守罪。玩忽职守罪是指国家机关工作人员严重不负责任，不履行或者不认真履行职责，致使公共财产、国家和人民利益遭受重大损失的行为。玩忽职守造成死亡1人以上，应予立案。具体到被监管人死亡事件，多见于：被监管人因病死亡，主要死因是疾病，直接死因是疾病导致的并发症，但存在监管人员严重不负责任，导致延误治疗而发生因病死亡；在使用禁闭、械具时未按规定履行巡视、检查职责，导致被监管人长时间被固定体位（主要死因），导致呼吸衰竭或血栓栓塞（直接死因）死亡；未认真履行巡视、检查职责，发生重要犯罪嫌疑人、被告人自杀等情形。

四是刑罚逼供罪。刑讯逼供罪，是指司法工作人员对犯罪嫌疑人、被告人使用肉刑或者变相肉刑，逼取口供的行为。具体到被监管人死亡事件，刑讯逼供指的是：以殴打、捆绑、违法使用械具等恶劣手段逼取口供；以较长时间冻、饿、晒、烤等手段逼取口供，严重损害其身体健康的；使用肉刑或变相肉刑造成被监管人轻伤；刑讯逼供，情节严重，导致犯罪嫌疑人、被告人自杀、自残造成重伤、死亡；纵容、授意、指使、强迫他人刑讯逼供，具有上述情形之一的等情节。上述刑讯逼供行为或情节，并非导致死亡的主要死因，即并非由于肉刑或变相肉刑导致的重伤致死或直接导致的死亡，它们只能是辅助死因或诱因，其主要死因往往是疾病或自杀。

对于虐待被监管人、刑讯逼供行为，根据刑法的规定，致人伤残、死亡的，依照故意伤害罪、故意杀人罪处罚。适用该条款，一是要求虐待行为、刑讯逼供行为与伤残、死亡之间具有直接因果关系；二是要求主观上具有伤害或杀人的故意。

另外，刑讯逼供有两种情形：一种是公安侦查人员所实施的，这一般发生在看守所阶段；另一种是监狱直接立案侦查的案件，针对被监管人实施的犯罪。前种情形构成刑讯逼供的，按照管辖分工，是由反渎职侵权检察部门立案侦查，后一种情形则是由刑事执行检察部门立案侦查。因此，对于前一种情况，刑事执行检察部门应积极配合反渎职侵权检察部门。

（三）要强化监督意识，防范非正常死亡事故发生

对于被监管人的非正常死亡，应以预防为主。刑事执行检察是预防被监管人非正常死亡的重要一环。

一是刑事执行检察人员应树立人权保障意识。刑事执行检察的核心就是通过监督监管机构是否合法行使权力来保障被监管人的人权。被监管人的生命权自然是被监管人权益中最重要的。保障监管场所在押人员的人身安全，是在押人员人权保护的核心内容，是社会主义法制文明进步的要求和体现，也是树立良好的执法形象，落实执法为民要求的需要。理念是行为的先导。刑事执行检察人员只有脑子里有保障被监管人人权这根弦，才会主动积极行动起来，切实履行监督的职责。

二是要加大派驻检察监督力度。派驻检察人员要经常深入在押人员生产、生活、学习现场，了解和掌握监管改造动态，对可能发生问题的重点人员、重点部位要做到心中有数，有针对性地加强安全防范检察。对监狱、看守所、拘役所在监管活动和生产管理中有章不循、执法不严等现象，应及时提出纠正意见或检察建议，确保监管和生产安全。坚决打击"牢头狱霸"，严防同监室人员殴打、体罚虐待同监室人员情况，防止在押人员非正常死亡事故的发生。

三是要畅通被监管人与派驻检察官之间的沟通机制。被监管人的合法权益受到侵害或存在侵害危险，被监管人最了解这方面的信息。监管机关存在制度的安全隐患或监管人员存在侵权行为或其他违法行为，也是被监管人最知晓。所以，确保被监管人与派驻检察官之间的信息畅通，是了解监管机构及其人员违法信息，是知晓被监管人合法权益状况的必要保证。因此，各级检察机关在监管场所办公区、监区、会见室等应设立检务公开宣传栏，向罪犯发放权利义务告知卡、联系卡等，健全与罪犯定期谈话、罪犯约见检察官、投诉信件办理、入监出监谈话等制度。

案例 24 张某某虐待被监管人案[*]

> 案件概要

张某某系山西省永济监狱干警。2012 年 3 月一天，被告人张某某因服刑人员范某某在生产时不按规定操作，在一监区服装加工车间办公室用手殴打范某某。2013 年 6 月的一天，张某某与一监区代理副政治教导员岳某某（另案处理）在服装加工车间用电警棍殴打范某某，后又追到管教办公室用电警棍继续殴打。

2012 年 5 月 2 日，被告人张某某因服刑人员卫某某与服刑人员伊某某发生争吵，在一监区服装加工车间内用拳头殴打卫某某，后又用手铐将卫某某在铁柱上并用脚踢。

2012 年六七月的一天，被告人张某某因服刑人员潘某某制作的成品衣不合格，在服装车间内打了潘某某几巴掌。

2012 年夏季的一天，被告人张某某因服刑人员高某某与其他服刑人员打架，张伙同岳某某先在一监区服装加工车间殴打高某某，后又将高某带到管教办公室用电警棍殴打。

2012 年的一天，被告人张某某因服刑人员李某某要求就医看病，张某某即在办公室内打了李某某两耳光。

2012 年九十月的一天，被告人张某某因服刑人员蔺某某、安某某、王某某对成品衣检验不认真，把三人叫到二监区车间，先用衣服抽打三人头部，后又脚踢三人。

2014 年 4 月 24 日上午，被告人张某某因服刑人员刘某某制作的衣服成品不合格，在一监区服装加工车间打了刘某某两巴掌。

侯马市人民法院认为，被告人张某某身为监狱的监管人员，违反国家监管法规，多次殴打被监管人员，侵犯了被监管人的人身权利和监管机关的正常管理活动，情节严重，其行为已构成虐待被监管人罪。为打击职务犯罪，保证公职人员正确履行职责，维护监管机关的正常管理活动，依照《中华人民共和

* 参见山西省侯马市人民法院（2015）侯刑初字第 3 号刑事判决书。

国刑法》第 93 条第 1 款、第 248 条第 1 款之规定，判决被告人张某某犯虐待被监管人罪，判处有期徒刑 6 个月。

▶ 案件评析

监管场所监管人员对被监管人的虐待行为严重侵犯被监管人的人身权利。人身权利是公民最基本的权利，主要是指人的生命、健康、人格、名誉和人身自由等权利，以及与人身直接有关的权利。虐待行为主要侵犯人身权利中的生命、健康、自由和人格尊严。联合国《公民权利和政治权利国际公约》规定："所有被剥夺自由的人应给予人道及尊重其固有的人格尊严的待遇。"《囚犯待遇最低限度标准规则》也规定："体罚、暗室禁闭和一切残忍、不人道、有辱人格的惩罚应一律完全禁止，不得作为对违犯行为的惩罚。"我国《监狱法》第 7 条第 1 款规定："罪犯的人格不受侮辱，其人身安全、合法财产和辩护、申诉、控告、检举以及其他未被依法剥夺或者限制的权利不受侵犯。"

本案张某某侵犯的主要是被监管人的健康权和人格尊严。从案件反映的情况看，张某某基本上把体罚打骂作为管理的手段，严重欠缺人权意识。

（一）刑事执行检察部门要重视对虐待被监管人犯罪案件的查办

监管人员本是保障被监管人合法权益的主体，而有些监管人员却走向职责的反面，在管理和帮教过程中对被监管人进行殴打、体罚虐待，这不仅严重侵犯被监管人的合法权益，而且影响恶劣，严重背离职业伦理道德。查办监管场所职务犯罪是刑事执行检察的一项重要职能。查办虐待被监管人罪是遏制、预防该类犯罪行为发生的重要途径，也是保障被监管人合法权益的必然要求。刑罚的有效不在于其严厉，而在于其必定性。只要是构成虐待被监管人罪的行为均应得到查处，行为人得到惩处，就会对监管人员构成巨大威慑，使他们认识到自己行为对自身所造成的危害，而不至于肆意妄为随意殴打、体罚虐待被监管人。同时，查处虐待被监管人犯罪，对其他监管人员也是一个教育。如张某某虐待被监管人案，虽然张某某仅被判处有期徒刑 6 个月，但这个惩处对他本人及家庭的伤害也是巨大的，不仅锒铛入狱，而且还丢掉工作，使家庭也受到巨大影响。同时，该案的查处也让张某某的同事受到巨大震动，认识到因工作虐待被监管人而受刑太不值得，也认识到刑法并不是摆设，触犯必受惩罚。因此，刑事执行检察部门务必重视对虐待被监管人犯罪案件的查处，查处一个案件胜过长年累月的苦口婆心教育、规劝。

（二）要准确把握虐待被监管人罪罪与非罪的界限

虐待被监管人罪，是指监狱、拘留所、看守所等监管机构的监管人员对被监管人进行殴打或者体罚虐待，情节严重的行为。[1] 其罪与非罪的界限可从以下几个方面来界定：

一是从主观上界定。构成虐待被监管人罪要求行为人主观上具有虐待故意，如果行为人出于过失，则不构成本罪。如被监管人有病不给医情形。如果监管人员认为是被监管人装病而不给医，就不构成本罪。如果导致被监管人死亡，有可能构成玩忽职守罪。

二是从行为上。行为上要求殴打或体罚虐待。殴打，一般指通过行为人的身体力量或者借助工具，以外力打击被监管人身体的行为、能给被监管人带来肉体或者身心上的痛苦的行为。体罚虐待，是指殴打以外的，能够摧残或折磨被监管人肉体或精神的一切方法。如罚趴、罚跑、罚晒、罚冻、罚饿、辱骂、冬天冷水淋浴、不准吃饭、有病不给治疗、强迫超体力劳动、不让睡觉、不给水喝等手段。本罪中的殴打、体罚虐待，不要求具有一贯性，一次性殴打，只要达到情节严重的地步，就足以构成犯罪。至于行为人是直接实施殴打、体罚虐待行为，还是借被监管人之手实施殴打、体罚虐待其他被监管人的行为，只是方式上差异，不影响本罪的成立。

三是从主体上。虐待被监管人罪的主体是特殊主体，要求是监狱、拘留所、看守所等监管机构的监管人员。监管人员，是在监管机构中对违法犯罪人员从事监管工作的人员。受监管机构正式聘用或委托实际履行监管职务的人员是有监管罪犯职责的人员。上述人员违反监管法规，体罚虐待被监管人员，情节严重的，应以体罚虐待被监管人罪追究刑事责任。对于看守所或监狱中的武装警察，由于他们的职责是警戒，不具体地负责被监管人员的管理和教育，不是监管机构的监管人员。在武装警戒的过程中，人民武装警察部队的武警殴打或体罚虐待被监管人员，不构成虐待被监管人罪，应以其他犯罪论处。

四是从情节上。构成虐待被监管人罪要求情节严重。根据 2006 年最高人民检察院《关于渎职侵权犯罪案件立案标准的规定》的规定，涉嫌下列情形之一的，应予立案：（1）以殴打、捆绑、违法使用械具等恶劣手段虐待被监管人的；（2）以较长时间冻、饿、晒、烤等手段虐待被监管人，严重损害其身体健康的；（3）虐待造成被监管人轻伤、重伤、死亡的；（4）虐待被监管人，情节严重，导致被监管人自杀、自残造成重伤、死亡，或者精神失常的；（5）殴打或者体罚虐待 3 人次以上的；（6）指使被监管人殴打、体罚虐待其他被监管人，具有上述情形之一的；（7）其他情节严重的情形。

---

[1]　高铭暄、马克昌：《刑法学》，北京大学出版社、高等教育出版社 2007 年版，第544 页。

（三）要全面发挥刑事执行检察职能，监督监管机关打击"牢头狱霸"

有的罪犯在监管场所拉帮结伙、寻衅滋事、恃强凌弱、称王称霸，不仅严重侵犯其他罪犯合法权益，也严重破坏监管秩序。2009 年 10 月至 2010 年 2 月，最高人民检察院会同司法部开展集中整治，逐个监室排查是否存在"牢头狱霸"现象，对排查发现的 178 个问题进行整改，对涉嫌又犯罪的 87 名"牢头狱霸"提起公诉。在各方面共同努力下，"牢头狱霸"问题得到有效遏制。

惩治和打击"牢头狱霸"并不是检察机关的任务和责任，而是监管机构的任务，尽管"牢头狱霸"严重侵犯其他罪犯的合法权益，检察机关也不能直接插手惩治打击。刑事执行检察部门应采取多种措施，监督监管机构做好治理"牢头狱霸"工作。对日常巡查中发现和罪犯举报的破坏监管秩序、欺压或打骂其他罪犯等"牢头狱霸"苗头，督促执行机关采取果断措施予以制止，露头就打。对严重破坏监管秩序，殴打、体罚其他罪犯等构成犯罪的，依法追究刑事责任。对于监管机构存在制度漏洞的，应提出检察建议；对于监管人员存在违法行为的，应采取口头或书面形式进行违法纠正；对于"牢头狱霸"构成犯罪而监管机构没有立案侦查的，应发挥立案监督职能，督促立案；对于虐待被监管人案件的公诉，应体现"严"的原则，依法从重从快处理；对于人民法院量刑畸轻或违法轻判的，要提起抗诉。

另外，对于"牢头狱霸"现象背后存在监管人员渎职犯罪的，应坚决查处。一是存在监管人员指使"牢头狱霸"殴打或体罚虐待其他被监管人的，按照虐待被监管人罪处理；二是存在"牢头狱霸"贿赂监管人员的，依法查处监管人员受贿犯罪行为；三是存在监管人员玩忽职守或滥用职权行为的，若构成犯罪，依法追究玩忽职守罪、滥用职权罪刑事责任。

案例 25　朱某受贿、徇私舞弊减刑案[*]

> **案件概要**

被告人朱某，原江苏省镇江监狱五监区教导员。2010 年至 2013 年，被告人朱某利用担任江苏省镇江监狱五监区教导员，负责该监区服刑人员教育改造全面工作的职务便利，先后收受该监区服刑人员董某乙、陈某、付某、王某本人或其亲属的贿赂，总计折合人民币 77000 元。具体如下：

1. 2010 年至 2012 年，被告人朱某利用职务上的便利，先后多次收受董某乙亲属董某甲贿赂的镇江大润发超市购物卡，总计价值人民币 12000 元。并为董某乙在调换岗位、减刑等方面谋取利益。分别是：（1）2010 年春节前，被告人朱某在镇江三丰美食城收受董某甲贿送的 2000 元大润发购物卡。（2）2010 年中秋节前，被告人朱某在镇江市区一饭店内收受董某甲贿送的 2000 元大润发购物卡。（3）2011 年春节前，被告人朱某在镇江市区一饭店内收受董某甲贿送的 2000 元大润发购物卡。（4）2011 年中秋节前，被告人朱某在镇江市区一饭店内收受董某甲贿送的 2000 元大润发购物卡。（5）2012 年春节前，被告人朱某在镇江市区一饭店内收受董某甲贿送的 2000 元大润发购物卡。（6）2012 年中秋节前，被告人朱某在镇江市区一饭店内收受董某甲贿送的 2000 元大润发购物卡。

2. 2011 年至 2013 年，被告人朱某利用职务上的便利，先后多次收受陈某哥哥陈某甲贿赂的镇江八佰伴购物卡，总计价值人民币 39000 元，并为陈某在减刑等方面谋取利益。分别是：（1）2011 年二三月的一天，被告人朱某在五监区民警值班室的厕所内，收受陈某甲通过原镇江监狱民警陈某乙贿送的八佰伴购物卡 5000 元。（2）2011 年八九月的一天，被告人朱某在五监区民警值班室的厕所内，收受陈某甲通过陈某乙贿送的八佰伴购物卡 6000 元。（3）2012 后春节前后的一天，被告人朱某在五监区民警值班室的厕所内，收受陈某甲通过陈某乙贿送的八佰伴购物卡 5000 元。（4）2012 年七八月的一天，被告人朱某在五监区民警值班室的厕所内，收受陈某甲通过陈某乙贿送的八佰伴购物卡

---

　　* 参见江苏省镇江市润州区人民法院（2015）润刑初字第 00037 号刑事判决书。

10000 元。（5）2012 年 9 月左右的一天，被告人朱某在五监区民警值班室的厕所内，收受陈某甲通过陈某乙贿送的八佰伴购物卡 5000 元。（6）2012 年 9 月底的一天，被告人朱某在五监区民警值班室的厕所内，收受陈某甲通过陈某乙贿送的八佰伴购物卡 5000 元。（7）2013 年二三月，被告人朱某在五监区民警值班室的厕所内，收受陈某甲通过陈某乙贿送的八佰伴购物卡 3000 元。

3. 2013 年三四月间，被告人朱某在五监区民警值班室内，收受付某通过董某乙贿送的价值人民币 18000 元的镇江八佰伴购物卡，并为付某在调换岗位、减刑等方面谋取利益。

4. 2013 年六七月间，被告人朱某在五监区民警值班室内，收受王某通过董某乙贿送的价值人民币 8000 元的镇江八佰伴购物卡，并为王某在调换岗位、减刑等方面谋取利益。

案发后，被告人朱某及其家属退出赃款 59000 元。在本案审理期间，剩余赃款 18000 元已全部退出。

另查明，2014 年 7 月 8 日，江苏省镇江监狱纪委收到被告人朱某通过施某收受付某、王某贿赂的线索。2014 年 9 月 18 日，被告人朱某在其所在单位纪委交代收受服刑人员付某 10000 元购物卡，但未能如实交代该笔全部受贿事实。2014 年 9 月 23 日，镇江市金山地区人民检察院获得朱某受贿的犯罪线索后，于 2014 年 10 月 9 日，电话通知被告人朱某到案。后被告人朱某主动交代了侦查机关尚未掌握的同种较重的受贿犯罪事实。

2010 年以来，被告人朱某担任镇江监狱五监区教导员，负责该监区服刑人员教育改造全面工作，服刑人员付某、王某向其行贿，服刑人员董某乙介绍付某、王某向其行贿，服刑人员陈某通过陈某乙向其行贿，上述人员行为均严重违反监规，不具有"接受教育改造，确有悔改表现"的事实，不符合减刑条件，朱某在明知的情况下，违法对上述四名罪犯呈报减刑。具体是：

1. 2012 年 1 月 16 日和 2013 年 5 月 16 日，被告人朱某明知罪犯陈某具有行贿罪严重违反监规的行为，不符合减刑条件，违法对其呈报减刑，导致镇江市中级人民法院于 2012 年 3 月 1 日、2013 年 6 月 28 日分别裁定对陈某减刑 1 年 3 个月和 1 年。案发后，镇江市中级人民法院于 2014 年 12 月 4 日以（2014）镇刑执字第 5058 号裁定书撤销对陈某减刑 1 年的裁定。

2. 2013 年 9 月 18 日，被告人朱某明知罪犯王某具有行贿等严重违反监规的行为，不符合减刑条件，违法对其呈报减刑，导致镇江市中级人民法院于 2013 年 10 月 30 日裁定对王某减刑 1 年。案发后，镇江市中级人民法院于 2014 年 12 月 4 日以（2014）镇刑执字第 5057 号裁定书撤销对王某减刑裁定。

3. 2014 年 6 月 29 日，被告人朱某明知罪犯付某具有行贿等严重违反监规的行为，不符合减刑条件，违法对其呈报减刑。镇江监狱据此于 2014 年 7 月 7 日向镇江市中级人民法院出具了《提请减刑建议书》建议对付某减刑 6 个月。事发后，镇江市中级人民法院于 2014 年 8 月 25 日以（2014）镇刑执字第 3267 号决定书将付某的减刑建议书退回镇江监狱。

4. 2014 年 7 月 23 日，被告人朱某明知罪犯董某乙具有介绍行贿等严重违法监规的行为，不符合减刑条件，违法对其呈报减刑。镇江监狱据此于 2014 年 8 月 18 日向镇江市中级人民法院出具了《提请减刑建议书》，建议对董某乙减刑 1 年 6 个月，剥夺政治权利刑期减为 1 年。事发后，镇江市中级人民法院于 2014 年 9 月 11 日以（2014）镇刑执字第 3471 号决定书将董某乙的减刑建议书退回镇江监狱。

江苏省镇江市润州区人民法院认为，被告人朱某身为国家机关工作人员，利用职务上的便利，非法收受他人财物，为他人谋取利益，其行为已构成受贿罪，依法应予惩处。被告人朱某身为司法工作人员，徇私舞弊对不符合减刑条件的罪犯呈报减刑，其行为已构成徇私舞弊减刑罪，依法应予惩处。被告人朱某犯有数罪，应当数罪并罚。被告人朱某到案后，主动交代了侦查机关尚未掌握的同种较重的犯罪事实，依法应当从轻处罚。被告人朱某犯罪后能如实供述自己的罪行，并能退清全部赃款，依法可从轻处罚。公诉机关指控被告人朱某犯受贿罪、徇私舞弊减刑罪的事实清楚，证据确实、充分，指控的罪名正确，本院予以采纳。被告人及辩护人关于自首及受贿数额等相关辩护意见，经查，与事实不符，本院不予采纳。据此，依照《中华人民共和国刑法》第 385 条第 1 款、第 383 条第 1 款第（二）项、第 401 条、第 67 条第 3 款、第 69 条、《最高人民法院关于处理自首和立功具体应用法律若干问题的解释》第 4 条、《最高人民法院、最高人民检察院关于办理受贿刑事案件适用法律若干问题的意见》第 9 条之规定，判决如下：（1）被告人朱某犯受贿罪，判处有期徒刑 5 年，并处没收财产人民币 3 万元；犯徇私舞弊减刑罪，判处有期徒刑 1 年，决定合并执行有期徒刑 5 年 6 个月，并处没收财产人民币 3 万元；（2）暂扣于镇江市金山地区人民检察院的赃款 59000 元及暂扣于本院的受贿赃款 18000 元，共计 77000 元，予以没收，上缴国库。

▶ 案件评析

监管场所的职务犯罪侵犯了国家工作人员的职务廉洁性和国家机关正常的管理活动，同时这些犯罪也常常伴随着对被监管人员合法权益的侵犯。如本案，朱某受贿而徇私舞弊减刑的犯罪行为，客观上对于一些不符合减刑条件的罪犯给予了减刑，实际上是侵犯了其他罪犯获得减刑的权利。获得减刑、假释属于服刑罪犯获得刑事奖励权。《中国改造罪犯的状况》白皮书指出："罪犯在服刑期间表现好的有获得依法减刑假释的权利。"《监狱法》《刑法》《刑事诉讼法》都有关于罪犯在服刑期间的减刑假释的法律规定。我国《刑法》第29条规定："被判处无期徒刑、有期徒刑的罪犯，在服刑期间确有悔改或者立功表现的，根据监狱考核的结果，可以减刑。"减刑、假释属于刑罚变更执行制度，正确适用减刑、假释制度，能极大限度地调动罪犯改造的积极性，有助于减少罪犯对社会生活的不适应而导致重新犯罪。

查办监管场所职务犯罪是刑事执行检察部门的一项职责，切实履行这项职责不仅能够强化刑事执行监督权的权威，维护正常的监管管理秩序，同时也能促进对被监管人合法权益的保障。

首先，刑事执行检察部门要把查办监管人员职务犯罪作为监督的重点。刑罚虽然是最后的手段，也是迫不得已的措施，但它是监督的利器。刑罚的缺位，也是监管机构及其人员滥用权力侵犯被监管人合法权益的一个重要因素。保障被监管人合法权益本是监管机构及其人员的应有职责，而由于监督的缺位导致他们走向目的的反面。检察机关强化对监管机构的监督，要充分把查办监管场所的职务犯罪摆在应有的地位。从实践中来看，虽然近年来检察机关加强了查办监管场所职务犯罪的力度，但从查办的数量和判处的刑罚来看，还是表现刑罚的量不足。不少案件没有被发现，存在职务犯罪的黑数，即使被查出的，也很多被轻处，这从大量案件被免予刑罚或判处缓刑可以看出。刑罚的缺位或不到位，是监管场所乱象丛生的重要因素。因此，刑事执行检察部门必须把查办监管人员职务犯罪作为监督的重点，以治标来换取治本的时间。要把查办职务犯罪作为强化监督效果的最有力手段，贯穿于刑事执行监督全过程。

其次，要找准职务犯罪易发生的环节。在开辟案源、发现线索方面，从刑罚执行和监管活动职务犯罪易发多发的"八个环节"，通过"六个渠道"，重点加强对"八种人"刑罚执行情况的监督，发现和挖掘案件线索。"八个环节"是指在刑罚执行和监管活动中易发多发问题的环节。如在押人员服刑分配监区的环节；日常奖惩考察环节；工种安排环节；违反监（所）规、监（所）记的处理环节；提请、层报罪犯减刑、假释、保外就医环节；调犯环节；监外人员托管失控环节；生产经营环节。"六个渠道"是指发现问题的方法。如日常监督的渠道发现；从一些事故、事件背后发现；通过专项检查活动发现；通过举报、控告发现；同纪检监察部门联系发现；通过深挖犯罪案件发现。"八类人员"主要指是关押在监管场所服刑改造的重点人员，如职务犯罪的罪犯；涉黑涉恶涉毒犯罪的罪犯；破坏社会主义市场经济秩序的侵财性犯罪的罪犯；服刑中的顽固型罪犯和危险型罪犯；从事事务活动的罪犯；多次获得减刑的罪犯；在看守所留所服刑的罪犯；调换监管场所服刑的罪犯。①

2015 年最高人民检察院《关于全面加强和规范刑事执行检察工作的决定》中也规定，要突出办案重点，积极查处刑事执行活动中违法办理减刑假释暂予监外执行、重大监管事故、社区服刑人员脱管漏管、严重侵犯刑事被执行人合法权益等问题背后的职务犯罪。

最后，要加强监管场所职务犯罪查办的机制建设。一是各省级院监所检察处要切实发挥办案主导作用。因为监所检察部门在机构设置和人员配置上有其自身的特点，监所检察部门的办案工作强调"以省级院为主导，以市级院为主体，以基层院为基础"。二是要建立健全适合本地办案工作的机制。纵向上强调发挥全省监所检察部门整体优势，协调一个市乃至全省的优秀办案骨干集中突破案件，横向上注意与反贪、反渎部门搞好协作配合。三是提高办案质量，确保办案安全。要严格遵守法定办案程序，严把程序关；认真审查、甄别证据，严把证据关。要特别重视办案安全问题，认真落实办案安全防范的有关规定，克服麻痹思想，杜绝重大办案安全事故的发生。

---

① 袁其国主编：《刑事执行检察工作重点与方法》，中国检察出版社 2015 年版，第 221 页。

第六章

刑事控告申诉与人权保障

案例 26　陈某故意杀人放火不服
刑事裁判申诉案*

➤ 案件概要

陈某，男，1963 年 2 月生，四川省富县人。1992 年 12 月 25 日 19 时 30 分许，海南省海口市振东区上坡下村 109 号发生火灾。19 时 58 分，海口市消防中队接警后赶到现场救火，并在灭火过程中发现室内有一具尸体，立即向公安机关报案。20 时 30 分，海口市公安局接报警后派员赴现场进行现场勘查及调查工作。经走访调查后确定，死者是居住在 109 号的钟某，曾经在此处租住的陈某有重大作案嫌疑。同年 12 月 28 日凌晨，公安机关将犯罪嫌疑人陈某抓获。1993 年 9 月 25 日，海口市人民检察院以陈某涉嫌故意杀人罪，将其批准逮捕。1993 年 11 月 29 日，海口市人民检察院以涉嫌故意杀人罪对陈某提起公诉。海口市中级人民法院一审判决认定以下事实：1992 年 1 月，被告人陈某搬到海口市上坡下村 109 号钟某所在公司的住房租住。其间，陈某因未交房租等，与钟某发生矛盾，钟某声称要向公安机关告发陈某私刻公章帮他人办工商执照之事，并于同年 12 月 17 日要陈某搬出上坡下村 109 号房。陈某怀恨在心，遂起杀害钟某的歹念。同年 12 月 25 日 19 时许，陈某发现上坡下村停电并得知钟某要返回四川老家，便从宁屯大厦窜至上坡下村 109 号，见钟某正在客厅喝酒，便与其聊天，随后从厨房拿起一把菜刀，趁钟某不备，向其头部、颈部、躯干部等处连砍数刀，致钟某当即死亡。后陈某将厨房的煤气罐搬到钟某卧室门口，用打火机点着火焚尸灭迹。大火烧毁了钟某卧室里的床及办公桌等家具，消防队员及时赶到，才将大火扑灭。经法医鉴定：被害人钟某身上有多处锐器伤、颈动脉被割断造成失血性休克死亡。

1994 年 11 月 9 日，海口市中级人民法院以故意杀人罪判处陈某死刑，缓期二年执行，剥夺政治权利终身；以放火罪，判处有期徒刑 9 年，决定执行死刑，缓期二年执行，剥夺政治权利终身。

---

* 参见《陈某犯故意杀人罪再审刑事判决书》，载中国裁判文书网，http://wenshu. court. gov. cn。

1994 年 11 月 13 日，海口市人民检察院以原审判决量刑过轻，应当判处死刑立即执行为由提出抗诉。1999 年 4 月 15 日，海南省高级人民法院驳回抗诉，维持原判。判决生效后，陈某的父母提出申诉。

2001 年 11 月 8 日，海南省高级人民法院经复查驳回申诉。陈某的父母仍不服，向海南省人民检察院提出申诉。2013 年 4 月 9 日，海南省人民检察院经审查，认为申诉人的申诉理由不成立，不符合立案复查条件。陈某不服，向最高人民检察院提出申诉。

2015 年 2 月 10 日，最高人民检察院按照审判监督程序向最高人民法院提出抗诉。最高人民检察院复查认为，原审判决据以定案的证据不确实、不充分，认定原审被告人陈某故意杀人、放火的事实不清，证据不足。

1. 原审裁判认定陈某具有作案时间与在案证据证明的案件事实不符。原审裁判认定原审被告人陈某于 1992 年 12 月 25 日 19 时许，在海口市振东区上坡下村 109 号房间持刀将钟某杀死。根据证人杨某春、刘某生、章某胜的证言，能够证实在当日 19 时左右陈某仍在宁屯大厦，而根据证人何某庆、刘某清的证言，19 时多一点听到 109 号传出上气不接下气的"啊啊"声，大约过了 30 分钟看见 109 号起火。据此，有证据证明陈某案发时仍然在宁屯大厦，不可能在同一时间出现在案发现场，原审裁判认定陈某在 19 时许进入 109 号并实施杀人、放火行为与证人提供的情况不符。

2. 原审裁判认定事实的证据不足，部分重要证据未经依法查证属实。原审裁判认定原审被告人陈某实施杀人、放火行为的主要证据，除陈某有罪供述为直接证据外，其他如公安机关火灾原因认定书、现场勘查笔录、现场照片、物证照片、法医检验报告书、物证检验报告书、刑事科学技术鉴定书等仅能证明被害人钟某被人杀害，现场遭到人为纵火；在案证人证言只是证明了发案时的相关情况、案发前后陈某的活动情况以及陈某与被害人的关系等情况，但均不能证实犯罪行为系陈某所为。而在现场提取的带血白衬衫、黑色男西装等物品在侦查阶段丢失，没有在原审法院庭审中出示并接受检验，因此不能作为定案的根据。

3. 陈某有罪供述的真实性存在疑问。陈某在侦查阶段虽曾作过有罪供述，但其有罪供述不稳定，时供时翻，且与现场勘查笔录、法医检验报告等证据存在矛盾。如陈某供述杀人后厨房水龙头没有关，而现场勘查时，厨房水龙头呈关闭状，而是卫生间的水龙头没有关；陈某供述杀人后菜刀扔到被害人的卧室中，而现场勘查时，该菜刀放在厨房的砧板上，且在菜刀上未发现血迹、指纹等痕迹；陈某供述将"工作证"放在被害人身上，是为了制造自己被烧死假象的说法，与案发后其依然正常工作，并未逃避侦查的实际情况相矛盾。

2015 年 4 月 24 日，最高人民法院作出再审决定，指令浙江省高级人民法院再审。2015 年 12 月 29 日，浙江省高级人民法院公开开庭审理了本案。法院经过审理认为，原审裁判据以定案的主要证据即陈某的有罪供述及辨认笔录的客观性、真实性存疑，依法不能作为定案依据；本案除原被告人陈某有罪供述外无其他证据指向陈某作案。因此，原审裁判认定原审被告人陈某故意杀人并放火焚尸灭迹的事实不清、证据不足，指控的犯罪不能成立。2016 年 1 月 25 日，浙江省高级人民法院作出再审判决：撤销原审判决裁定，原审被告人陈某无罪。

▶ 案件评析

海南陈某故意杀人放火申诉案经最高人民检察院抗诉后再审改判无罪，体现了我国追求司法公正的决心，让陈某感受到了迟来的正义。陈某案经历了三个阶段：陈某家人的申诉，检察机关对申诉的审查与再审抗诉，最高人民法院指令其他法院再审。刑事裁判是人民法院代表国家行使审判权，根据事实和法律作出的具有权威性的结论，一旦发生法律效力，就具有稳定性、权威性，任何组织和个人都不得随意加以更改。但是现实情况纷繁复杂，刑事审判活动只是在一定程度上对刑事案件进行回溯性的认定，不可能是对具体案件情况客观、真实、全面的反映，加上受侦查机关侦查能力以及当事人具体情况的影响，已经生效的刑事判决并不排除存在错误的可能。错误判决的存在对当事人人权构成极大的侵害，所以《世界人权宣言》第 8 条与《公民权利和政治权利国际公约》第 14 条指明公民有获得司法救济的权利。

《公民权利和政治权利国际公约》第 14 条第 5 款规定："凡被判定有罪者，应有权由一个较高级法庭对其定罪及刑罚依法进行复审。""复审"也称为再审，即对案件在原审之后再次或重复审判之意。《公民权利和政治权利国际公约》第 14 条第 5 款即是对成员国应当在本国审判制度中建立再审程序，保证当事人司法救济权利的基本要求。

再审既然是对原审案件的重新审判，那么，由谁来启动、为什么启动就成为首先要解决的问题。对此，第 14 条第 5 款的规定非常明确，"凡被判定有罪者"有权启动再审程序。应当注意的是这里涉及的"定罪"的含义，人权事务委员会针对此指出："应特别注意'罪行'一词的其他用语。所以保障条款不仅限于最严重的犯法行为。"可见，犯罪行为包括有的国家所规定的轻罪，凡被定罪者均有权要求再审。"被判定有罪者"有权要求再审，即意味着未被判定有罪者不可以要求再审，因此也表明了为什么设置再审制度、为什么要由

"被判定有罪者"启动再审程序的原因或意图。它实际上是赋予被判定有罪者一项对原审裁判表示不服并要求重新审判的救济权利。因此，类似陈某这样的被判定有罪者有权要求再审是再审制度的本质属性，也是《公民权利和政治权利国际公约》第14条第5款的核心所在。既然要求再审是被判定有罪者的一项权利，那么司法机关就有义务满足这一要求，而不应设置这样或那样的障碍，甚至剥夺被判定有罪者的此项权利。

"复审"的进行如果孤立地从字面来理解，可以是原审法院重新审判，也可以是原审法院以外的其他法院重新审判。但是，《公民权利和政治权利国际公约》的该款规定对此作出了明确的界定，"由一个较高级法庭"重新审判，把原审法院完全排除出去了。何为"较高级法庭"，这显然是指原审法庭的上一级法庭，但也不限于上一级法庭，还可以是更高级的法庭，包括一个成员国的最高审判机关。从世界各国的再审制度来看，有的设立一级再审制度，有的设立二级再审制度；在设立一级再审制度的国家，有的案件请求原审法庭的上一级法庭再审，有的还可以请求原审法庭的越级法庭甚至直接请求本国最高审判机关再审。无论何种情况，都属于"由一个较高级法庭"进行再审。再审由一个较高级的法庭进行，而不是由原审法庭进行，这是实现再审目的的必要要求，也是设立再审制度的意义所在。因为无论从理论上讲还是从实践上看，由原审法庭对自己处理过的案件重新审判，既不符合诉讼原理，又难以取信于再审提出者。陈某案件原审法院是海南省高级人民法院，最高人民法院作出再审决定，指令浙江省高级人民法院再审。浙江省高级人民法院公开开庭审理了本案。由此可见，不仅再审应由一个较高级的法庭进行，而且再审应当与原审独立进行，各自审判。这是再审制度的应有之义，也是由一个较高级法庭进行再审的内在要求。

既然有权提起再审者的人为"被判定有罪者"，其对于原审裁判不服主要表现在定罪和刑罚两个方面。对定罪不服可包括很多情况，可以是自认为无罪而被定罪，也可以是自认为此罪而被定为彼罪，还可以是自认为是未完成形态的罪而被定为完成形态的罪，如此等等，都属于对定罪不服，有权要求再审。对刑罚不服也可能有不同情况，可以是对所判刑罚的种类不服，也可以是对所判刑罚的幅度不服，还可以是对所确定的执行刑罚的方式不服，如此等等。对定罪再审也好，对刑罚再审也好，既可能涉及事实问题、证据问题，也可能涉及法律适用问题，还可能涉及审判程序问题。所有这些都可以是再审的对象。陈某案件中，陈某对定罪不服，提出原审裁判认定陈某具有作案时间与在案证据证明的案件事实不符，认定事实的证据不足，部分重要证据未经依法查证属实，有罪供述的真实性存在疑问。浙江省高院再审过程中对该案的事实部分、证据部分进行全面审查，认为原审裁判据以定案的主要证据即陈某的有罪供述及辨认笔录的客观性、真实性存疑，依法不能作为定案依据；本案除原被告人陈某有罪供述外无其他证据指向陈某作案。因此，原审裁判认定原审被告人陈某故意杀人并放火焚尸灭迹的事实不清、证据不足，指控的犯罪不能成立。

我国法律规定刑事申诉检察是检察机关法律监督的重要组成部分，是体现中国特色社会主义检察制度的重要方面，承担着对外监督，对内制约的职能，发挥着监督制约、权利救济、矛盾化解等职能作用。陈某案中，检察机关无疑发挥了重要作用。根据我国刑事诉讼法的规定，检察机关提出抗诉，法院一律应当启动审判监督程序，而当事人的申诉需要由法院、检察院审查后认为有必要的，才能启动审判监督程序，它不具有检察院抗诉所产生的法律后果。法律如此规定是考虑到，申诉是当事人享有的一项诉讼权利，当事人及其法定代理人、近亲属认为已经发生效力的判决裁定侵害其合法权益，有权提出申诉，申诉可以委托律师代为进行。如果当事人申诉必然启动审判监督程序，那么就有可能使所有的刑事案件因申诉而启动再审程序，势必造成再审程序冲击刑事诉讼法设计的两审终审制度。司法实践中，往往是当事人的申诉经检察机关审查后进而启动再审程序。与大多数冤案的平反类似，陈某案件也经历了漫长的申诉过程。陈某案件也正是由于陈某父母和其他亲属始终不相信陈某杀人，不断地向法院、检察机关申诉，才最终引起了最高人民检察院的重视。

为了充分保障当事人申诉权，体现对原审被判定有罪者的尊重，彰显程序公正。最高人民检察院近几年相继出台了《人民检察院刑事诉讼规则（试行)》《人民检察院复查刑事申诉案件规定》等相关司法解释对检察机关强化法律监督，强化申诉权的保障和规范等具体工作机制作了明确规定。

其一，《人民检察院刑事诉讼规则（试行)》明确规定检察机关内部职能分工。对刑事判决裁定的监督由公诉部门和刑事申诉检察部门承办，当事人及其法定代理人、近亲属认为人民法院已经发生法律效力的判决、裁定确有错误，向人民检察院申诉的，由人民检察院刑事申诉检察部门依法办理。不服人民法院死刑终审判决、裁定尚未执行的申诉，由监所检察部门办理。刑事申诉检察部门对不服法院生效裁判提出的申诉进行审查后，认为需要提出抗诉的，直接报请检察长或者检委会决定，不必再经公诉部门重复审查；人民法院开庭审理的，由同级人民检察院刑事申诉检察部门派员出席法庭。这是刑事申诉检察制度的重大变化，有利于缩短办案流程，优化检察机关内部职能配置，调动刑事申诉检察部门积极性，还有利于强化内部监督制约。

其二，《人民检察院刑事诉讼规则（试行)》明确了申诉主体的范围与刑事申诉终结机制。对不服人民法院已经发生法律效力的刑事判决、裁定的申诉，经两级人民检察院办理且省级人民检察院已经复查的，如果没有新的事实和理由，人民检察院不再立案复查，但原审被告人可能被宣告无罪或者判决、裁定有其他重大错误可能的除外。

其三，《人民检察院复查刑事申诉案件规定》明确应当立案复查的条件。按照依法办案、规范执法、公正处理的要求，对刑事申诉案件管辖、受理、立案、复查等程序进行了全面修改完善。对符合下列条件之一的刑事申诉，应当经部门负责人或者检察长批准后立案复查：（1）原处理决定、判决、裁定有错误可能的；（2）被害人、被不起诉人对不起诉决定不服，在收到不起诉决定书后7日以内提出申诉的；（3）上级人民检察院或者本院检察长交办的。规定指出，原处理决定、判决、裁定是否有错误可能，应当从以下方面进行审查：（1）原处理决定、判决、裁定认定事实是否有错误；（2）申诉人是否提出了可能改变原处理结论的新的事实或者证据；（3）据以定案的证据是否确实、充分；（4）据以定案的证据是否存在矛盾或者可能是非法证据；（5）适用法律是否正确；（6）处理是否适当；（7）是否存在严重违反诉讼程序的情形；（8）办案人员在办理该案件过程中是否存在贪污受贿、徇私舞弊、枉法裁判行为；（9）原处理决定、判决、裁定是否存在其他错误。规定明确，对不服人民法院已经发生法律效力的刑事判决、裁定的申诉，经两级人民检察院办理且省级人民检察院已经复查的，如果没有新的事实、证据和理由，不再立案复查，但是原审被告人可能被宣告无罪或者判决、裁定有其他重大错误可能的除外。

其四，《人民检察院复查刑事申诉案件规定》首次明确受理申诉2月内应决定是否复查。为了切实保障申诉人合法权益，规定审查刑事申诉期限为2个月；调卷审查的，自卷宗调取齐备之日起计算审查期限；重大、疑难、复杂案件，经部门负责人或者检察长批准，可适当延长审查期限。规定还突出了刑事申诉检察的监督属性和纠错功能，将原规定中对任务的表述顺序作了调整，把"纠正错误的决定、判决和裁定"放在了"维护正确的决定、判决和裁定"之前，突出问题意识和纠错意识，彰显了坚决纠正司法不公和维护司法权威的理念。此外，加大上级院对下级院办理申诉案件的监督力度，对复查终结的案件坚持严格的备案审查制度，以保证申诉案件办理的质量和效率。对刑事申诉受理条件和申诉人递交材料要求作出更具体规定，体现便利申诉的精神，同时明确检察院相关部门的处理权限、期限和程序。对复查刑事申诉案件应当听取申诉人意见、告知申诉人事项等作出明确规定。

其五，将公开审查的适用范围予以扩大。刑事申诉案件公开审查是贯彻司法公开的重要措施。规定将公开审查适用范围扩大至不服人民法院已经发生法律效力的刑事判决、裁定申诉案件。考虑到实践中不少地方检察机关已将公开审查运用于不服人民法院已经发生法律效力的刑事判决、裁定的申诉案件，并取得良好效果，新规定在总则中明确，人民检察院复查刑事申诉案件，根据办案工作需要，可以采取公开听证、公开示证、公开论证和公开答复等形式，进行公开审查。

根据上述司法解释与工作机制，最高人民检察院于 2014 年 4 月 14 日，接受陈某律师提出的申诉请求，并进行审查，认为在物证方面，主要存在三方面问题，分别涉及陈某工作证、现场带血物品、作案工具。根据现场勘查笔录和法医检验报告，现场勘查曾在被害人尸体口袋内搜出陈某工作证，但现场照片中没有该工作证的照片。公安机关在补充侦查报告中表示，该工作证遗失，无法附卷。根据现场勘查笔录及现场照片，在案发现场客厅及厨房内发现并提取了带血白衬衫一件、黑色男西裤一件、带血白色卫生纸一块、带血海南日报碎片等物品。但是，公安机关出具的相关情况说明表示，上述物证因保管不善，在案件移送审查起诉前已经丢失，无法随案移送。而现场提取的三把菜刀，均未在菜刀上发现血迹等痕迹。在口供方面，最高人民检察院认为存在供述不稳定、有罪供述前后矛盾、有罪供述与其他在案证据存有矛盾等问题。从被抓获到案到审查起诉再到两级法院审判期间，陈某的供述经历了从不承认犯罪，到作出有罪供述，翻供后再供认，最后全面翻供的过程。在其 8 次有罪供述中，对作案主要情节供述前后矛盾。经过证据审查分析，最高人民检察院认为，根据在案证据，对于陈某是否具有作案时间、被害人的死亡与陈某之间是否存在联系以及陈某的有罪供述是否合法真实等方面，现有证据与原审裁判结论直接存在矛盾。经过复查，最高人民检察院认为，原审裁判认定陈某故意杀人、放火的事实不清，证据不足，应当向最高人民法院提出抗诉。

再审抗诉的意义在于保障当事人特别是无罪人的合法权益，维护和实现司法公正，纠正原审裁判已经发生的错误。由于各种原因，即使刑事审判制度设计得再完善，也难以杜绝错判的发生。按照"无利益即无诉讼"原则，法院显然不应成为诉讼的发起者，与案件有着直接利害关系的检察机关和原审当事人双方才应当是再审程序的发起者。按照现代民主法治原则，司法机关必须各司其职，相互制约。启动再审程序也应当是先有控诉再有审判。检察机关的再审抗诉权是公诉权的应有内容，为了维护国家利益和任何一方当事人的合法权利都有对生效裁判抗诉再审的权力。可以说，如果没有再审抗诉程序，则已经发生的如陈某案这样的错判势必无法纠正。再审抗诉还可以防止尚未形成的原审裁判发生错误。就陈某案件等个案来说，再审的发生意味着对原审的重新审查，再审的结果是维持正确的原审，纠正错误的原审。但是，当再审成为一种制度，并且是以纠正原审错误为首要功能的制度时，它的存在必然会对那些尚未形成的原审裁判起到警示及示范作用，从而防止最后形成的原审裁判发生错误。

案例 27　程某某申请安徽省安庆市大观区 人民法院再审无罪国家赔偿案[*]

> **案件概要**

2006 年 4 月 27 日，安徽省安庆机床有限公司原董事长、总经理程某某因涉嫌贪污罪被安庆市大观区人民检察院刑事拘留。同年 5 月 11 日，经安庆市大观区人民检察院决定，由安庆市公安局大观分局执行逮捕。同年 5 月 30 日，程某某被取保候审。程某某实际被羁押 34 天。2007 年 7 月 31 日，安庆市大观区人民法院作出（2007）观刑初字第 7 号刑事判决，判决程某某犯职务侵占罪，免予刑事处罚。程某某未提起上诉。2010 年，程某某对生效判决不服，向安庆市中级人民法院提出申诉。经再审，2011 年 7 月 6 日，安庆市中级人民法院作出（2010）宜刑再终字第 00002 号刑事判决，宣告程某某无罪。

2013 年 6 月 29 日，程某某以无罪被羁押 34 天为由，向大观区人民法院提出国家赔偿申请，大观区人民法院逾期未作决定。程某某向安庆市中级人民法院赔偿委员会申请作出赔偿决定。安庆市中级人民法院赔偿委员会认为，2014 年 7 月 23 日，安庆市中级人民法院赔偿委员会作出（2014）宜法委赔字第 00002 号国家赔偿决定，根据《国家赔偿法》第 17 条第（三）项规定，驳回程某某关于再审无罪请求安庆市大观区人民法院赔偿的国家赔偿申请。其认为，《国家赔偿法》第 17 条第（三）项规定，依照审判监督程序再审改判无罪，原判刑罚已经执行的，受害人有取得国家赔偿的权利。该条款表明再审改判无罪的赔偿，国家只承担赔偿请求人因人身权实际被侵犯，即刑罚已实际执行部分的赔偿责任。本院（2010）宜刑再终字第 00002 号刑事判决，虽宣告程某某无罪，但安庆市大观区人民法院（2007）观刑初字第 7 号刑事判决系判决程某某免予刑事处罚，因该判决未发生实际侵犯程某某人身自由权的损害事实，故对程某某的国家赔偿申请不予支持。程某某向安庆市人民检察院提出赔偿监督申请。安庆市人民检察院认为该国家赔偿决定书适用法律错误，遂提

＊　参见《程某某与被申诉人安庆市大观区人民法院再审无罪国家赔偿决定书》，载中国裁判文书网，http://wenshu.court.gov.cn。

请安徽省人民检察院依法监督。

2015年6月19日，安徽省人民检察院作出皖检赔重审（2015）1号重新审查意见书，提请安徽省高级人民法院赔偿委员会重新审查并依法作出赔偿决定。安徽省人民检察院认为，程某某被再审宣告无罪，其被采取拘留、逮捕措施，根据《国家赔偿法》第17条第（一）、（二）项规定，有权取得国家赔偿。根据《国家赔偿法》第21条第4款规定，作出生效判决的安庆市大观区人民法院为赔偿义务机关。安庆市中级人民法院赔偿委员会根据《国家赔偿法》第17条第（三）项的规定决定驳回程某某的国家赔偿申请，属适用法律错误。

2015年9月6日，安徽省高级人民法院赔偿委员会作出赔偿决定：安徽省人民检察院皖检赔重审（2015）1号重新审查意见提出的理由成立，本院赔偿委员会予以采纳；安庆市中级人民法院赔偿委员会（2014）宜法委赔字第00002号国家赔偿决定适用法律错误，本院赔偿委员会予以纠正。依照《国家赔偿法》第17条第（二）项、第21条第4款、第33条、第35条，最高人民法院《关于人民法院执行〈中华人民共和国国家赔偿法〉几个问题的解释》第5条、第6条，最高人民法院《关于人民法院赔偿委员会审理国家赔偿案件适用精神损害赔偿若干问题的意见》第7条，以及最高人民法院《关于2015年作出的国家赔偿决定涉及侵犯公民人身自由权赔偿金计算标准的通知》的规定，决定如下：

1. 撤销安庆市中级人民法院赔偿委员会（2014）宜法委赔字第00002号国家赔偿决定；

2. 安庆市大观区人民法院支付程某某人身自由赔偿金7470.48元（219.72元×34天）；

3. 安庆市大观区人民法院在侵权影响范围内，为程某某恢复名誉，并支付精神损害抚慰金1200元。

▶ 案件评析

刑事赔偿是由国家对因发生错误刑事追究使公民、法人其他组织合法权利遭受损害时而给予赔偿的司法救济形式，是人权保障体系的重要组成部分。《世界人权宣言》第8条规定："任何人当宪法或法律所赋予他的基本权利遭受侵害时，有权由合格的国家法庭对这种侵害行为作有效的补救。"《公民权利和政治权利国际公约》第14条第6款规定："在一人按照最后决定已被判定犯刑事罪而其后根据新的或新发现的事实确实表明发生误审，他的定罪被推翻或被赦免的情况下，因这种定罪而受刑罚的人应依法得到赔偿，除非经证明当时不知道的事实的未被及时揭露完全是或部分是由于他自己的缘故。"

从联合国以上规定可以看出，所谓刑事司法中的"错案"不是以一审或上诉法院是否改判无罪为标准，更不是以起诉机关是否撤案为标准，而是在法院对被告人最终定罪以后，根据新的事实，定罪被推翻或赦免；所谓赔偿指因定罪受到刑罚的人在定罪被推翻后才能得到赔偿。

根据联合国标准，在刑事诉讼中宣判被告人无罪，不管是一审还是二审，不构成"误审"，也不构成"错案"，在这种情况下，联合国人权公约并没有要求国家承担赔偿的责任。国家机关及其工作人员在刑事司法的过程中以非法的方式侵犯了个人的权利并使该人蒙受损失，可以用其他方式补救，如排除非法证据、提起民事诉讼等。也就是说，如果侦查人员、检察人员或司法人员依照法律规定对一个人采取了审前关押措施，即使后来该人被判无罪，国家也没有赔偿的责任。

错案赔偿的条件是存在或发现了原审中没有涉及的事实，它应当是案情本身的事实，而不是案件判决以后国家法律或者政策的改变，使原审定罪没有必要而重新改变或平反。如果在审判中被告人故意隐瞒或歪曲事实，则可能得赔偿。联合国人权事务委员会认为，根据《公民权利和政治权利国际公约》的规定，如果赦免是对有罪的人的一种宽大政策，则并不发生赔偿问题。如果赦免的前提是存在误判，而且被告人没有促成这种误判，才发生赔偿问题。

这一款当中最重要的是"误审"一词的理解。如果在国家侦查、起诉和司法机关并没有不适当行为的情况下判决与事实不符是否也为误审，对这个问题现在还没有定论。即使在正当程序都得到严格遵守的情况下，在侦查、起诉和审判机关都没有违法行为的情况下，一个无辜的人也有可能被定有罪。在这种情况下，国家是否有责任对当事人进行赔偿？对这个问题也存在不同意见。人权事务委员会处理过几起有关刑事司法中的要求错案赔偿的申诉，从中可以看出委员会对这个问题的理解。在法国的一个案件中，被告人因拒绝服兵役被判 11 个月监禁，后军事服务审查委员会认为他拒绝服兵役是基于意识形态的原因，不久他被赦免。联合国人权事务委员会否定了被告人的赔偿请求，因赦免不是由于司法错误，而是出于公平考虑。① 从以上案件中，我们可以看出，所谓"错案"只能在最终判决之后才能认定，如果没有作出最终判决，不可以认为某件案件的处理为错案。因此，错案的概念应当与宣判无罪或在上诉审

---

① 熊秋红：《解读公正审判权——从刑事司法角度的考察》，载《法学研究》2001 年第 6 期。

中推翻一审的定罪加以区别。

程某某案件是关于赔偿义务机关后置设定的案件，也系经检察监督纠正原生效赔偿委员会决定的案例。本案中，安庆市中级人民法院赔偿委员会作出决定时，仅评价免予刑事处罚未实际侵犯程某某人身自由权，未对前期的拘留、逮捕羁押行为进行评价，不符合《国家赔偿法》第 21 条确定的后置吸收赔偿原则。安徽省人民检察院依法提出监督意见，安徽省高级人民法院赔偿委员会依法纠正原违法不当的赔偿决定，维护了赔偿请求人程某某的合法权益，实现了较好的法律效果和社会效果。

国家赔偿申诉监督程序，是为了保障赔偿委员会决定的公正性，使已经发生法律效力但有错误的赔偿委员会决定得以纠正而特设的一种程序。1994 年《国家赔偿法》第 23 条第 3 款规定："赔偿委员会作出的赔偿决定，是发生法律效力的决定，必须执行。"但对于如何纠正确有错误的生效赔偿委员会决定，1994 年的国家赔偿法没有进行规定，导致实践中一些赔偿请求人申诉无门，赔偿委员会发现生效决定确有错误却缺乏启动纠错程序的规范基础，既不利于保障赔偿请求人的合法权益，也不利于监督赔偿委员会权力运行。有鉴于此，1996 年 5 月 6 日最高人民法院审判委员会第 809 次会议讨论通过的《人民法院赔偿委员会审理赔偿案件程序的暂行规定》（法发〔1996〕14 号，已废止）第 23 条规定："赔偿委员会决定生效后，赔偿委员会如发现原认定的事实或者适用法律错误，必须改变原决定的，经本院院长决定或者上级人民法院指令，赔偿委员会应当重新审理，依法作出决定。"需要注意的是，虽然该司法解释规定的纠错程序启动主体只有赔偿委员会本身，但赔偿请求人申诉是"赔偿委员会如发现原认定的事实或者适用法律错误"的主要来源。2005 年启动国家赔偿法修改工作以来，有些常委会组成人员和一些地方、部门提出，应当加强对赔偿委员会的监督；为了保障赔偿案件当事双方的申诉权，确保人民检察院依法履行法律监督职权，为了纠正错误的国家赔偿决定，实现司法公正，2010 年修正的国家赔偿法吸收既有司法解释规定、司法实践经验和各方建议，增设了赔偿申诉监督程序，作为第 30 条。增设国家赔偿申诉监督程序的逻辑基础在于，错案是司法权运行的天然风险，人的理性认识的相对有限性，从根本上决定了任何人为创造的裁判程序都不可能达到百分之百的正确率。即便是为了纠正公权力不当运行而创设的国家赔偿制度，也难以跳出这一司法规律。在我国国家赔偿制度正式确立仅二十年、办案人员力量相对不足、国家赔偿案件法律关系较为复杂的现实背景下，赔偿委员会作出的赔偿决定存在这样或那样的错误，在所难免。

《国家赔偿法》第 30 条原则性规定了国家赔偿申诉监督程序的有关内容，

包括：发动主体、方式和理由；受理申诉、重新审查或直接审查的主体；重新审查的期限等。在适用时需注意以下几点：第一，赔偿申诉监督程序并非每一个国家赔偿案件的必经程序，而是仅对已经发生法律效力而且确有错误的赔偿委员会决定才能适用的特殊程序。第二，从申诉与申请再审的关系来看，申诉是宪法规定的公民的基本权利之一，是申请再审的立法依据；申请再审则是具体化为诉讼权利的申诉，其立法本旨在于使申诉这一民主权利通过诉讼权利的行使在诉讼中得到实现，为纠正生效裁判的错误提供程序上的保障。在国家赔偿的检察监督工作中，检察机关的国家赔偿工作办公室应当最大限度地发挥刑事申诉检察监督和国家赔偿检察监督的职责，形成合力，着力监督和纠正有关执法机关存在的执法不严、司法不公的问题。根据《国家赔偿法》第30条第3款和《人民检察院国家赔偿工作规定》第五章赔偿监督的相关规定，检察机关对国家赔偿工作实行法律监督主要包括以下三个方面的内容：

第一，监督范围的法定性。根据法律的规定，检察机关对国家赔偿案件实行法律监督的范围包括：赔偿请求人或者赔偿义务机关不服人民法院赔偿委员会作出的刑事赔偿决定、民事赔偿决定、行政诉讼赔偿决定，向人民检察院申诉的。就具体监督内容而言，主要包括：（1）审查人民法院赔偿委员会作出的已经发生法律效力的刑事、民事赔偿决定和行政诉讼赔偿决定适用实体法律是否正确，是否存在应赔而不赔或者超越法律规定赔偿的情形；（2）审查刑事、民事和行政案件的原处理决定是否正确；（3）审查赔偿义务机关、复议机关和人民法院赔偿委员会办理件的程序是否合法，办案人员在办案过程中是否存在贪污受贿、徇私舞弊、枉法处理行为的情形。因此，检察机关对国家赔偿案件实行法律监督的范围是由法律明确作出规定的，并且监督范围并不局限于赔偿案件本身，而是扩展到了该案件在诉讼阶段赔偿阶段办理的整个过程。

第二，监督主体的法定性。人民法院赔偿委员会是设立在中级以上人民法院内部负责办理国家赔偿案件的机构，除了人民法院作为赔偿义务机关的情形外，人民法院赔偿委员会审理赔偿案件实行一审终审制。因此，根据国家赔偿法的相关规定，享有对国家赔偿案件实行法律监督权的机关仅仅应当包括最高人民检察院和省级人民检察院。这也就意味着，高检院和省级院的国家赔偿工作办公室不仅仅是检察机关内部领导下级检察机关国家赔偿工作办公室的专门性机构，而在实质上成了在全国或者全省范围内从事国家赔偿案件监督的专门性机构。

第三，监督程序的法定性。从监督的性质上讲，对人民法院赔偿委员会已经生效的赔偿决定进行监督是一种事后型的监督，换言之，这是一项特殊的救济程序，或者可视为一种特殊申诉程序，而不是一种法定的必经程序。根据相关法律规定，该程序以赔偿请求人或者赔偿义务机关行使申诉权方可启动。

案例 28　朱某某申请广东省人民检察院无罪逮捕国家赔偿案[*]

> ## ▶ 案件概要

朱某某，男，1960 年 6 月 25 日生，深圳一和实业有限公司原董事长。

2005 年 7 月 25 日，广东省深圳市公安局以涉嫌犯合同诈骗罪将朱某某刑事拘留。同年 8 月 24 日，广东省深圳市人民检察院作出不予批准逮捕决定。同月 26 日，朱某某被取保候审。2006 年 5 月 26 日，广东省人民检察院以粤检侦监核（2006）4 号复核决定书批准逮捕朱某某。同年 6 月 1 日，朱某某被执行逮捕。2007 年 2 月 13 日，深圳市人民检察院向广东省深圳市中级人民法院提起公诉，指控朱某某犯合同诈骗罪。2008 年 9 月 11 日，深圳市中级人民法院以指控依据不足为由宣告朱某某无罪。同月 19 日，朱某某被释放。同月 25 日，深圳市人民检察院向广东省高级人民法院提出抗诉。案件审理过程中，广东省人民检察院认为抗诉不当，向广东省高级人民法院撤回抗诉。2010 年 3 月 25 日，广东省高级人民法院作出（2008）粤高法刑二终字第 326 号刑事裁定，准许广东省人民检察院撤回抗诉。朱某某被羁押时间共计 875 天。

2011 年 3 月 15 日，朱某某以无罪逮捕为由向广东省人民检察院申请国家赔偿，要求赔偿侵犯人身自由 873 天的赔偿金 10.95 万元，精神损害抚慰金 200 万元，其他损失 2933.477 万元。广东省人民检察院认为，对朱某某申请赔礼道歉、消除影响、恢复名誉，支付侵犯人身自由的赔偿金的请求，应予受理；其他请求不属于该院赔偿范围，不予受理。遂于同年 7 月 19 日作出刑事赔偿决定：（1）按照 2010 年度全国职工日平均工资标准支付侵犯人身自由的赔偿金 124254.09 元（142.33 元×873 天）；（2）口头赔礼道歉并依法在职能范围内为朱某某恢复生产提供方便；（3）对支付精神损害抚慰金的请求不予支持。2011 年 9 月 5 日，广东省高级人民法院、广东省人民检察院、广东省公安厅联合发布粤高法（2011）382 号《关于在国家赔偿工作中适用精神损害

---

[*]　参见《朱某某申请广东省人民检察院无罪逮捕国家赔偿决定书》，载中国裁判文书网，http://wenshu.court.gov.cn。

抚慰金若干问题的座谈会纪要》。该纪要发布后，广东省人民检察院表示可据此支付精神损害抚慰金。

朱某某不服广东省人民检察院 2011 年 7 月 19 日作出的刑事赔偿决定，向最高人民检察院申请复议。最高人民检察院逾期未作复议决定，朱某某向最高人民法院赔偿委员会申请。

最高人民法院赔偿委员会于 2012 年 6 月 18 日作出（2011）法委赔字第 4号国家赔偿决定认为，赔偿请求人朱某某于 2011 年 3 月 15 日向赔偿义务机关广东省人民检察院提出赔偿请求，本案应适用修订后的国家赔偿法。关于广东省人民检察院向朱某某支付侵犯人身自由的赔偿金 124254.09 元的决定。朱某某实际羁押时间为 875 天，广东省人民检察院计算为 873 天有误，应予纠正。根据最高人民法院《关于人民法院执行〈中华人民共和国国家赔偿法〉几个问题的解释》第 6 条规定，广东省人民检察院以作出刑事赔偿决定时的上年度即 2010 年度全国职工日平均工资 142.33 元为赔偿标准，并无不当，但本院赔偿委员会变更赔偿义务机关尚未生效的赔偿决定，应以作出本赔偿决定时的上年度即 2011 年度全国职工日平均工资 162.65 元为赔偿标准。因此，广东省人民检察院应按照 2011 年度全国职工日平均工资标准向朱某某支付侵犯人身自由 875 天的赔偿金 142318.75 元。

关于朱某某提出广东省人民检察院在深圳、无锡以登报方式赔礼道歉、消除影响、恢复名誉，并支付精神损害抚慰金 200 万元的请求。朱某某经由深圳市中级人民法院判决宣告无罪，广东省人民检察院已决定向朱某某以口头方式赔礼道歉，并为其恢复生产提供方便，从而在侵权行为范围内为朱某某消除影响、恢复名誉，该项决定应予维持。朱某某另要求广东省人民检察院以登报方式赔礼道歉，不予支持。朱某某被羁押 875 天，正常的家庭生活和公司经营也因此受到影响，应认定精神损害后果严重。广东省人民检察院在粤高法（2011）382 号《关于在国家赔偿工作中适用精神损害抚慰金若干问题的座谈会纪要》发布后表示可按照该纪要支付精神损害抚慰金。对朱某某主张的精神损害抚慰金，本院赔偿委员会根据本案实际情况确定为 50000 元。

朱某某申请广东省人民检察院赔偿被扣押车辆损失，由于广东省人民检察院未实施扣押车辆的行为，且广东省高级人民法院赔偿委员会另案审理认为朱某某并非车辆所有权人，其申请于法无据。朱某某提出赔偿被拍卖房产损失的请求，与广东省人民检察院职权行为无涉，不予支持。朱某某提出赔付职务工资损失、银行信用卡欠款本息、社会保险费、公司无法上市损失、应收工程账款损失，对公司解除股权查封、恢复专利权、免除税赋、延长特种产品许可期、解除投资关系等其他请求，不属于国家赔偿法规定的赔偿范围，不予支持。维持广东省人民检察院粤检赔决（2011）1号刑事赔偿决定第二项；撤销广东省人民检察院粤检赔决（2011）1号刑事赔偿决定第一、三项；对朱某某主张的精神损害抚慰金，根据自2005年朱某某被羁押以来深圳一和实业有限公司不能正常经营，朱某某之女患抑郁症未愈，广东省人民检察院向朱某某支付精神损害抚慰金50000元；驳回朱某某的其他赔偿请求。

▶ 案件评析

《公民权利和政治权利国际公约》将错案赔偿与刑事诉讼中非法限制人身自由的补偿分开，错案赔偿属于公正审判权利的内容，规定在《公民权利和政治权利国际公约》第14条之下，非法侵犯人身自由权的规定是在《公民权利和政治权利国际公约》第9条自由权之下。《公民权利和政治权利国际公约》第9条第5款规定："任何遭受非法逮捕或拘禁的受害者，有得到补偿的权利。"这一条不限于刑事诉讼，还包括一切形式的非法逮捕和拘禁。对于被逮捕和拘禁者，如果在这些情况下还对其提起了刑事指控，那么第9条第2款、第3款以及第14条的全部保护都应被授予被羁押人。在这种情况下，因非法逮捕和拘禁而得到补偿的权利与《公民权利和政治权利国际公约》第14条中误审得到赔偿的权利性质是一样的。

《公民权利和政治权利国际公约》中关于非法逮捕和拘禁的问题主要包括两种情形：第一种是政府机关的工作人员违反法律，超越职权对被害人实施非法拘禁。这种情况应当由该政府机关补偿，行为人也应当同时承担刑事和民事责任。第二种是政府机关及其工作人员在职权范围内对被害人实施非法逮捕和拘禁，政府机关和工作人员都应当承担责任。《公民权利和政治权利国际公约》本身没有进一步解释非法逮捕和拘禁的定义和构成。这方面可以参照联合国大会1988年12月9日通过的《保护所有遭受任何形式拘留或监禁的人的原则》。该原则首先对"逮捕""拘禁"等行为作出了定义：（a）"逮捕"是指因指控的罪行或根据当局的行动扣押某人的行为；（b）"被拘留人"是指除因定罪以外被剥夺人身自由的任何人；（c）"被监禁人"是指因定罪而被剥夺人身自由的任何人；（d）"拘留"是指上述被拘留人的状况；（e）"监禁"是指上述被监禁的人的状况；（f）"司法当局或者其他当局"指根据法律其地位及任期能够最有力地保证其称职，公正和独立的司法当局或者其他当局。该原则也没有规定什么是"非法逮捕和拘禁"，但是，它通过制定一系列的规定说明了合法逮捕和拘禁的部分条件，人们可以得出这样的结论，即不符合法律规定的条件的逮捕和拘禁是非法的逮捕和拘禁。如其第4条规定："任何形式的拘留或监禁以及影响到在任何形式拘留或监禁下的人的人权的一切措施，均应由司法当局或其他当局以命令为之，或受其有效控制。"根据这条原则，任何不符合这条原则的拘留和逮捕都是非法拘留和逮捕。该原则还对逮捕和拘留的程序作出规定。如其第 10 条规定："任何人在被逮捕时应被告知将其逮捕的理由，并应立即被告知对他指出的任何指控。"由此可知，如果逮捕时不告知理由或指控即可构成非法逮捕。《保护所有遭受任何形式拘留或监禁的人的原则》第 11 条规定："任何人如未及时得到司法当局或其他当局审问的有效机会，不应予以拘留。被拘留人应有权为自己辩护或依法由律师协助辩护。"由此可知，如果逮捕以后该人得不到被讯问的机会，或不能行使辩护权，则可能构成非法拘留。

对于非法逮捕和拘留的补偿问题，《原则》第 35 条有明确规定："政府官员因违反本原则所载权利的行为或不行为而造成的损害应按照国内法规定的关于赔偿责任的现行规则加以补偿。"之所以这样规定，是因为各国对于补偿规定差异较大，联合国难以达成统一，从而留给国内法解决。

但是，联合国对被非法拘禁的人的补偿问题还是很重视的。在其他文件中可以找到比较具体的规定，如 1989 年 5 月 24 日，联合国经社理事会通过了《为罪行和滥用权力行为受害者取得公理的基本原则宣言》，同年 11 月 29 日联和国大会第 96 次全体会议也通过了该宣言，其中第 8 条规定："罪犯或应对其行为负责的第三方应视情况向受害者、他们的家属或受养人作出公平的赔偿，这种赔偿应包括归还财产、赔偿伤害或损失、偿还因受害情况产生的费用、提供服务和恢复权利。"具体到非法逮捕和拘禁的情况，这里的罪犯应当指滥用权力进行非法逮捕和拘禁的司法机关或警察或应当对此负责的人；这里的受害者指遭遇非法逮捕和羁押的人。《为罪行和滥用权力行为受害者取得公理的基本原则宣言》第 11 条还规定："在政府官员或其他以官方或半官方身份行事的代理人违反了国家刑事法律时，受害者应从其官员或代理人造成伤害的国家取得赔偿，在致害行为或不行为发生时的政府已不复存在时，则继承该国的国家或政府应向受害者作出赔偿。"这就明确了政府对于其工作人员或代理人的非法行为具有赔偿的责任。《为罪行和滥用权力行为受害者取得公理的基本原则宣言》第 12 条进一步规定："当无法从罪犯或其他来源得到充分的补偿时，会员国应设法向下列人等提供金钱上的补偿：（1）遭受严重罪行造成的重大身体伤害或身心健康损害的受害者；（2）由于这种受害情况致使受害者死亡或身心残障，其家属，特别是受养人。"

考虑到国内的补偿可能不能完全落实的情况，1990 年 5 月 24 日，联合国经社理事会又通过了第 1990/22 决议，其中第 6 条写道："请（联合国）秘书长进一步设想在国内渠道可能不充分的情况下使受害者得到申诉和补偿的国际手段。"1990 年联合国第八届预防犯罪和罪犯待遇大会通过了《对罪行和滥用权力行为受害者人权保护》的决议，其中第 4 条写道："建议各国政府考虑为罪行和滥用权力行为受害者提供公共社会支助服务，并应支持各种与文化相符的受害者援助、信息和赔偿方案。"

2010 年，我国对《国家赔偿法》进行修改，修改后的《国家赔偿法》确立多元归责原则，由单一违法归责转变为违法和结果并行的多元归责原则。具体体现在《国家赔偿法》第 2 条第 1 款的变化上。刑事赔偿部分"错误逮捕"修改为无罪羁押赔偿，即只要是撤销案件、不起诉或宣告无罪的案件，其刑事诉讼的最终结论是无罪处理的，如果没有国家免责情形，则无论逮捕时是否符合法律规定，无论是否因为其他证据上的变化而导致无罪的结果，均应予以赔偿。这表明刑事赔偿中结果归责原则的确立。但因刑事拘留引发的刑事赔偿仍保留为违法归责原则。也就是说，根据新法的规定，不"违法"行使职权，国家机关也可能要进行国家赔偿，国家机关和国家机关工作人员行使职权（无论该行使职权行为是否违法）时如果侵犯公民、法人和其他组织合法权益并造成损害的，受害人即有权取得国家赔偿。朱某某案件中，"2005 年 7 月 25 日，广东省深圳市公安局以涉嫌犯合同诈骗罪将其刑事拘留。同年 8 月 24 日，广东省深圳市人民检察院作出不予批准逮捕决定。同月 26 日，其被取保候审。2006 年 5 月 26 日，广东省人民检察院作出批准逮捕朱某某。同年 6 月 1 日，朱某某被执行逮捕。2007 年 2 月 13 日，深圳市人民检察院向广东省深圳市中级人民法院提起公诉，指控朱某某犯合同诈骗罪。2008 年 9 月 11 日，深圳市中级人民法院以指控依据不足为由宣告朱某某无罪。同月 19 日，朱某某被释放。同月 25 日，深圳市人民检察院向广东省高级人民法院提出抗诉。案件审理过程中，广东省人民检察院认为抗诉不当，向广东省高级人民法院撤回抗诉。2010 年 3 月 25 日，广东省高级人民法院刑事裁定，准许广东省人民检察院撤回抗诉。朱某某被羁押时间共计 875 天"。该案经过了侦查、起诉、审判环节，虽然一审法院认为证据不足指控的罪名不能成立作出无罪判决，基于案件现实情况的纷繁复杂，很难说侦查机关、检察机关作出逮捕决定具有违法性，出于对被羁押人身自由权保障的需要，仍然需要承担赔偿义务。最终，广东省人民检察院应按照 2011 年度全国职工日平均工资标准向其支付侵犯人身自由 875 天的赔偿金 142318.75 元。

修改后的国家赔偿法取消了赔偿义务机关的确认程序，规定"赔偿请求人应先向赔偿义务机关提出请求，义务机关应当在两个月内作出决定，如果没有按照法定期限作出赔偿决定或者请求人对作出的赔偿决定有异议，可以向其上一级机关申请复议，如果对复议结果不服还可以向人民法院赔偿委员会提出赔偿申请"。本案中，根据修改后的国家赔偿法的规定，朱某某不服广东省人民检察院 2011 年 7 月 19 日作出的刑事赔偿决定，向最高人民检察院申请复议。最高人民检察院逾期未作复议决定，朱某某向最高人民法院赔偿委员会申请。对被羁押人来说，不经过确认程序直接提起赔偿申请，对赔偿决定不服可以申请复议，逾期未作复议决定可以直接向同级人民法院赔偿委员会申请赔偿的程序规定，简化赔偿程序，降低申请国家赔偿门槛，更有利于保障其司法救济权利。

修改后的《国家赔偿法》将精神损害纳入国家赔偿范围，这是我国立法在综合民意，总结司法实践的基础上，在民主法治的道路上迈出的令人瞩目一步。原法规定国家赔偿的标准过低，而且没有涉及精神损害赔偿，仅规定"造成受害人名誉权、荣誉权损害的应当在侵权行为影响的范围内为受害人消除影响、恢复名誉、赔礼道歉"。国家赔偿法将精神赔偿纳入国家赔偿的范围，将从保障人权的角度，给予申请人最大保护。根据修改后的国家赔偿法的规定，国家机关及其工作人员在行使职权时侵犯公民人身权，致人精神损害的，应当在侵权行为影响的范围内，为受害人消除影响，恢复名誉，赔礼道歉；造成严重后果的，应当支付相应的精神损害抚慰金。本案中，朱某某被羁押 875 天，将近三年时间。其女于父亲被刑事拘留时未满 18 周岁。根据苏州市广济医院病历、无锡市精神卫生中心疾病证明等记载，其女于 2001 年出现肠易激惹综合症，2012 年 2 月 21 日抑郁症未愈。深圳一和公司因其被羁押，2005 年以来未参加年检，2009 年经营期限届满未申请延期，公司业务处于停顿状态。可以说，正常的家庭生活和公司经营受到较大影响，应认定精神损害后果严重。广东省人民检察院向朱某某支付精神损害抚慰金 50000 元，既有利于保护当事人的合法权益，也体现出彰显公平正义、保障基本人权的精神。

案例 29　杨某某、王某某申请辽宁省辽中县人民检察院刑事违法扣押国家赔偿案^{*}

案例 29 杨某某、王某某申请辽宁省 辽中县人民检察院刑事违法 扣押国家赔偿案[*]

> **案件概要**

　　1992 年七八月间，王某成（已故，系共同赔偿请求人杨某某的丈夫、王某某的父亲）与辽宁省辽中县肖寨门供销社口头达成承包经营该社废旧物收购站的协议，双方约定了经营范围、方式、纳税及利润分配等问题，明确由辽宁省辽中县肖寨门供销社提供经营执照及银行账户，其后王某成按约定交纳了销售额的 3%。1993 年 4 月 3 日，辽宁省辽中县人民检察院以王某成涉嫌偷税为由对其刑事拘留，同月 17 日决定对其取保候审并予以释放。王某成被限制人身自由 15 天。经辽中县人民检察院委托沈阳市税务咨询事务所鉴定，认定王某成属无证经营，其行为构成偷税。1994 年 3 月 3 日，辽中县人民检察院向辽中县人民法院提起公诉。同年 6 月 6 日，辽中县人民法院以事实不清、证据不足为由，退回辽中县人民检察院补充侦查。经补充侦查，辽中县人民检察院认为王某成不是独立纳税人，非纳税主体，纳税申报应是作为企业法人的供销社的义务，因此王某成不能被认为无证经营，亦不构成偷税罪，决定撤销此案。王某成向辽中县人民检察院申请退回收缴的税款，该院以已经上缴税务机关为由不予退还。2007 年 7 月 13 日，王某成病故。其后，王某成的妻子杨某某作为王某成的继承人向辽中县人民检察院申请国家赔偿。另，王某成涉嫌偷税案侦办过程中，辽中县人民检察院先后三次从辽中县肖寨门供销社账户扣划的 125681 元为王某成所有。辽中县人民检察院先后七次共扣押、扣划王某成 168681 元，除去退还 7500 元，共有 161181 元未返还。

　　辽中县人民检察院作出辽检刑赔字〔2012〕1 号刑事赔偿决定，决定返还扣押的税款 47500 元；赔偿王某成被羁押期间的误工费 2439.75 元。杨某某不服，向沈阳市人民检察院申请复议，沈阳市人民检察院逾期未作决定，杨某某

　　* 载 http：//www.chinacourt.org/article/detail/2016/01/id/1783935.shtml。

遂向沈阳市中级人民法院赔偿委员会申请作出赔偿决定。该院作出（2013）沈中委赔字第 4 号决定，维持辽中县人民检察院赔偿王某成被羁押期间的误工费 2439.75 元、返还扣押的税款 47500 元的决定；增加返还杨某某 47500 元的利息和精神损害抚慰金 1000 元。杨某某向辽宁省高级人民法院提出申诉，辽宁省高级人民法院赔偿委员会（2013）辽法委赔监字第 30 号驳回申诉通知驳回了杨某某申诉。其后，最高人民法院赔偿委员会作出（2014）赔监字第 25 号决定，决定对本案进行直接审理，并作出（2014）赔监字第 25 号国家赔偿决定，维持辽中县人民检察院赔偿王某成人身自由赔偿金 2439.75 元和精神损害抚慰金 1000 元的决定；决定由辽中县人民检察院赔偿杨某某、王某某 161181 元及利息。

▶ 案件评析

《世界人权宣言》第 17 条规定"人人有权单独或与他人共同拥有财产；任何人的财产不得被任意剥夺"，这一条文规定十分简单，没有涉及财产权的获取和限制问题。《经济、社会及文化权利国际公约》以及《公民权利和政治权利国际公约》也都没有关于财产权的规定。原因在于各国经济制度的多样性，以及联合国中代表各种思想和政治利益的集团不能取得一致意见，因此财产权在受到国际保护的人权中是有争议的。

此后，联合国对个人财产权问题的关注主要通过大会决议的形式表现。1975 年 12 月 9 日，联合国大会通过的《残疾人权利宣言》中提出，残疾人如确需合格的法律顾问协助以保护其财产时，应能获得这种协助；1986 年起，联合国大会三次通过标题为"尊重每个人的单独的财产所有权以及同他人合有的所有权和此种权利对各会员国经济和社会发展的贡献"的决议，建议各国采取措施确保《世界人权宣言》第 17 条的落实，同时强调个人行使财产权时应当按照《世界人权宣言》第 29 条的规定，只受法律规定的限制，且其目的只在于保证对他人权利和自由应有的尊重，以及满足民主社会道德、公共秩序和普遍福利的正当要求。由于上述文件不具有法律上的约束力，联合国框架下的人权条约对一般个人财产权的保护力度与其他权利相比明显偏弱。

财产权虽然没有被纳入公约，但是并不意味着财产权不是一项普遍性人权。事实上，除《世界人权宣言》外，还有许多其他区域人权文件将财产权作为基本人权加以保障。比较有代表性的是《欧洲人权条约第 1 议定书》第 1 条规定："每一个自然人或法人均有资格和平地享有其所有物。非为公共的利益及依据法律和国际法一般原则所规定的条件，任何人的所有物均不得被剥夺。但上述条文不得以任何形式损害国家在它认为必要时实施法律的权利，以便根据普遍利益控制财产使用或者确保税收或其他捐款或罚款的支付。"可见，欧洲人权法虽然对剥夺个人财产设定了限制性条件，但也承认国家有权平衡个人财权和公共利益。

《刑事诉讼法》将搜查和扣押的权利完全授予了侦查人员，该法第 143 条规定："为了收集犯罪证据、查获犯罪人，侦查人员可以对犯罪嫌疑人以及可能隐藏罪犯或者犯罪证据的人的身体、物品、住处和其他有关的地方进行搜查。"第 139 条规定："在侦查活动中发现的可用以证明犯罪嫌疑人有罪或无罪的各种财物、文件，应当查封、扣押；与案件无关的财物、文件，不得查封、扣押。"所谓"扣押"，是指刑事诉讼中的一种强制性措施，主要是为了收集证据、保全证据，同时也能确保在法庭确认被指控人的犯罪之后没收犯罪所得的顺利执行或挽回被害人的财产损失。侦查为办案需要，临时扣押犯罪嫌疑人的财物，实有必要。不过，需要注意的是，由于扣押财物关乎公民、法人的切身利益，侦查机关必须在法律的规定内规范行使职权，不能任性而为。从权责对等的法治原则来说，依法应当退还的财物而不退还应承担退还责任；造成财物损失或灭失的，还应承担赔偿责任。如果对依法退还的扣押物不退还，甚至造成了灭失也不给予赔偿，对涉案当事人来说，显然不公平。而且司法实践中，某件物品是否与案件有关，不是由当事人说了算，而是执行搜查的人说了算。况且在搜查时很难判断某件物品是与案件有关还是无关，因此，实际上对扣押没有什么限制，侦查人员可以扣押一切他们认为可以扣押的物品。从以往的案例来看，侦查机关在刑事案件侦查中扣押涉案财物，曾出现随意扣押、财物丢失等不规范行为。在侦查机关刑事扣押不规范而饱受诟病的背景下，依法让侦查机关承担国家刑事赔偿责任，是对公权力的规范和控制，必将形成强有力的倒逼机制，促使侦查机关更加规范行使扣押行为，从而有效减少违法扣押行为的发生。

侦查机关违法扣押侵犯财产权的赔偿根据的是《国家赔偿法》第 18 条规定"行使侦查、检察、审判职权的机关以及看守所、监狱管理机关及其工作人员在行使职权时有下列侵犯财产权情形之一的，受害人有取得赔偿的权利：（一）违法对财产采取查封、扣押、冻结、追缴等措施的；（二）依照审判监督程序再审改判无罪，原判罚金、没收财产已经执行的。"本案中辽中县检察院在侦查王某成偷税案时扣押了其钱款，后因不构成偷税罪而撤销案件，但当时划扣的钱款一直未予返还。此种情形，即刑事案件终结后，办案机关不予返还扣押财产，属于《国家赔偿法》第 18 条规定的侵犯财产权的刑事赔偿范围。本案检察机关以收缴的财产已上缴税务机关为由不予返还，理由不能成立。辽中县人民检察院除了赔偿王某成人身自由赔偿金 2439.75 元和精神损害抚慰金 1000 元，还要赔偿杨某某、王某某 161181 元及利息。本案的处理，让受害当事人的利益依法得到了保障，体现了国家赔偿法保护合法财产权利的权利救济法本质，也体现了规范公权力行使的国家治理功能。

特别需要指出的是，本案中，辽中县人民检察院先后 7 次共扣押、扣划王某成 168681 元，除去退还 7500 元，共有 161181 元未返还。最终，辽中县人民检察院除赔偿扣押杨某某、王某某 161181 元外，还给付当事人利息。但是材料中没有显示计算利息的起点。通常，刑事扣押赔偿采取违法归责原则，不能对案件作出最终处理结果之前的扣押期间计息，如果这样做，则意味着扣押从一开始就是违法的，这与案件实际情况不符。因为侦查机关在侦查活动中依法享有扣押涉案财物的权力，刑事判决的证明标准也高于侦查阶段的证明标准，法院对案件事实与证据的审查与判断并不意味着侦查扣押行为违法。本案中，辽中县人民法院以事实不清、证据不足为由，退回辽中县人民检察院补充侦查，也能作出侦查扣押行为违法的当然判断。目前，关于国家赔偿所涉的利息赔偿问题，法律上仅有原则性的规定，以致司法实践中难以操作，在一定程度上掣肘了国家赔偿法的全面实施。2015 年 12 月 2 日，最高人民法院在沈阳北鹏房地产开发有限公司申请辽宁省公安厅刑事违法扣押赔偿案中，就该方面的法律适用作出了具体阐述，"为充分体现国家赔偿的公正性，妥善解决本案争议的 2000 万元扣押款损失赔偿问题，合议庭遵循立法原意和实践经验，建议以作出赔偿决定时同期银行活期存款利率为标准计息，对刑事判决生效前合法扣押的损失予以适当弥补，以作出赔偿决定时整存整取一年定期存款利率为标准计息，对刑事判决生效后违法扣押的损失予以赔偿"。最高人民法院的处理方式为今后审理类似案件提供了司法实践的典型"判例"样本，必将起到统一司法标准的示范作用。这对依法推进国家赔偿法的贯彻实施，发挥司法对国家机关及其工作人员依法履职的监督作用，修复提升国家机关公信力，更具有重大的现实示范意义。

第七章

民事检察与人权保障

案例 30 刘某与苏某、某园林工程公司、某置业公司生命权、健康权、身体权纠纷抗诉案[*]

案例 30 刘某与苏某、某园林工程公司、
某置业公司生命权、健康权、
身体权纠纷抗诉案[*]

▶ **案件概要**

2009 年 11 月 19 日，湖北某置业公司将其一园林景观工程发包给武汉某园林工程公司，两公司约定园林工程公司不得再转让工程，否则一切损失均由其自行承担。后园林工程公司将承包范围内一小区地下车库入口处地面钢结构上雨棚玻璃安装业务分包给有从事玻璃安装营业执照的苏某。2010 年 1 月 13 日，刘某受苏某雇请安装雨棚玻璃。1 月 17 日，刘某在施工中从钢结构上摔下受伤。经鉴定，刘某残疾程度属五级，劳动能力完全丧失；精神状态、智力状态属六级残疾。2010 年 12 月，刘某起诉至法院。一、二审法院均判决雇主苏某承担 60% 的主要责任；刘某因自身有一定过错，承担 30% 的次要责任；园林工程公司虽转包给有相应资质的苏某，但疏于安全管理，承担 10% 的赔偿责任；某置业公司因合同约定不得擅自转包而不承担赔偿责任。

刘某申请再审被驳回后，向检察机关申请监督。检察机关审查认为，苏某虽有从事玻璃安装的营业执照，但不具备从事建筑活动的相应资质的主体资格，因此不具备承接雨棚玻璃工程的资质。根据最高人民法院《关于审理人身损害赔偿案件适用法律若干问题的解释》的有关规定，园林工程公司应与雇主苏某承担连带责任，终审判决二者对刘某承担按份责任属适用法律错误。检察机关抗诉后，人民法院完全采纳检察机关的抗诉意见，依法改判。

▶ **案件评析**

这是民事检察保护人权内容中属于人身健康权的案件。

民事检察的一个重要目的是保护公民的民事权利，其中尤以人身权利的保

---

* 参见最高人民检察院发布的《修改后民诉法实施以来民事检察监督典型案例》，载《检察日报》2014 年 9 月 26 日。

护地位最为突出。我国《民法通则》第五章专门规定了人身权一节，我国《侵权责任法》第 2 条规定："侵害民事权益，应当依照本法承担侵权责任。本法所称民事权益，包括生命权、健康权、姓名权、名誉权、荣誉权、肖像权、隐私权、婚姻自主权、监护权、所有权、用益物权、担保物权、著作权、专利权、商标专用权、发现权、股权、继承权等人身、财产权益。"彰显我国民事法律对人身权保护的高度重视。为了防止和纠正审判实践中发生的对人身权的侵犯，《人民检察院民事诉讼监督规则（试行）》第 2 条规定："人民检察院依法独立行使检察权，通过办理民事诉讼监督案件，维护司法公正和司法权威，维护国家利益和社会公共利益，维护公民、法人和其他组织的合法权益，保障国家法律的统一正确实施。"

人身权既是民事主体赖以生存的民事权利，同时也是自然人享有的最基本的人权内容。《公民权利和政治权利国际公约》规定了公民个人所应享有的权利和基本自由，主要包括：生命、自由和人身安全的权利，不得使为奴隶和免于奴役的自由，免受酷刑的自由，法律人格权，司法补救权，不受任意逮捕、拘役或放逐的自由，公正和公开审讯权，无罪推定权，私生活、家庭、住房或通信不受任意干涉的自由，迁徙自由，享有国籍的权利，婚姻家庭权，财产所有权，思想、良心和宗教的自由，享有主张和发表意见的自由，结社和集会的自由，参政权。

人身的存在和安全的维护是自然人在法律上存在的基础，也是享有其他权利的前提。而人身在法律上获得的保护，是通过把人身利益外化为一些具体的人格权利进行的，如自然人享有生命权、健康权、身体权等。因此，侵犯生命权、健康权、身体权等人身权就是侵犯人权的具体表现。司法裁判若不能对人身权提供正确有效的保护，实际上也就是没有尽到保护人权的作用。本案的典型意义就在于：本案涉及公民人身权利的保护，法院判决在责任性质和承担的认定上存在错误，没有切实保护权利人的人身权利，检察机关依据相关法律规定，提出抗诉，有效保护了权利人的民事权利和具体人权。

从民事检察监督的角度看，对于法院错误的生效判决、裁定、调解书，检察机关可以用抗诉或者再审检察建议的方式进行监督。这两种监督方式各有特点，抗诉监督刚性强，必然引起法院的再审程序。且监督关系层级高，容易受到重视；再审检察建议比较柔性，是同级监督，但适用灵活。对于具体监督方式的选择，《人民检察院民事诉讼监督规则（试行）》规定了原则性的意见。该规则第 85 条规定："地方各级人民检察院发现同级人民法院已经发生法律效力的民事判决、裁定具有下列情形之一的，应当提请上一级人民检察院抗诉：（一）原判决、裁定适用法律确有错误的；（二）审判人员在审理该案件时有贪污受贿、徇私舞弊、枉法裁判行为的。"对于生效裁判具有违反《民事诉讼法》第 200 条其他规定情形的，首先可以考虑适用再审检察建议进行监督。

本案法院应判决园林工程公司与雇主苏某对刘某承担连带责任，终审判决二者对刘某承担按份责任属适用法律错误。适用法律确有错误，是比较严重的裁判错误情形，受害人的权利将得不到充分的保障和救济，因此检察机关适用抗诉的方式进行监督，是必要和正确的，既有效地保护了当事人的民事权利，也维护了公民的基本人权。

案例 31　周某某申请撤销宣告无民事行为能力判决再审检察建议案*

▶ 案件概要

周某某原系重庆市巴南区农牧渔业局职工。1998 年年初，周某某因对分房政策不满与单位领导发生冲突，重庆市巴南区农牧渔业局（以下简称巴南区农业局）领导以周某某犯诽谤罪为由，向重庆市巴南区人民法院提起刑事自诉，后于 1999 年 3 月 4 日撤回自诉。案件审理中，巴南区人民法院委托重庆法医验伤所对周某某进行有无精神病及责任能力的鉴定。1998 年 12 月 29 日，重庆法医验伤所作出（1998）法精鉴字 12 第 113 号《司法精神病鉴定书》，结论为"偏执性人格障碍、妄想性精神病，目前无辨认能力及责任能力，建议住院治疗"。此后，巴南区农业局向巴南区人民法院提出申请，要求宣告周某某为无民事行为能力人，并于 1999 年 5 月 14 日对周某某停薪停职至 2008 年。1999 年 2 月 26 日，经相关单位委托，具有精神病医学鉴定资格的华西医科大学法医学技术鉴定中心鉴定结果表明：周某某"无精神病确切证据"。

2000 年 5 月 20 日，巴南区人民法院依据重庆法医验伤所（1998）法精鉴字 12 第 113 号《司法精神病鉴定书》，判决：（1）宣告周某某为无民事行为能力人；（2）指定周某桂为周某某的监护人。周某某被强行送往精神病医院关了 93 天，后被家人想办法接出。

周某某以该判决存在实体和程序错误为由，向巴南区人民法院起诉，要求撤销对其无民事行为能力的宣告。法院以周某某不配合进行重新鉴定为由，判决驳回周某某的诉讼请求。

为防止再次被送进精神病院，周某某逃亡期间，其用发电报的方式，不断地给最高人民检察院、最高人民法院等单位反映情况，受到最高检和重庆市检察院、重庆市高院和巴南区检察院等领导的高度重视。检察机关审查后认为，

---

* 参见最高人民检察院行政检察厅编：《人民检察院民事行政抗诉案例选》（第十五集），中国检察出版社 2009 年版。

重庆市巴南区人民法院（2000）巴鱼民特字第 1 号民事判决在程序和实体上均存在严重错误：

1. 巴南区人民法院对该案的审理程序违反《民事诉讼法》第 172 条之规定，即"人民法院审理认定公民无民事行为能力或者限制民事行为能力的案件，应当由该公民的近亲属为代理人，但申请人除外。近亲属互相推诿的，由人民法院指定其中一人为代理人。该公民健康情况许可的，还应当询问本人的意见"。但法院没有通知任何代理人参加诉讼，剥夺了被申请人的基本诉讼权利，并直接导致认定事实错误。

2. 该判决在实体上存在以下错误：第一，判决据以认定周某某无民事行为能力的重庆法医验伤所（1998）法精鉴字 12 第 113 号《司法精神病鉴定书》存在重大瑕疵：一是根据国务院办公厅及重庆市人民政府相关文件的规定，重庆法医验伤所并无司法精神病鉴定的资格；二是该鉴定书形式要件违法，没有鉴定人的亲笔签名（系打印），也没有加盖司法精神病鉴定专用章，而是加盖的"重庆法医验伤所的鉴定专用章"；三是该鉴定书所述情况不实。《鉴定书》称："学校老师反映周有点神，母系及父系中均有精神病史等。"检察机关经调查走访周某某的住所及其父母所在的村社并调取周的档案材料，证明《鉴定书》所述情况不实。第二，2000 年 5 月 20 日，巴南区人民法院判决宣告周某某无民事行为能力的依据是一年多以前（1998 年 12 月 29 日）所作出的《司法精神病鉴定书》，因此，该鉴定书在诉讼中并无即时（现实）的证明力。第三，判决"指定周某桂为被申请人周某某的监护人"错误。《民法通则》第 17 条第 1 款规定："无民事行为能力或者限制民事行为能力的精神病人，由下列人员担任监护人：（一）配偶；（二）父母；（三）成年子女；（四）其他近亲属；（五）关系密切的其他亲属、朋友愿意承担监护责任，经精神病人的所在单位或者住所地的居民委员会、村民委员会同意的。"据调查，周某某的父母、弟妹均健在，而周某桂并非周的近亲属，对巴南区人民法院的指定既不知情，也不愿承担监护人职责。

鉴于巴南区人民法院的民事判决是按特别程序审理的案件，法院不接受检察机关的抗诉。2005 年 4 月 20 日，巴南区人民检察院向巴南区人民法院发出检察建议书，建议其依法予以纠正。但区法院通知区检察院撤回检察建议，理由是该案不能再审，且前次审理时因周某某不配合重新鉴定，故未撤销原判。对此，周某某表示，在原民事判决未撤销之前，他不会去鉴定，理由是该判决本身在实体和程序上都有错误（不论是否有精神病），这是明确的事实。如果现在去鉴定，只能证明现在的事实，不能以现在鉴定的结论去纠正原来错误的判决。2005 年 7 月 31 日，重庆市人民检察院向重庆市高级人民法院发出《关于建议对周某某申诉案件以及时妥善处理的函》。同年 8 月 15 日，市高级法院将函件转送巴南区人民法院，并责成该院对此案进行复查纠正。

2005 年 12 月 28 日，巴南区人民法院根据周某某所在单位重庆市巴南区农村经营管理站的申请，作出重庆市巴南区人民法院（2006）巴鱼民特字 5 号民事判决：（1）撤销周某桂为周某某的监护人资格；（2）指定巴南区农村经营管理站为周某某的监护人。

2007 年，巴南区农村经营管理站向巴南区人民法院申请恢复周某某民事行为能力。同年 8 月 10 日，针对重庆市第五中级人民法院就该案的请示，重庆市高级人民法院经审判委员会研究后作出（2007）渝高法民示字第 10 号《关于重庆市巴南区农村经营管理站申请恢复周某某民事行为能力一案的答复》，决定：由重庆市高级人民法院召集重庆市第五中级人民法院及巴南区人民法院，并会同重庆市人民检察院及巴南区有关部门进行协调，由巴南区有关部门就裁判后相关善后问题的处理提出具体方案；动员周某某所在单位将诉讼请求变更为"申请撤销（2000）巴鱼民特字第 1 号民事判决和（2006）巴鱼民特字 5 号民事判决"。

2008 年 1 月 29 日，巴南区人民法院根据周某某的监护人巴南区农村经营管理站的申请，作出巴南区人民法院（2006）巴鱼民特字 7 号民事判决：（1）撤销本院（2000）巴鱼民特字第 1 号民事判决；（2）撤销本院（2006）巴鱼民特字 5 号民事判决。同时，在检察机关和有关部门的关注和协调下，周某某的工作和生活问题也得到了较为妥善的解决。

> ## 案件评析

这是民事检察保护人权内容中属于人身自由权的案件。

《世界人权宣言》及《公民权利和政治权利国际公约》明确规定了公民个人所应享有的权利和基本自由。自由是人们为了生存、生活、发展所享有的一项基本权利，包含多方面的内容。在我国民事法律中，也把人格自由视为基本的人身权利，属于一般人格权的内容。侵犯自由权，依法应当承担民事责任。检察机关也应当积极履行职责，保护自然人的自由权利不受侵犯。

本案是一起法院利用特别程序作出强制医疗判决侵犯人权的案件。强制医疗是限制人身自由的医疗手段，针对精神疾病的患者实施，以防止对社会和他人的侵害。强制医疗因以限制人身自由为前提，所以实施一定要慎重，要严格依照法定条件和程序进行，不能将不符合医疗条件的人予以强制医疗，否则是对人权的严重侵犯。

本案中，法院在审理程序、法律适用等方面均存在严重违法，造成了对公民权利的严重侵犯。首先，《民法通则》第17条规定："无民事行为能力或者限制民事行为能力的精神病人，由下列人员担任监护人：（一）配偶；（二）父母；（三）成年子女；（四）其他近亲属；（五）关系密切的其他亲属、朋友愿意承担监护责任，经精神病人的所在单位或者住所地的居民委员会、村民委员会同意的。对担任监护人有争议的，由精神病人的所在单位或者住所地的居民委员会、村民委员会在近亲属中指定。对指定不服提起诉讼的，由人民法院裁决。没有第一款规定的监护人的，由精神病人的所在单位或者住所地的居民委员会、村民委员会或者民政部门担任监护人。"本案中，即使周某某真的患有精神病，其近亲属均在，且有行为能力，依法应从近亲属中确定监护人。法院对监护人的裁决，错误非常明显。其次，修改前《民事诉讼法》第170条规定："申请认定公民无民事行为能力或者限制民事行为能力，由其近亲属或者其他利害关系人向该公民住所地基层人民法院提出。申请书应当写明该公民无民事行为能力或者限制民事行为能力的事实和根据。"第172条规定："人民法院审理认定公民无民事行为能力或者限制民事行为能力的案件，应当由该公民的近亲属为代理人，但申请人除外。近亲属互相推诿的，由人民法院指定其中一人为代理人。该公民健康情况许可的，还应当询问本人的意见。人民法院经审理认定申请有事实根据的，判决该公民为无民事行为能力或者限制民事行为能力人；认定申请没有事实根据的，应当判决予以驳回。"这是法律关于认定公民无行为能力案件诉讼程序的规定，在民事诉讼法中属于特别程序的范畴。对此，本案中法院也是明显违反的。法院的审判既违背实体法的规定，也违背程序法的规定，且迟迟不愿纠正，严重侵犯了周某某的人身权利和基本人权。

对于这种程序违法、适用法律确有错误的裁判，检察机关对其监督是依法履行法定职责。但由于原民事诉讼法关于监督的规定不周全，既没有规定检察建议的监督方式，也没有明确把特别程序列入监督对象，导致检察机关监督特别程序时缺乏明确具体的法律依据，审判机关多排斥检察机关的监督行为。本案检察机关在监督过程中，即遇到这方面的诸多困难，但检察机关克服障碍，坚持原则，同时主动探索灵活的监督方式，最终实现了监督的效果，值得称道。

2012年8月，民事诉讼法作了第二次修订，新法赋予了检察机关监督审判程序中违法行为的职能，监督对象涵盖了全部诉讼程序。这是一个巨大的变化和进步。今后，检察机关对于法院依照特别程序审理的案件，也要积极履行监督职责。对于发现的审判程序违法行为，要及时发出检察建议予以纠正。

案例 32　陈某某诉某省立医院医疗
损害赔偿纠纷抗诉案*

▶ 案件概要

　　1996 年 5 月 29 日，陈某某在某省医院经剖宫产出生，双胞胎出生后的陈某某体重 2.8 公斤，评分 9 分，状态良好。由于医护人员机械执行母乳喂养规定，在产妇产后发生青霉素过敏且无奶可供的情况下，疏于履行注意义务而造成陈某某在出生后 48 小时内无任何食物摄入。导致陈某某连续饥饿引发低血糖，长时间抽搐，酿成缺血缺氧性脑病，加之省立医院的误诊误治，最终发展成极为严重的脑损伤，造成了不可逆转的终身残疾。1998 年 8 月 10 日，陈某某的父亲和祖母，分别以陈某某的法定代理人和诉讼代理人身份向合肥市中级人民法院提起诉讼，请求判令省立医院赔偿医疗及终身康复费用 270 万元，以及残疾人生活补助费 25 万元、精神损害补偿金 20 万元。

　　一审庭审过程中，原告方向合肥市中级法院提供了与陈某某母亲同一病房的其他产妇及其家属共 8 名证人的证言，证明陈某某在出生至出现病症期间 48 个小时内未吃到任何食物。其中两名证人还在一审庭审中出庭。原告同时向一审法院提交了大量的医学专家对此案的分析意见，认为构成医疗事故。出具书面诊断及结论的医疗机构有：北京儿童医院、协和医院、中国康复中心、上海华山医院、仁济医院、上海儿科医院、中国医科大学等十多所权威医疗及科研机构。

　　但被告省立医院一方为了证明陈某某出生后未发生饥饿，提供了记录陈某某兄弟俩出生后喂养情况的两张《新生儿二十四小时监护记录》，显示兄弟俩 10 点 35 分同时开始第一次喂奶，至次日 8 点 35 分，22 小时共喂奶 12 次。但是，陈某某的母亲此时正在输液并插着导尿管，在剖腹产近一个小时后，不可能同时给两个孩子喂奶，这与省立医院在《新生儿病史》中记载的"未开奶"的事实也是矛盾的。原始病历中没有发现这份《新生儿二十四小时监护记录》，也没有婴儿护理记录；而陈某某从出生到发现异常共经历 48 小时，仅

---

　　* 载《检察日报》2006 年 5 月 15 日。

仅记录了 22 小时，还有 20 多个小时没有任何喂奶记录。

提取的相关的医嘱显示，对陈某某分别于 1996 年 5 月 31 日和 6 月 6 日做过两次能够反映患者一整套生理化学指标的"生化一套"检验。但是，5 月 31 日的检验报告不翼而飞，6 月 6 日的"生化一套"检验报告共有 26 项数据，省立医院将 16 项以下全部遮盖，先是以此变造的证据复印件用于医疗事故鉴定，然后再作为证据提交给法庭。进一步的调查还发现，省立医院不仅故意隐匿原始病历，而且篡改病历的关键部分，将陈某某抽搐 30 分钟（抽搐 30 分钟足以造成脑瘫）涂改为 5 分钟；将《体温和护理记录》中母乳摄入量"00"左边的"0"涂掉，右边的"0"改为"8"，用肉眼即可看出，等等。

2000 年 9 月 13 日，合肥市中级法院作出一审判决，法院认为省立医院在陈某某出生后，虽然在病史记录、临床及辅助检查以及对患儿疾病的特殊性和预后的严重性认识等方面存在问题和不足，但这些诊疗行为缺陷与陈某某目前病情结果之间并无直接的因果关系。陈某某在庭审中未提供充分证据证实其病情确实由饥饿引起，故省立医院不应承担赔偿责任。驳回陈某某的诉讼请求。

陈某某家人不服，提出上诉。2000 年 10 月省高院正式立案之后，在律师帮助下，在国家级司法鉴定单位进行了两份文字鉴定和一份法医学鉴定——认定一审法院采信的皆是伪证。同年 11 月 30 日开庭时，双方诉讼代理人均要求对原始病历重新进行司法鉴定。但是，2001 年 4 月 16 日，安徽省高级人民法院在没有重新对原始病历进行司法鉴定的情况下，同样以陈某某未能提供充分证据为由，驳回上诉请求，维持原判。

原告方不服一、二审判决，向有关机关提起申诉，在一些全国人大代表和众多知名法学、医学专家、律师和媒体的帮助下，案件终于引起了有关方面的重视，随即，最高人民法院指令安徽省高级人民法院复查。但是，2004 年 12 月 13 日，安徽省高级人民法院驳回了原告方的申诉。

最高人民检察院自 2005 年 5 月起对此案进行调查。2006 年 2 月，最高人民检察院在调查中查出：第一，根据 1996 年 6 月 6 日陈某某的一套化验报告单原件，发现陈某某血钙正常，而血糖却大大低于正常指标，因此可以断定某省立医院是故意将血糖数据遮盖。第二，陈某某呼吸困难伴抽搐 30 分钟的事实基本成立，而某省立医院为逃避责任，有意将抽搐时间涂改成 5 分钟。第三，法院向司法部司法鉴定科学技术研究所送审的材料有不真实、不完整的情况，法院应该调查取证，但法院却未做调查，并以此作为定案依据，违反了相关法律规定。

最高人民检察院认为，此案判决认定事实的主要证据不足、违反法定程序，可能影响案件正确判决、适用法律错误，依据《民事诉讼法》向最高人民法院提起抗诉，请依法再审。

2006 年 9 月 20 日，安徽省高级人民法院对"陈某某诉某省立医院人身损害赔偿一案"开庭再审，最高人民法院和最高人民检察院派员参加。后该案调解结案，原判内容作了改变。

▶ 案件评析

这是一起通过抗诉维护新生儿作为特殊群体的人权的案件，也是医疗纠纷领域维护患者人权的典型案件。

我国法律、法规一直重视患者利益的保护。此案发生于 1996 年，当时适用的《医疗事故处理办法》第 8 条第 1 款规定："发生医疗事故或事件的医疗单位，应指派专人妥善保管有关的各种原始资料。严禁涂改、伪造、隐匿、销毁。"第 23 条规定："发生医疗事故或者事件后，丢失、涂改、隐匿、伪造、销毁病案和有关资料，情节较重的，对直接责任人员追究其行政责任；情节严重构成犯罪的，由司法机关依法追究刑事责任。"第 24 条规定："医务人员由于极端不负责任，致使病员死亡、情节恶劣已构成犯罪的，对直接责任人员由司法机关依法追究刑事责任。"《民法通则》第 98 条规定："公民享有生命健康权。"第 119 条规定："侵害公民身体造成伤害的，应当赔偿医疗费、因误工减少的收入、残废者生活补助费等费用；造成死亡的，并应当支付丧葬费、死者生前扶养的人必要的生活费等费用。"这些规定，法官在裁判医疗纠纷案件时是应当遵守的。

综观案情，本案医疗方过错明显，是一起较为典型的医疗事故责任，且造成了新生儿脑损害的严重后果。法院本应该正确行使审判权，依法维护受害人的人身权利，从而维护公民的基本人权，但就本案的审判来看，法院显然没有能够正确履行职责，存在事实认定和法律适用的重大错误。在事实认定方面，由于医院一方存在隐匿、篡改病例等情形，可以依法推定为医疗行为存在重大过错，且原告一方提供的证据也能够证明这一点，但法院对此却明显轻纵，只是简单地认为医院方只存在医疗"缺陷"，仍然认为陈某某在庭审中未提供充分证据证实其病情确实由饥饿引起。这种事实认定显然明显有误。在法律适用方面，本应适用相关法律对受害人予以赔偿，法院却认为某省立医院在陈某某出生后，虽然在病史记录、临床及辅助检查以及对患儿疾病的特殊性和预后的严重性认识等方面存在问题和不足，但这些诊疗行为缺陷与陈某某目前病情结果之间并无直接的因果关系，故某省立医院不应承担赔偿责任。判决显然不当免除医院方的赔偿责任，使患者一方的基本权利未能得到保护，侵害了其基本人权。

　　此案件检察机关是通过抗诉的方式予以监督的。从结果来看，虽然当事人最终接受了调解，但原裁判的结果得到了相当程度的改变，受害人的权利得到了较好的维护。这也正说明了民事检察监督对于维护公民人权的重要性。

　　需要指出的是，为了进一步强化对患者的保护，2002 年我国废止了《医疗事故处理办法》，而以新颁布《医疗事故处理条例》代之，新规定细化了很多内容。2009 年 12 月出台的《侵权责任法》，更是以专章规定医疗损害责任。该法第 57 条规定："医务人员在诊疗活动中未尽到与当时的医疗水平相应的诊疗义务，造成患者损害的，医疗机构应当承担赔偿责任。"第 58 条规定："患者有损害，因下列情形之一的，推定医疗机构有过错：（一）违反法律、行政法规、规章以及其他有关诊疗规范的规定；（二）隐匿或者拒绝提供与纠纷有关的病历资料；（三）伪造、篡改或者销毁病历资料。"第 61 条第 1 款规定："医疗机构及其医务人员应当按照规定填写并妥善保管住院志、医嘱单、检验报告、手术及麻醉记录、病理资料、护理记录、医疗费用等病历资料。"这些新法的内容对加强患者的人权保护是非常有利的，检察机关要利用好这些规定，履行好法律监督职责，使患者的利益得到切实的维护。

案例 33　检察机关监督环境污染公益诉讼案[*]

> ### 案件概要

（一）检察机关支持起诉案

江苏省泰兴市 6 家化工企业将废酸委托给没有危废处理资质的皮包公司，后者用改装过的船舶，偷偷倒入当地河流之中。在一年的时间里，共倾倒了两万多吨废酸。2012 年 12 月 19 日，此事被媒体曝光后案发。办案机关将这起案件定位为"12·19"重大环境污染案。泰州、泰兴两级检察院加强与环保、公安、法院等部门的协调配合，提前介入侦查引导取证，2014 年 8 月依法起诉了涉案的戴某某等 14 名被告人，法院以污染环境罪判处 14 人有期徒刑。

该案民事赔偿部分的处理，是由泰州市环保联合会起诉江苏常隆农化有限公司等 6 家污染企业的，而检察机关作为支持起诉方出庭支持起诉，追究倾倒危废物质化工企业的民事责任。2014 年 9 月 10 日，泰州中级人民法院行政庭公开开庭审理该案，并首次邀请专家辅助人东南大学教授吕锡武出庭对环境污染危害和治理成本的计算进行了介绍。法院审理查明：2012 年 1 月至 2013 年 2 月，江苏常隆农化有限公司等 6 家单位，违反法律规定，以每吨补贴 20 元至 100 元不等的费用，将企业生产中产生的废盐酸、废硫酸合计 2.5 万余吨提供给无危险废物处理资质的戴某某等 14 人。这 14 人没有作任何处置，直接将废物偷排至泰兴市如泰运河、泰州市高港区古马干河，导致水体严重污染。经江苏省环境科学学会评估确定，上述废盐酸、废硫酸均系危险废物，这些废酸造成的环境污染损害，修复费用达 1.6 亿余元。经过一天紧张有序的庭审，法院全部采纳了检察机关的支持起诉意见，当庭判决原告泰州市环保联合会胜诉，江苏常隆农化有限公司等 6 家单位赔偿环境修复费用 1.6 亿余元，用于泰兴市的环境修复。该案判决不仅创造性地引入了虚拟治理成本概念，解决了环境污染损害后果难以明确时责任承担的难题，而且创下了我国环境侵权诉讼中有史以来的最高赔偿金额。12 月 30 日，江苏省高级人民法院对此案作出二审

---

[*]　参见最高人民检察院发布的《修改后民诉法实施以来民事检察监督典型案例》，载《检察日报》2014 年 9 月 26 日第 2 版。

判决，认定一审事实清楚，适用法律基本正确，仅在履行方式和期限上作了一定变动。

（二）检察机关提起公益诉讼案①

2014 年 7 月，泰州市姜堰区人民检察院在履行批准逮捕职责中发现，2013 年，南通丰越生物化工有限公司因其存储罐容量有限，在生产经营中产生的酸液无处存放，遂以用象征性价格"出售"同时以远超售价进行补贴的方式，提供给无危险废物经营资质和处置能力的南通恒铭化工有限公司。2013 年下半年，恒铭公司共从丰越公司运走酸液 2800 余吨。为处置掉上述废酸，恒铭公司同样以用象征性价格"出售"同时以远超售价进行补贴的方式，提供给无危险废物经营资质和处置能力的"买受人"，而"买受人"从恒铭公司租用的码头运走酸液 2400 余吨，并将其中 2300 余吨非法排入河道中。丰越公司、恒铭公司及相关人员因污染环境罪被姜堰区人民法院一审判决承担刑事责任，但环境损害尚未修复。经江苏省环境保护厅认定，丰越公司副产酸虽未丧失利用价值但属于被抛弃的废弃物质，属于危险废物。经江苏省环境科学研究院评估，环境污染损害费用为 6000 余万元。姜堰区人民检察院遂根据有关管辖规定，将该线索移送泰州市人民检察院。

泰州市人民检察院在履行诉前程序后，根据《民事诉讼法》第 55 条、《全国人民代表大会常务委员会关于授权最高人民检察院在部分地区开展公益诉讼试点工作的决定》《检察机关提起公益诉讼试点方案》和《人民检察院提起公益诉讼试点工作实施办法》的规定，就丰越公司、恒铭公司污染环境案向泰州市中级人民法院提起民事公益诉讼。

▶ **案件评析**

此两案是检察机关通过行使法律监督权，追究环境污染者的责任，并进而修复环境，从而也维护民众环境权利、健康权利等人权的案件。

近些年，由于受经济发展过程中一些经营者过度追求经济利益，罔顾对环境和民众身心健康的不良影响，我国环境污染的现象比较突出。一些企业、个人为了自己的经济利益，不惜损害公共利益，肆意污染环境，造成环境的巨大破坏。而污染环境本身由于造成空气、土壤、水流等人类生存要素的污染，因此必然会损害广大民众的身心健康。从这个角度讲，污染环境最终侵害的是公民的生存权利。正因为如此，广大民众十分关注环境污染事件，强烈要求国家

---

① 载《检察日报》2016 年 3 月 1 日。

采取切实有效的措施，打击、治理环境污染行为。

顺应社会发展和民众的需要，近些年检察机关一直把监督环境执法、司法行为作为重点工作，并不断创新监督的方式方法，力保环境执法、司法监督取得实效。由于监督方式缺乏明细的规定，检察机关探索以支持起诉、督促起诉的方式监督纠正污染环境的违法行为和环境执法行为。案件（一）即是检察机关支持起诉案件。根据《民事诉讼法》第 15 条的规定，机关、社会团体、企业事业单位对损害国家、集体或者个人民事权益的行为，可以支持受损害的单位或者个人向人民法院起诉。本案中，检察机关利用自身的法律监督地位，根据《民事诉讼法》支持环境保护部门向污染企业起诉。被起诉的企业有 6 家，开庭时有 9 人出庭，而原告方只有一个，检察机关出庭支持起诉，强化了起诉力度，维护了司法公正，保证了案件取得良好法律效果和社会效果。从民众的角度看，也很好地保护了自身的生存权利和健康权利。

党的十八届四中全会之后，检察机关根据党中央的新要求，主动探索通过提起公益诉讼的方式对包括环境污染在内的损害社会公共利益的行为进行监督。2005 年 7 月经全国人大常委会授权，最高人民检察院下发了《检察机关提起公益诉讼试点方案》，后又制定了《检察机关提起公益诉讼试点方案实施办法》，对试点案件的范围、诉讼参加人、诉前程序、提起诉讼和诉讼请求等作出明确规定。根据该方案及办法，试点检察机关提起民事公益诉讼的范围，是在履行职责中发现的污染环境、食品药品安全领域侵害众多消费者合法权益等损害社会公共利益的案件。检察机关提起公益诉讼时的身份，是公益诉讼人。检察机关在直接提起公益诉讼前，应当先履行诉前程序，依法督促或者支持法律规定的机关或有关组织提起民事公益诉讼。法律规定的机关或者有关组织应当在收到督促或者支持起诉意见书后一个月内依法办理，并将办理情况及时书面回复检察机关。经过诉前程序，法律规定的机关和有关组织没有提起民事公益诉讼，社会公共利益仍处于受侵害状态的，检察机关可以提起民事公益诉讼。检察机关提起民事公益诉讼，应当有明确的被告、具体的诉讼请求、社会公共利益受到损害的初步证据，并应当制作公益诉讼起诉书。检察机关提起民事公益诉讼的，诉讼请求包括要求被告停止侵害、排除妨碍、消除危险、恢复原状、赔偿损失、赔礼道歉等。

案例（二）即是检察机关直接提起公益诉讼的案件。检察机关利用立法机关最新赋予的职权，直接提起民事公益诉讼，要求追究侵权人的责任。这是全国首例检察机关直接提起的民事公益诉讼，意义重大。对保护人权而言，也意味着检察机关的手段增强了。就本案来说，检察机关直接提起侵权的民事公益诉讼，要求侵权人赔偿和修复环境，对维护民众的身心健康至关重要。

案例 34　毛某挪用执行款物检察机关 执行监督案[*]

➤ 案件概要

2013 年 10 月，甘肃省玉门市人民检察院接到群众举报，称玉门市人民法院法警队队长毛某在执行案件过程中，未将从被执行人处陆续收回的案款及时交付申请人，怀疑被其个人使用。玉门市人民检察院接到这一线索后，对毛某的执行行为进行调查。经查明，2010 年 10 月至 2012 年 5 月，毛某在担任玉门市人民法院法警队队长期间，负责承办农业银行玉门市支行对长期欠贷客户申请支付令案件。在承办案件的过程中，毛某将收回的贷款本金和利息私自存放在其个人银行账户中。2012 年 5 月，毛某调整工作岗位后，不再负责该项工作，但仍涉嫌将之前收回的贷款本金及利息共计 184 万余元私自存放在个人银行账户中由其使用，至案发前仍未归还。

玉门市人民检察院认为，毛某作为执行人员，存在一人收取执行案款、将收回的案款私自存放在个人银行账户中并未及时移交财务部门，也未交付申请执行人，使用自制的无编号收据等执行违法行为，且公款私用达两年之久，反映出玉门市人民法院对执行案款的收取、支付及票据使用均存在不规范现象。遂于 2014 年 6 月 11 日向玉门市人民法院发出检察建议书，建议该院加强对干警的法制教育，强化监督管理机制，完善财务管理制度，尤其要对所收取的各类案件款及时按规定处理，严防坐支，确保各项资金安全运行。玉门市人民法院于 2014 年 6 月 13 日答复，对玉门市人民检察院的检察建议予以采纳。

因毛某行为已经涉嫌刑事犯罪，玉门市人民检察院民行部门将案件线索移送该院侦查部门。后经瓜州县人民检察院审查起诉，瓜州县人民法院于 2014 年 7 月 23 日作出（2014）瓜刑初字第 97 号刑事判决书，认定毛某挪用执行案款 1847831.12 元，以挪用公款罪判处毛某有期徒刑 5 年。

---

[*] 参见最高人民检察院发布的《检察机关民事诉讼监督典型案例》，载《检察日报》2016 年 2 月 3 日第 3 版。

➤ 案件评析

这是检察机关监督法院执行行为的典型案例，有效维护了申请执行人的权利。

一个时期以来，法院民事执行存在执行难、执行乱等问题成为社会热点。主要表现是：人民法院执行款物管理不规范、选择性执行或消极执行、执行程序违法等问题，其中执行款物管理不规范涉及的问题主要有拖延支付、截留、挪用、侵占、贪污以及管理不规范、违规发放分配等。如某县法院的一起执行案件，被执行人在 2001 年即将 2000 元执行款缴纳到法院，但直至 2015 年检察机关介入，申请执行人才领到款项。① 其中的执行乱现象中，蕴藏一部分法院执行人员的违法甚至犯罪行为，既破坏司法秩序，也损害当事人权利，使司法判决成为"白条"，人民群众意见很大。本案中，从事执行工作的法院工作人员滥用职权，私自截留巨额执行款用于个人营利，严重侵害了国家的司法公信力，加剧了执行难，同时也使申请执行人不能及时得到应该得到的款项，直接损害了他们的权利。这是利用国家公权力侵害民众权利的典型体现。

监督法院的执行活动一直是最高人民检察院强调的民行监督工作的重点，新修订的《民事诉讼法》第 235 条明确规定了检察机关有权对民事执行活动实行法律监督，增加了检察机关行使职权的保障。《人民检察院民事诉讼监督规则（试行）》第 41 条规定："具有下列情形之一的民事案件，人民检察院应当依职权进行监督：（一）损害国家利益或者社会公共利益的；（二）审判、执行人员有贪污受贿、徇私舞弊、枉法裁判等行为的；（三）依照有关规定需要人民检察院跟进监督的。"除了把执行监督列为主动监督的对象外，《规则》第八章还专章规定执行监督的内容。特别应当指出的是，2016 年 12 月，最高人民法院、最高人民检察院联合下发《关于民事执行活动法律监督若干问题的规定》，进一步强化了检察机关对法院执行活动的监督。其第 1 条规定："人民检察院依法对民事执行活动实行法律监督。人民法院依法接受人民检察院的法律监督。"

近几年，各地检察机关陆续组织执行监督专项活动，取得了很好的效果。2013 年以来，全国检察机关每年办理民事执行检察监督案件 2 万余件，其中 80% 以上针对执行实施行为。"两高"于 2016 年 4 月启动了执行案款集中清

---

① 参见 2016 年 12 月 19 日"两高"《关于民事执行活动法律监督若干问题的规定》新闻发布会文字实录，载 http://www.spp.gov.cn/zdgz/201612/t20161219_176163.shtml，2016 年 12 月 20 日访问。

理活动，取得了明显成效。

　　检察机关执行监督中，要充分运用好调查核实手段。本案中，检察机关正是通过调查核实权的行使，查证了法院工作人员滥用职权截留执行款用于个人的事实，依法进行了监督纠正。从案件的办理来看，一个重要的结果是追回了执行款项，保护了申请执行人的权利。

第八章

行政检察与人权保障

案例35　黄某某与莆田市城乡规划局不予公开政府信息纠纷抗诉案[*]

> ### 案件概要

黄某某房屋被拆迁安置在莆田市龙桥西山小区 2 组团 5 号楼。因认为该楼房的政府规划情况与其有直接的法律上的利害关系，故于 2010 年 4 月 12 日向市城乡规划局申请公开西山小区 2 组团 5 号楼底层的平面图。莆田市城乡规划局受理后，同日，向莆田市龙桥社区经济开发有限公司（以下简称龙桥公司）发出《关于政府信息公开内容的函》，内容为："我局于 2010 年 4 月 12 日受理拆迁户提出关于你司位于西山小区 2 组团 5 号楼一层平面图政府信息公开的申请，现我局拟予以公开，特告知你司。"2010 年 4 月 13 日该公司复函以申请人所申请的平面图的产权属该公司合法所有为由，不同意莆田市城乡规划局公开黄某某申请获取的信息。

2010 年 4 月 14 日，莆田市城乡规划局作出《莆田市城乡规划局政府信息公开告知书》，以黄某某申请获取的信息属于不予公开的政府信息，告知其不予公开。

2010 年 5 月 21 日，黄某某以莆田市城乡规划局为被告提起行政诉讼，请求判令：确认莆田市城乡规划局不予公开政府信息的行为违法；判令莆田市城乡规划局及时履行法定职责，依法向其提供申请的政府"西山小区 2 组团 5 号楼底层平面图"及相关规划图。

2010 年 8 月 4 日，莆田市城厢区人民法院作出（2010）城行初字第 21 号行政判决，认为根据《政府信息公开条例》第 23 条规定："行政机关认为申请公开的政府信息涉及商业秘密、个人隐私，公开后可能损害第三方权益的，应当书面征求第三方的意见，第三方不同意公开的，不得公开。"本案中，西山小区 2 组团 5 号楼底层平面图的所有权和知识产权归龙桥公司所有，且该平面图的设计具有一定的独创性和经济价值，涉及商业秘密。被告经征求龙桥公

---

[*]　参见最高人民检察院行政检察厅编：《人民检察院民事行政抗诉案例选》（第十九集），中国检察出版社 2014 年版，第 221～224 页。

司意见，龙桥公司为保护其合法权益，不同意公开上述信息。故被告告知原告申请获取的信息，属于不予公开的政府信息，符合法律规定，应予支持。且原告未曾向莆田市城乡规划局申请公开相关规划图，故原告请求，缺乏事实和法律依据，不予支持。最后判决驳回黄某某的诉讼请求。

黄某某不服一审判决，向莆田市中级人民法院提出上诉。莆田市中级人民法院于 2010 年 11 月 25 日作出（2010）莆行终字第 99 号行政判决书，认为黄某某因房屋拆迁安置在莆田市龙桥西山小区 2 组团 5 号楼内居住，该楼房底层设计及小区规划与其有一定的利益关系，具有原先主体资格。黄某某于 2010 年 4 月 12 日申请要求公开的只是西山小区 2 组团 5 号楼一层平面图，并没有要求公开该区相关的规划图。虽然黄某某在诉讼请求中增加了要求公开规划图，但与申请公开的政府信息内容不一致，应以当时申请公开的政府信息内容为准。西山小区 2 组团 5 号楼底层的平面设计图涉及建筑商业秘密，属于不予公开的政府信息。原审法院依据《政府信息公开条例》第 23 条的规定，判决驳回黄某某的诉讼请求是正确的。黄某某认为西山小区 2 组团 5 号楼底层的平面设计图不属于商业秘密，应将第三方龙桥公司追加为第三人和原判决适用法律错误的理由均不能成立。遂判决驳回上诉，维持原判。

黄某某不服二审判决，向检察机关提出申诉。① 2012 年 8 月 29 日，福建省人民检察院以闽检行抗（2010）1 号行政抗诉书向福建省高级人民法院提出抗诉。理由如下：

第一，二审法院判决认定"西山小区 2 组团 5 号楼底层的平面图"属于商业秘密，适用法律错误。一是本案涉及的平面图不属于商业秘密。《政府信息公开条例》未规定如何认定商业秘密，但根据《反不正当竞争法》第 10 条、国家工商行政管理局《关于商业秘密构成要件问题的答复》（1998 年）等规定，能够认定为商业秘密的对象，应当是不能从公开渠道直接获取的，能为权利人带来经济利益，具有实用性，并经权利人采取保密措施的信息。开发

① 第十二届全国人民代表大会常务委员会第十一次会议于 2014 年 11 月 1 日通过《关于修改〈中华人民共和国行政诉讼法〉的决定》，对行政诉讼法进行了修改。为了正确适用修改后行政诉讼法，结合人民法院行政审判工作实际，最高人民法院审判委员会第 1648 次会议于 2015 年 4 月 20 日讨论通过了《关于适用〈中华人民共和国行政诉讼法〉若干问题的解释》，并从 2015 年 5 月 1 日起与修改后行政诉讼法同步实施。新的司法解释规划了"一次再审申请和一次抗诉的'路线图'"，规定有下列情形之一的，当事人可以向人民检察院申请抗诉或者检察建议：（1）人民法院驳回再审申请的；（2）人民法院逾期未对再审申请作出裁定的；（3）再审判决、裁定有明显错误的。人民法院基于抗诉或者检察建议作出再审判决、裁定后，当事人申请再审的，人民法院不予立案（第 25 条）。

商除向规划部门提交楼层平面图外，还应向房屋管理部门提交相关楼层平面图。本案涉及的平面图不属于需要采取保密措施进行保密的对象，也不符合商业秘密的特征，不属于商业秘密，黄某某有权申请公开。二是龙桥公司并未主张平面图属于商业秘密。本案中，莆田市城乡规划局在告知龙桥公司的函中并未提及平面图是否属于商业秘密，也未要求该公司予以举证；龙桥公司在"复函"中仅认为"……平面图的产权属我司合法所有。为了我司的合法利益，我司不同意贵局公开该信息"，并未主张平面图属于商业秘密，黄某某申请公开的信息不符合《政府信息公开条例》第23条规定的不予公开情形。三是莆田市城乡规划局作出的不予公开政府信息决定存在违法。《政府信息公开条例》第21条第2项规定："对申请公开的政府信息，行政机关根据下列情况分别作出答复：……（二）属于不予公开范围的，应当告知申请人并说明理由"；最高人民法院《关于执行〈中华人民共和国行政诉讼法〉若干问题的解释》第30条第1项规定："下列证据不能作为认定被诉具体行政行为合法的根据：（一）被告及其诉讼代理人在作出具体行政行为后自行收集的证据……"莆田市城乡规划局在作出不予公开决定的行政行为时，并没有告知黄某某并说明诉争平面图属于商业秘密的理由及证据，其在一审中才提出平面图属于商业秘密，且未进行举证，应当认定不予公开决定违法。

第二，一、二审法院未追加第三人参加诉讼，存在程序错误。根据《行政诉讼法》第27条规定，同提起诉讼的具体行政行为有利害关系的其他公民、法人或者其他组织，可以由人民法院通知参加诉讼。本案所涉及平面图系由龙桥公司提交，且其不同意公开，与本案的审理结果有直接的利害关系，属于应当追加的第三人，一、二审法院未予追加，程序上存在错误。

福建省高级人民法院受理本案后，指令莆田市中级人民法院再审。莆田市中级人民法院于2013年3月21日作出（2013）莆行再终字第1号行政判决，认为本案讼争西山小区2组团5号楼一层平面图系莆田市城乡规划局在履行职责过程中获取保存的信息。根据《政府信息公开条例》第17条规定："……行政机关从公民、法人或者其他组织获取的政府信息，由保存该政府信息的行政机关负责公开。"莆田市城乡规划局主张该平面图涉及第三人商业秘密，但未提供证据证明，且第三人龙桥公司也未主张平面图属于其公司商业秘密，故本案讼争平面图不属于第三人商业秘密，对黄某某提出的信息公开申请，莆田市城乡规划局负有依法公开的行政职责。本案诉讼期间，莆田市城乡规划局虽然向黄某某公开西山小区2组团5号楼一层平面图，但黄某某不撤诉，故依法确认莆田市城乡规划局作出的（2010）1号《莆田市城乡规划局政府信息公开告知书》的具体行政行为违法；因莆田市城乡规划局已经向黄某某公开了本案讼争平面图，故对黄某某要求莆田市城乡规划局向其提供西山小区 2 组团 5 号楼底层的平面图的请求，不予支持；黄某某认为莆田市城乡规划局公开的平面图不符合其申请要求，因该问题不属于本案审查的范围，故黄某某应通过其他途径主张权利。黄某某于 2010 年 4 月 12 日申请要求公开的只是西山小区 2 组团 5 号楼一层平面图，并没有要求公开该区相关的规划图。虽然黄某某在诉讼请求中增加了要求公开规划图，但与申请公开的政府信息内容不一致，应以当时申请公开的政府信息内容为准。故黄某某请求公开西山小区 2 组团 5 号楼底层相关规划图，缺乏事实和法律依据，不予支持。遂依照最高人民法院《关于执行〈中华人民共和国行政诉讼法〉若干问题的解释》第 50 条第 3 款、第 56 条第（四）项之规定，判决：（1）确认莆田市城乡规划局于 2010 年 4 月 12 日作出的（2010）1 号《莆田市城乡规划局政府信息公开告知书》的具体行政行为违法；（2）驳回黄某某要求莆田市城乡规划局向其提供西山小区 2 组团 5 号楼底层的平面图及相关规划图的诉讼请求。

▶ 案件评析

2007 年 1 月 17 日国务院通过了《政府信息公开条例》。《政府信息公开条例》第 1 条开宗明义规定："为了保障公民、法人和其他组织依法获取政府信息，提高政府工作的透明度，促进依法行政，充分发挥政府信息对人民群众生产、生活和经济社会的服务作用，制定本条例。"政府信息公开不仅涉及阳光政府的建立，而且还涉及公民知情权的保障。

知情权，又称"知的权利"或"得知权"，就广义而言，是指寻求、接受和传递信息的自由，是从官方或非官方获知有关情况的权利，就狭义而言则仅指知悉官方有关情况的权利。它以"国民有权知道其代理人的行为，立法机关绝不可随意秘密进行议事"为其理论基石，逐渐由一种理念上升为一种宪法性权利。在国际人权法层面，虽然在《公民权利和政治权利国际公约》的人权清单中没有"知情权"，但公约第 19 条第 2 款将"表达自由"界定为"此项权利包括寻求、接受和传递信息和思想的自由"。"寻求"超出了被动地接受信息的范围，而是包含了"积极主动"① 的意思。在这个意义上，笔者认为，知情权可以被公约第 19 条所涵摄，成为信息自由的下位概念。《德国宪法》第 5 条第 1 款就明确规定"人人有以口头、书面和图画自由表达和散播

---

① ［奥］曼弗雷德·诺瓦克：《〈公民权利和政治权利国际公约〉评注》，孙世彦、毕小青译，生活·读书·新知三联书店 2008 年版，第 466 页。

自己的观念，以及自由地从一般可允许的来源获得消息的权利"。

知情权具有多重功能和价值，其本身彰显着人的主体性、人性尊严，同时也是实现其他权利的前提条件和重要基础，特别是狭义的知情权是我国公民行使和实现宪法监督权的重要前提。党的十八大报告特别指出："坚持用制度管权管事管人，保障人民知情权、参与权、表达权、监督权，是权力正确运行的重要保护。"为了保障公民的知情权，《政府信息公开条例》遵循了世界各国普通奉行的"公开为原则，不公开为例外"的立法例，以列举的方式规定了行政机关应当主动公开的政府信息范围，并进一步规定除行政机关主动公开的政府信息外，公民、法人或者其他组织还可以根据"三需要"——自身生产、生活、科研等特殊需要——申请获取相关政府信息。但行政机关不得公开涉及国家秘密、商业秘密、个人隐秘的政府信息（《政府信息公开条例》第 14 条第 4 款）。

本案争议的焦点在于黄某某申请公开的政府信息——平面图——是否属于第三人的商业秘密。在我国，最早涉及商业秘密的法律应该是 1991 年的《民事诉讼法》。[①] 1992 年最高人民法院《关于适用〈中华人民共和国民事诉讼法〉若干问题的意见》第 154 条对商业秘密作出了司法解释，商业秘密主要是指技术秘密、商业情报及信息等，如生产工艺、配方、贸易联系、购销渠道等当事人不愿公开的工商业秘密。1993 年《反不正当竞争法》从立法层面对商业秘密作出了明确界定。"商业秘密是指不为公众所知悉、能为权利人带来经济利益、具有实用性并经权利人采取保密措施的技术信息和经营信息（第 10 条）。"由此定义可以将商业秘密的属性概括为"三性"：秘密性、价值性和管理性。1995 年国家工商局发布《关于禁止侵犯商业秘密行为的若干规定》，进一步细化了商业秘密概念，并对其内涵作出了详细的解释。（1）"不为公众所知悉"是指该信息是不能从公开渠道直接获取的。（2）"能为权利人带来经济利益、具有实用性"是指该信息具有确定的可应用性，能为权利人带来现实的或者潜在的经济利益或者竞争优势。（3）"权利人采取保密措施"是指包括订立保密协议，建立保密制度及采取其他合理的保密措施。（4）"技术信息和经营信息"是指包括设计、程序、产品配方、制作工艺、制作方法、管理诀窍、客户名单、货源情报、产销策略、招投标中的标底及标书内容等信息。（5）"权利人"是指依法对商业秘密享有所有权或者使用权的公民、法人或者其他组织。这些有关商业秘密的法律规定，应成为判断政府信息中商业秘

---

① 章剑生：《阳光下的"阴影"——〈政府信息公开条例〉"不公开事项"之法理分析》，载《政法论丛》2009 年第 6 期。

密的重要法律依据。据此分析判断本案中涉及的平面图是否属于商业秘密,我们不难看出它不具有商业秘密的"保密性"。平面图是应向购买房屋的当事人公开的信息,可以为公众所知悉,谈不上"秘密性"。因此,平面图不属于商业秘密,行政机关应予公开。

另外,政府信息公开相较于普通商业秘密案件而言,它还有其特殊一面。有人认为"这里就有一个公共利益平衡问题"。即基于不同立法的宗旨各异,信息公开法侧重规定的是政府信息,对"商业秘密"等免除公开的规定体现的是公益与私益之间的平衡。[①] 这种平衡原则集中体现在《政府信息公开条例》第14条第4款但书部分:政府信息涉及商业秘密,权利人同意公开的,仍然可以公开;权利人不同意公开的,如果行政机关认为不公开可能对公共利益造成重大影响的,可以予以公开。"也就是说,在信息公开的场合,对商业秘密并非刻意、专门或者绝对保护。"[②] 以信息公开法的视角,"商业秘密"应置于"公共利益"语境之下来考察,商业秘密的利益应让位于公共利益。

行政诉讼是我国三大诉讼之一,但其除了具有与刑事诉讼和民事诉讼相同的解决争议,保护公民、法人和其他组织合法权益的功能外,还具有"监督行政机关依法行使职权"的目的。2014 年修订的《行政诉讼法》第 1 条将"维持"行政机关依法行使职权这一立法目的删除,强调监督行政机关依法行使职权。之所以作这样的修改,其中一个重要因素就是行政诉讼的功能主要是对行政机关行使职权的一种司法监督,保护行政相对人的合法权益免受行政机关违法行为的侵犯,为受到行政违法行为侵犯的当事人提供法律救济。[③] 实践中,公民向行政机关申请政府信息公开,行政机关会书面征求第三方的意见,一般第三方声称申请人申请获取的信息涉及商业秘密,不同意行政机关公开。行政机关据此拒绝公开。如本案第三方复函称平面图的产权属该公司合法所有,不同意莆田市城乡规划局公开黄某某申请获取的信息。莆田市城乡规划局

---

① 李广宇:《政府信息公开诉讼:理念、方法与案例》,法律出版社 2009 年版,第 92 页。

② 李广宇:《政府信息公开诉讼:理念、方法与案例》,法律出版社 2009 年版,第 93 页。

③ 另外的考量因素包括:一是行政行为一经作出就有法律效力,不需要法院维护;二是原法中体现"维持"这一立法目的的维持判决形式已经被新法中驳回原告诉讼请求的判决形式所取代。参见全国人大常委会法制工作委员会行政法室编著:《〈中华人民共和国行政诉讼法〉解读》,中国法制出版社 2014 年版,第 5~6 页。以法院的观点来看,维护行政管理、提高行政效率的立法目的,直接导致了各种具体法律规则不利于更为有效地监督行政机关依法行政,更为全面地保护相对人的合法权益,有些具体设计(如维持判决方式)甚至有违诉讼的基本规律。李广宇:《新行政诉讼法逐条注释》(上),法律出版社 2015 年版,第 7 页。

即以黄某某申请获取的信息属于不予公开的政府信息为由，告知其不予公开。在行政诉讼过程中，法院疏于对莆田市城乡规划局不予公开行为的审查。从司法监督的角度来说，法院对违法行政行为的监督不到位；从法律适用角度来说，法院判决存在适用法律法规错误之处。检察机关理应发挥法律监督职责，按照审判监督程序提出抗诉。

案例 36　刘某某与米泉市劳动人事社会保障局工伤行政确认纠纷抗诉案[*]

> ## 案件概要

2001 年 1 月 7 日，新疆米泉市铁厂沟镇三矿副矿长刘某某得知该矿井下三水平三米八煤层第三采仓仓顶被拉空，将会给煤矿生产带来隐患且炮工也无法下井生产，工人按规定也将被单位处罚。2001 年 1 月 8 日 22 时许，刘某某与炮工余某某一起在工人周某某的宿舍内，将瞬发电雷管改制成延期电雷管时发生爆炸，将刘某某的左手拇指、食指、中指炸去，无名指受伤。事发后，铁厂沟镇煤矿立即将刘某某送往医院救治，并承担了刘某某的全部医疗费用。2001 年 3 月 21 日，铁厂沟镇煤矿与刘某某达成赔偿协议，铁厂沟镇煤矿一次性补助刘某某今后生活费、营养费 15000 元。2001 年 4 月 9 日，刘某某向米泉市劳动人事社会保障局（以下简称米泉市劳动局）申请工伤认定。2001 年 4 月 25 日，米泉市劳动局作出不予认定工伤决定。刘某某不服，申请新疆昌吉回族自治州劳动人事局复议，昌吉回族自治州劳动人事局维持了米泉市劳动局不予认定工伤决定。刘某某不服，向米泉市人民法院提起行政诉讼。自此刘某某开始了长达十二年之久的诉讼"马拉松"，案件先后经四级人民法院六次审理，检察机关抗诉，共作出 6 份判决书和 1 份抗诉书。

1. （2001）米行初第 14 号行政判决。案件经复议后，刘某某不服，提起诉讼。米泉市人民法院经审理以（2001）米行初第 14 号行政判决撤销了米泉市劳动局 2001 年 4 月 25 日作出不予认定工伤决定。2001 年 10 月 20 日，米泉市劳动局重新作出米劳人字（2001）第 1 号工伤认定通知书，不予认定工伤。

2. （2001）米行初第 2 号行政判决。刘某某不服米泉市劳动局重新作出的不予认定工伤决定，再次向米泉市人民法院提起行政诉讼，米泉市人民法院以（2002）米行初第 2 号行政判决撤销米泉市劳动局米劳人字（2001）第 1 号工伤认定通知书。

2002 年 7 月 3 日，米泉市劳动局作出米劳人字（2002）第 24 号《关于不

＊ 参见《最高人民检察院公报》2013 年第 5 期。

予认定刘某某工伤的决定》（以下简称第 24 号《决定》）。不予认定工伤的主要理由有两点：一是刘某某改造电雷管的行为未经领导指派，属于个人私自制造行为，且不在工作时间和工作区域内，不符合劳动人事部发（1996）266 号《企业职工工伤保险试行办法》（现已废止以下简称《工伤保险试行办法》）第 8 条（四）项及其他条款的规定；二是刘某某与炮工余某某的行为违反了《中华人民共和国民用爆炸物品管理条例》和公安部 2001 年 8 月 28 日《关于对未经许可将火雷管改为电发雷管的行为如何处理问题的批复》，是一种非法制造爆炸物的行为，属违法行为，依据《工伤保险试行办法》第 9 条第（一）项"犯罪或违法的"不予认定工伤。

3.（2002）米行初字第 9 号行政判决。刘某某不服第 24 号《决定》，第三次向米泉市人民法院提起行政诉讼，请求撤销第 24 号《决定》。2002 年 9 月 29 日，米泉市人民法院作出（2002）米行初字第 9 号行政判决，撤销米泉市劳动局第 24 号《决定》。法院经审理认为，米泉市劳动局第二项不认定工伤的理由缺乏法律依据不予成立。我国制定劳动法的目的之一是保护劳动者的合法权益，刘某某改制雷管的行为从根本上说与企业利益相关，是为了避免煤矿生产安全上存在隐患，是从事与企业有利的行为。即使不在工作的时间和区域，只要刘某某的行为不构成违法、犯罪或蓄意违章，则应对其认定为工伤，享受相应的待遇，因此，米泉市劳动局认定刘某某不属工伤的理由不能成立。所适用的相关的法律、法规条款错误。依据《行政诉讼法》第 54 条第（二）项之规定，判决撤销米泉市劳动局第 24 号《决定》。

4.（2002）昌中行终字第 32 号行政判决。一审作出撤销第 24 号《决定》判决后，米泉市劳动局不服，提出上诉。2002 年 12 月 18 日，昌吉回族自治州中级人民法院作出（2002）昌中行终字第 32 号行政判决，认为米泉市劳动局所作的第 24 号《决定》，对刘某某受伤的基本事实认定清楚。刘某某身为副矿长，理应严格遵守国家关于爆炸物品的管理规定，但其与所管理的炮工在工作之余私自改制延期雷管，造成人身伤害，其改制雷管的行为不但是在非工作时间和非工作区域，且严重违反了国家有关的安全生产的规定，且有一定的社会危害性。根据《工伤保险试行办法》第 9 条第 1 款之规定，不应认定为工伤，米泉市劳动局对刘某某工伤申请所作的认定决定，认定事实清楚，适用法律正确，决定程序合法，原审判决予以撤销属于适用法律错误，米泉市劳动局的上诉理由成立，予以支持。依照《行政诉讼法》第 61 条第 1 款第（二）项之规定，判决撤销米泉市人民法院（2002）米行初第 9 号行政判决，维持米泉市劳动局第 24 号《决定》。

5.（2006）新行再字第 2 号行政判决。刘某某不服终审判决，向昌吉回族自治州中级人民法院申请再审，昌吉回族自治州中级人民法院以（2003）昌中行监字第 5 号驳回再审通知书驳回了刘某某的再审申请。刘某某又向新疆维吾尔自治区高级人民法院申请再审，该院以（2005）新行监字第 4 号行政裁定书裁定中止原判决的执行，由其对本案提审。

2006 年 5 月 17 日，新疆维吾尔自治区高级人民法院作出（2006）新行再字第 2 号行政判决，认为本案中刘某某身体受到伤害是不争的事实，其受伤的时间和地点固然在工作时间和工作区域之外，但其改制雷管行为的目的是为第二天的工作做准备，与其工作是有关联的。作为副矿长，对于如何安排工作是有一定职权的，不是必须经过矿长的同意。但是，是否在工作时间和工作区域不是本案的争议所在，本案争议的关键是刘某某行为的定性。根据公安部《关于对将瞬发电雷管改制为延期电雷管的行为如何定性的意见》，在没有任何防护条件下将瞬发雷管改制为延期电雷管，属于严重违反国家有关安全规定和民爆器材产品质量技术性能规定的行为，不应定性为非法制造爆炸物品的行为。刘某某身为煤矿副矿长，具有煤矿特种作业人员操作资格。作为专业的放炮工，理应严格遵守国家有关爆炸物品的管理规定，其改制雷管的行为虽然不构成非法制造爆炸物品的行为，但也属于严重违反国家有关安全规定和民爆器材产品质量技术性能规定的行为，具有一定的社会危害性。《中华人民共和国民用爆炸物品管理条例》对爆破器材的使用有严格的限制性规定，无论是使用雷管的企业还是操作人员均有义务严格遵守。刘某某称其依照企业惯例进行操作，作为煤矿特种作业人员，不应以企业惯例来对抗国家的强制性规定，且其改制雷管的行为是为了避免工人因工作失误受到处罚，而不是为了企业的合法利益或者重大利益。一审法院将此种行为认定为系为了避免煤矿生产安全上存在隐患，是从事与企业有利的行为显属不当。米泉市劳动局认定刘某某不属工伤的理由充分，适用法律法规正确。原一审法院适用法律错误，二审法院予以改判是正确的。依据《行政诉讼法》第 61 条第（一）项的规定，判决维持昌吉回族自治州中级人民法院（2002）昌中行终字第 32 号行政判决。

6. 高检行抗（2011）2 号行政抗诉书。刘某某不服再审判决，向新疆维吾尔自治区人民检察院提出申诉，该院审查后提请最高人民检察院抗诉。最高人民检察院经审查，于 2011 年 3 月 31 日以高检行抗（2011）2 号行政抗诉书向最高人民法院提出抗诉。抗诉理由如下：

一是米泉市劳动局第 24 号《决定》第 1 条认定刘某某不属工伤认定事实证据不足，适用法律错误。煤矿仓顶拉空，对煤矿安全造成隐患，且炮工无法下井工作，对生产造成影响这一事实客观存在。虽然刘某某改制慢发雷管有避免工人因工作失误受到处罚的因素，但从根本上说是为保证生产正常进行，为了排除煤矿生产安全上存在的隐患，与其工作有关联，是从事于企业有利的行为。即使不在工作的时间和区域，只要刘某某的行为不构成违法、犯罪或蓄意违章，则应对其认定为工伤，享受相应的待遇。终审判决认定刘某某改制雷管的行为是为了避免工人因工作失误受到处罚，而不是为了企业的合法利益或重大利益属认定事实的证据不足。本案中，刘某某的行为符合《工伤保险试行办法》第8条第（一）项规定"从事本单位日常生产、工作或者本单位负责人临时指定的工作的，在紧急情况下，虽未经本单位负责人指定但从事直接关系本单位重大利益的工作的"的情形，应当认定为工伤。而米泉市劳动局第24号《决定》适用《工伤保险试行办法》第8条第（四）项情形，对刘某某不予认定工伤，并未排除其他认定工伤的情形，适用法律错误。

二是米泉市劳动局第24号《决定》第2条不认定刘某某工伤的理由，适用法律错误。公安部《关于对未经许可将火雷管改为电发雷管的行为如何处理问题的批复》规定，将火雷管改为电发雷管属非法制造爆炸物行为，而刘某某与余某某等人是将瞬发电雷管改制为延期电雷管，不符合该批复规定情形。公安部《关于对将瞬发电雷管改制为延期电雷管的行为如何定性的意见》中明确答复，对将瞬发电雷管改制为延期电雷管的行为不应定性为非法制造爆炸物品。终审判决对刘某某将瞬发电雷管改制为延期电雷管的行为不应定性为非法制造爆炸物品进行了确认，既然刘某某的行为不应定性为非法制造爆炸物品，其行为就不构成违法或犯罪。米泉市劳动局第24号《决定》适用公安部《关于对未经许可将火雷管改为电发雷管的行为如何处理问题的批复》和《工伤保险试行办法》第9条第（一）项的规定认定刘某某不属工伤，适用法律错误。终审判决先认定"改制雷管的行为属于严重违反国家有关安全规定和民爆器材产品质量技术性能规定的行为，具有一定的社会危害性"，从而认定"米泉市劳动局认定刘某某不属工伤的理由充分，适用法律法规正确"是错误的。

三是终审判决适用法律错误。人民法院审理行政案件，主要对行政行为的合法性进行审查，具体来说主要是审查行政机关工作重点作出的具体行政行为所依据的事实证据是否充分，适用法律法规是否正确。具体行政行为有主要证据不足、适用法律法规错误、违反法定程序、超越职权、滥用职权五种情形之一的，根据《行政诉讼法》第54条的规定应判决予以撤销。本案终审判决已认定刘某某改造电雷管行为不属于非法制造爆炸物品行为，也就对米泉市劳动局第24号《决定》中不认定刘某某工伤的理由予以了否定，按照法律规定应当判决予以撤销。

7.（2006）新行再字第2号行政判决。最高人民法院受理抗诉后，裁定提审并依法组成合议庭审理了本案，于2013年3月21日作出（2006）新行再字第2号行政判决。

最高人民法院再审审查查明的事实与原一、二审查明的事实一致。最高人民法院再审认为：刘某某作为副矿长，其基于煤矿正常生产的需要而与其他炮工一起在工人宿舍内将瞬发电雷管改制成延期电雷管，并因雷管爆炸而受伤，尽管其中不能排除具有避免工人因工作失误遭受处罚的因素，但该行为显然与本单位工作需要和利益具有直接关系，符合《工伤保险试行办法》第8条第（一）项规定的情形。公安部《关于对将瞬发电雷管改制为延期电雷管的行为如何定性的意见》认为，雷管中含有猛炸药、起爆药等危险物质，在没有任何防护的条件下将瞬发电雷管改制为延期电雷管，属于严重违反国家有关安全规定和民爆器材产品质量技术性能规定的行为，不应定性为非法制造爆炸物品的行为。参照上述规定，本案刘某某将瞬发电雷管改制成延期电雷管的行为，不属于《工伤保险试行办法》第9条第（一）项规定的"犯罪或违法"情形。原米泉市劳动局作出第24号《决定》的理由和依据，与本案事实和有关规定不符，不予支持。新疆维吾尔自治区高级人民法院（2006）新行再字第2号行政判决认定刘某某改制雷管行为是为了避免工作因工作失误受到处罚，而不是为了企业的合法利益或重大利益，并据此判决维持昌吉回族自治州中级人民法院（2002）昌中行终字第32号行政判决，属于认定事实证据不足，适用法律不当，应予纠正。最高人民检察院抗诉理由成立，予以采纳。

> ### 案件评析

本案争议起因于工伤保险认定。工伤保险是指，依法为在生产、工作中遭受事故伤害或者患职业性疾病的劳动者及其亲属提供医疗救治、生活保障、经济补偿、医疗和职业康复等物质帮助的一种社会保障制度。[①] 工伤保险是世界上产生较早的社会保险项目，最早的工伤保险立法见诸于德国1884年颁布的《劳工伤害保险法》。第二次世界大战后，社会保障权被纳入国际人权谱系，成为一项重要的社会权利。1948年《世界人权宣言》第25条允诺人人"在遭到失业、疾病、残废、守寡、衰老或在其他不能控制的情况下丧失谋生能力时，有权享受社会保障"。《经济、社会及文化权利国际公约》第9条规定了

---

① 贾俊玲主编：《劳动法学》，北京大学出版社2009年版，第194页。

社会保障权利的"一般条款"，① 即"本公约缔约各国承认人人有权享受社会保障，包括社会保险"。在此基础之上，1952 年国际劳工组织制定了《社会保障（最低标准）公约》，以"菜单式"结构建构了社会保障体系，具体包括医疗、疾病、失业、老年、就业工伤、家庭、孕产期、因病残丧失工作能力、幸存者九大部分。在我国，工伤保障是我国社会保险的重要组成部分。《宪法》第 45 条规定："中华人民共和国公民在年老、疾病或者丧失劳动能力的情况下，有从国家和社会获得物质帮助的权利。国家发展为公民享受这些权利所需要的社会保险、社会救济和医疗卫生事业。"并且通过行政立法具体化为劳动保险法律规范，保障公民社会保障权利的实现。1951 年国务院颁布了《劳动保险条例》，1996 年劳动部制定《工伤保险试行办法》，2003 年国务院颁布《工伤保险条例》（2010 年修正），都对工伤保险的保障范围、标准、认定程序等作出了具体规定。

本案当事人刘某某的工伤事故发生于 2001 年，应适用《工伤保险试行办法》进行工伤确认。《工伤保险试行办法》第 8 条规定了应当认定工伤的具体情形；第 9 条规定了不应认定为工伤的具体情形。米泉市劳动局依据《工伤保险试行办法》第 8 条第（四）项和第 9 条第（一）项的规定，认为刘某某的伤害不是发生在工作时间和工作区域，且其行为属违法行为，因此作出不予认定工伤的决定。认定刘某某行为违法的依据主要是《民用爆炸物品管理条例》和公安部《关于对未经许可将火雷管改为电发雷管的行为如何处理问题的批复》。对事实和证据，法院与行政机关之间、上下级法院之间、法院与检察院之间均无异议。本案的争议焦点在于适用法律的问题，但并不是关于适用哪部法律法规，而是对法律中具体条款的适用问题。之所以会产生这样的争议，根源应是对事实认识不同、法律规范理解不同所致。如果说司法权的行使必须做到"裁决只能是法律条文的准确解释"，② 那么法院适用法律就绕不开对法律文本的解释。为了准确地解释法律文本，法官必须深入立法背景、社会价值观念之中探究法律文本的确切含义到底是什么。拉伦茨将法律文本和立法资料放在一起，作为探究法律含义的材料，具体包括：（1）法律本身、法律的前言、指导性规定、标题、法律的意义脉络以及由此显现的价值决定；（2）不同

---

① 与"一般条款"相对应的是"特别条款"，特指《经济、社会及文化权利国际公约》第 10 条对母亲的社会保障权利。

② ［法］孟德斯鸠：《论法的精神》（上册），张雁深译，商务印书馆 2002 年版，第 157 ~ 158 页。

的草案、讨论记录及添附在草案中的理由说明，国会的报道。① 由于我国立法特别是在 20 世纪八九十年代遵循着"宜粗不宜细"② 的立法指导思想，立法讨论材料承载的有关立法背景、起草经过、争议问题、解决方案、处理分寸等信息十分有限。但我们可以通过对法律条款上下文的内容及其关联的考查，结合立法目的进行系统解释。

《工伤保险试行办法》第 1 条明确了立法目的，即"为了保障劳动者在工作中遭受事故伤害和患职业病后获得医疗救治、经济补偿和职业康复的权利，分散工伤风险，促进工伤预防"。可见，保障劳动者社会保障权是《工伤保险试行办法》的首要立法目的。这也符合《劳动法》对劳动者权利保护的立法精神。因此，对相关法律条文应向有利于保护劳动者权益的方面进行解释。如对刘某某改制雷管行为的动机和目的，就不应简单地认为是"避免工人因工作失误遭受处罚"，而应结合：（1）刘某某副矿长的岗位职责；（2）客观事实，即一方面确实存在安全隐患，另一方面因炮工无法下井从而影响煤矿生产，认定其行为"与本单位工作需要和利益具有直接关系"。同时对刘某某在工人宿舍改制雷管的行为，不应认定为"未经领导指派，属个人私自制造行为"，而应综合刘某某的职责、改制雷管的目的、改制行为的背景等因素分析判断其行为的性质。

另外，《工伤保险条例》的立法精神也应成为分析认定刘某某行为性质的一个重要考量因素。案件历经十二年。在这期间，中国的人权事业已有了飞跃式进步，人权观念已有了突破性发展，2004 年宪法修正案将人权写入宪法，规定"国家尊重和保障人权"。在这期间，法律规范已实现了新旧法的更替，从《工伤保险试行办法》发展到《工伤保险条例》。2003 年国务院出台制定的《工伤保险条例》，更加突出了对劳动者社会保障权利的保护。如《工伤保险试行办法》第 8 条第（九）项规定"在上下班的规定时间和必经路线上，发生无本人责任或者非本人主要责任的道路交通机动车事故的"认定为工伤。发生无本人责任或者非本人主要责任的道路交通机动车事故的，如果要认定为工伤，还需满足两个条件：一是在上下班的规定时间；二是在上下班的必经路线上。"必经路线"实质上是将上下班路线"固定化、唯一化"，不允许有多

① ［德］卡尔·拉伦茨：《法学方法论》，陈爱娥译，商务印书馆 2003 年版，第 209 页。

② 邓小平在 1978 年的《解放思想，实事求是，团结一致向前看》一文中指出："现在立法的工作量很大，人力很不够，因此，法律条文开始可以粗一点，逐步完善，有的法规，地方可以先试搞，然后经过总结提高，制定出全国能行的法律，修改补充法律，成熟一条就修改一条，不要等待'成套设备'，总之，有比没有好，快搞比慢搞好。"从而确立了我国"宜粗不宜细"的立法指导思想。

种选择。而《工伤保险条例》第 14 条第（六）项只规定"在上下班途中"，删除了"必经路线"，充分考虑了日常生活中这样的现实情况，即职工上下班的路径并非固定的、一成不变的、唯一的，而是存在多种选择。并且在司法实践中，法院对工伤认定中的"三要素"——合理时间、合理路线、合理目的——更倾向于扩大解释。如 2014 年最高人民法院发布《关于审理工伤保险行政案件若干问题的规定》（2014 年 9 月 1 日起施行）。该规定第 6 条规定："对社会保险行政部门认定下列情形为'上下班途中'的，人民法院应予支持：（一）在合理时间内往返于工作地与住所地、经常居住地、单位宿舍的合理路线的上下班途中；（二）在合理时间内往返于工作地与配偶、父母、子女居住地的合理路线的上下班途中；（三）从事属于日常工作生活所需要的活动，且在合理时间和合理路线的上下班途中；（四）在合理时间内其他合理路线的上下班途中。"

　　这种认识观念必然会影响到法院对刘某某案的审查判断。[①] 法院在认定刘某某的行为应适用《工伤保险试行办法》第 8 条第（一）项时，没有对"重大利益"进行任何的解释，直接定性为"与本单位工作需要和利益具有直接关系"。但"利益"之前却少了"重大"两字，不知法院是有意而为，还是疏忽遗漏。

---

　　① 关于新旧法适用衔接的问题，按照法学理论一般是遵循"实体从旧，程序从新"的原则。"实体从旧"主要是指判断行政行为合法性的标准应当"从旧"，须按照行政行为作出时的法律规范来判断。但人们的认识观念会随着时间的流逝与时俱进地发生相应的变化，而不会停留在过去。人们对旧法的解读，要想回到当时语境之下，只能是"想象性重构"，不可能不带出新观念。而这种因时空原因所造成的隔膜，事实上难以甚至是无法根除。

案例 37 韩某与海南省交警总队不 履行法定职责纠纷抗诉案[*]

> ## 案件概要

2002 年 1 月 9 日，海南省纪律检查委员会向海南省公安厅纪委发函称，据群众来信反映，琼北车管所把报废车改装成国产珠江牌汽车，大梁发动机全都是旧车，却以全新车上牌，要求海南省公安厅纪委调查处理并在 3 个月内上报结果。2003 年 1 月 17 日，省交警总队警务督察科在海南省万宁市扣留了由周某某驾驶的琼 A062××号大客车，扣车凭证为《公安督察现场扣留、收缴凭证》，扣车原因为：涉嫌报废车辆。2003 年 2 月 24 日，海南省公安厅对琼 A062××号大客车作出琼公刑技（痕）（2003）第 097 号《刑事科学技术鉴定书》，经鉴定琼 A062××号大客车车架号有涂改过的痕迹。2003 年 11 月 6 日，省交警总队作出督移送字（2003）02 号《公安扣车移送通知书》将案卷移送海口市交警支队，并于 2004 年 1 月 6 日由省交警总队督察科将其扣留的琼 A062××号大客车移送市交警支队，但市交警支队没有重新作出新的扣车决定。

琼 A062××号大客车的车主为韩某。2000 年 6 月 28 日，韩某从海口理兰汽车贸易有限公司购买广州威达机械企业有限公司汽车制造厂生产的珠江牌 41 座 GZ61××型大客车一辆。2000 年 9 月 20 日，该车经海口市公安局交通巡逻警察支队车管所登记上牌。2001 年 3 月 5 日，韩某与海南港澳国旅汽车服务公司（以下简称港澳国旅公司）签订《旅游客车参营合同》，约定韩某以琼 A062××号旅游大客车挂靠港澳国旅公司进行营运。2002 年 10 月 15 日，韩某聘请周某某为该车驾驶员。

2004 年 10 月 29 日，广州骏威客车有限公司（由广州威达机械企业有限公司汽车制造厂更名而来）经派员现场辨认，并出具广骏客函（2004）50 号《关于对琼 A062××号大客车的说明函》，该车的车主从接车到上牌的 3 个月

---

* 参见最高人民检察院民事行政厅编：《民事行政检察精品案例选》，中国检察出版社 2013 年版，第 52～58 页。

时间里，加装了空调，将活动窗改为固定窗。该车是威达厂生产的，但该车右后大梁处的 VIN 号码不是原威达厂规定在靠梁底边打刻，而是在离梁底边 1 寸以上的位置打刻，该处的号码明显粗壮些，与该车左前大梁处的原厂打刻 VIN 号码明显不同。另外，从纪检委提供的琼 A062××号客车的产品合格证原件是广州骏威客车有限公司发出的。

2004 年 11 月 3 日，韩某向海口市美兰区人民法院提起行政诉讼，以省交警总队强行扣留琼 A062××号大客车没有任何事实依据和法律依据，严重违反行政法规和程序的规定，请求判令：（1）依法对涉嫌报废车辆琼 A062××号大客车作出处理决定；（2）依法终止交警总队行政不作为行为；（3）请求返还合法财产琼 A062××号大客车。

一审经审理，判决省交警总队在判决发生法律效力后对琼 A062××号大客车作出处理决定。判决后，省交警总队提出上诉。在审理过程中，海口市交警支队根据省公安厅《关于对琼 A062××号大客车等嫌疑车辆尽快作出处理决定的通知》，于 2005 年 8 月 24 日，作出公（交）撤字（2005）第 01 号《公安交通管理撤销决定书》，对韩某所有的琼 A062××号大客车作出撤销机动车登记的处理，并于同日书面通知韩某到市交警支队违章大队办理返还琼 A062××号大客车的有关手续。在市交警支队作出撤销机动车登记的处理决定并将被扣车辆返还韩某后，海口市中级人民法院征求韩某是否撤回其一审诉讼请求的意见，韩某表示不撤回一审诉讼请求。二审法院经审查认为，省交警总队把琼 A062××号大客车移交市交警支队处理后，市交警支队已于 2005 年 8 月 24 日对被扣车辆作出了撤销机动车登记的处理决定，并把被扣车辆返还被上诉人，被上诉人的诉讼请求已经得到满足，再行判令省交警总队履行职责已无实际意义。但上诉人在扣留被上诉人车辆后，未在 1999 年 12 月 10 日公安部发布的《交通违章处理程序规定》第 39 条第 1 款第（二）项规定的期限内依法对被扣车辆作出处理，存在行政不作为的情况，应当确认上诉人的不作为行为违法。根据最高人民法院《关于执行〈中华人民共和国行政诉讼法〉若干问题的解释》第 57 条第 2 款第 1 项、第 70 条之规定，判决：（1）撤销一审判决；（2）确认省交警总队在把被扣的琼 A062××号大客车移交市交警支队处理之前未在法定期限内对已扣的车辆作出处理决定的行政不作为行为违法；（3）驳回韩某的诉讼请求。

省交警总队不服二审判决，向海南省高级人民法院申请再审。海南省高级人民法院经审理认为，省交警总队扣留琼 A062××号大客车的行为，确实是为了查处上级纪检部门交办的内部违法违纪案件。在扣押车之后，其一直进行积极的查处，并没有怠于作为。该扣车行为，表象上为具体行政行为，但在本质上为内部违法违纪的查处行为。在完成外围调查后，省交警总队将扣押的琼A062××号大客车移交给有管辖权的市交警支队进行处理，符合公安部公法（1991）51号文的规定。该案移送后，市交警支队已对琼A062××号大客车作出了撤销机动车登记的处理决定，并将大客车退回韩某，使韩某在本案中的诉讼请求已经得到满足。据此，二审判决将一审判决予以撤销是正确的。在一审诉讼中，原告只主张一个诉讼请求，即"请求依法对涉嫌报废车辆琼A062××号大客车作出处理决定"；但二审判决却增加"确认省交警总队在把被扣的琼A062××号大客车移交市交警支队处理之前未在法定期限内对已扣的车辆作出处理决定的行政不作为行为违法"的判决，超出了韩某的诉讼请求，违背了"不告不理"原则，应依法予以纠正。最后判决：撤销一审和二审行政判决书；驳回韩某的诉讼请求。

韩某不服再审判决，向检察机关申请监督。海南省人民检察院审查后提请最高人民检察院抗诉，最高人民检察院认为海南省高级人民法院再审行政判决书认定事实和适用法律确有错误，向最高人民法院提出抗诉。理由如下：

1. 再审判决认为"省交警总队扣留琼A062××号大客车的行为，确实是为了查处上级纪检部门交办的内部违法违纪案件。该扣车行为，表象上为具体行政行为，但在本质上为内部违法违纪的查处行为"缺乏事实及法律依据。省交警总队以涉嫌报废车辆为由作出的扣车行为具备具体行政行为特征，属于人民法院受理行政诉讼案件范围。

2. 再审判决认为"二审判决却增加确认省交警总队在把被扣的琼A062××号大客车移交市交警支队处理之前未在法定期限内对已扣的车辆作出处理决定的行政不作为行为违法的判决，超出了韩某的诉讼请求，违背了'不告不理'原则，应依法予以纠正"，缺乏事实和法律依据。一审卷宗行政起诉状载明韩某的诉讼请求有三项，其中一项即是"依法请求终止交警总队行政不作为行为"。韩某在二审答辩状中也写明，本案焦点之一即上诉人以涉嫌报废车辆扣留A062××号大客车长期未作出处理决定是否违法。

3. 再审判决驳回韩某的诉讼请求，缺乏事实及法律依据。省交警总队在诉讼中未能提供证明持续扣车未超出法定期限的法律依据，应当承担相应的法律后果。另外，省交警总队督察部门没有扣押报废车辆的行政管理权，而以自己的名义扣押车辆，属于超越法定权限的越权行为。

最高人民法院受理抗诉后，指令海南省高级人民法院对本案进行再审。海南省高级人民法院再审判决认为：

1. 被申诉人省交警总队扣留琼A062××号大客车的行为是具体行政行为。理由是：第一，公安交通管理部门有扣押涉嫌报废车辆的法律授权；第二，省交警总队相关工作人员以"涉嫌报废车辆"为由，扣押琼 A062××号大客车，是针对特定公民就特定事件作出的具有命令与服从性质的决定；第三，该扣留行为对行政相对人韩某的权利产生了实际影响。

2. 本案应进行合法性审查。虽然韩某在诉状中没有请求确认行政不作为违法，但其在一审起诉状的理由中提到过该行政不作为存在违法的问题。因此，人民法院应当对诉争的行政行为的合法性进行审查。最高人民法院《关于执行〈中华人民共和国行政诉讼法〉若干问题的解释》第 67 条第 1 款规定："第二审人民法院审理上诉案件，应当对原审人民法院的裁判和被诉具体行政行为是否合法进行全面审查。"所以，二审判决对被诉具体行政行为是否合法进行审查并无不当。因此，检察机关关于不能以二审判决超出诉讼请求为由改判的抗诉理由成立。

3. 被申诉人省交警总队扣留琼 A062××号大客车的具体行政行为存在违法之处。尽管琼 A062××号大客车存在违法入户的事实，但省交警总队在行使职权的过程中，存在违法之处。第一，省交警总队警务督察科以"涉嫌报废"为由扣留琼 A062××号大客车，超越法定权限。第二，省交警总队扣车近一年，但它没有提供能够证明其在法定期限内扣车的有关法律依据。

综上所述，检察机关的抗诉意见成立，应确认省交警总队查扣琼 A062××号大客车的行为违法。

> **案件评析**

本案例主要涉及两个基本的法律问题：一是行政诉讼受案范围；二是原告诉讼请求与行政审判审查的内容。

（一）行政诉讼的受案范围

行政诉讼受案范围是指人民法院受理行政案件、裁判行政争议的范围，即人民法院进行司法审查，对行政机关依法行使行政权进行司法监督的范围。[①] 我国行政诉讼法采取概括性规定加肯定性列举与否定性列举的方式规定了行政诉讼受案范围。《行政诉讼法》第 2 条规定："公民、法人或者其他组织认为行政机关和行政机关工作人员的行政行为侵犯其合法权益，有权依照本法向人民法院提起诉讼。"第 6 条规定："人民法院审理行政案件，对行政行为是否合法进行审查。"据此判断，我国行政诉讼受案范围的基本标准为行政行为。

而事实上，行政诉讼受案范围的基本标准也经历了一个由具体行政行为到

---

① 姜明安：《行政诉讼法学》，北京大学出版社 2001 年版，第 75 页。

行政行为的发展过程。修订前的《行政诉讼法》第 2 条规定："公民、法人或者其他组织认为行政机关和行政机关工作人员的具体行政行为侵犯其合法权益，有权依照本法向人民法院提起诉讼。"第 5 条规定："人民法院审理行政案件，对具体行政行为是否合法进行审查。"有人认为："将具体行政行为规定为提起行政诉讼的起诉权标准，立法的本意是为了排除与之对应的'抽象行政行为'。"① 最高人民法院《关于贯彻执行〈中华人民共和国行政诉讼法〉若干问题的意见（试行）》（以下简称《贯彻意见》）对具体行政行为的概念作出了司法解释，具体行政行为是指国家行政机关和行政机关工作人员、法律法规授权的组织、行政机关委托的组织或者个人在行政管理活动中行使职权，针对特定的公民、法人或者其他组织，就特定的具体事项，作出的有关公民、法人或者其他组织权利义务的单方行为。在后来的试行中，司法解释所界定的具体行政行为概念本身所存在的问题逐渐暴露出来，致使审判实践中对行政诉讼受案范围产生不同的理解。行政诉讼法实施以后，最高人民法院就如何适用行政诉讼法所作的司法解释和行政审判庭办理的请示答复，有关受案范围方面的问题是最多的。② 在最高人民法院《关于执行〈中华人民共和国行政诉讼法〉若干问题的解释》（1999 年 11 月 24 日通过）（以下简称《执行解释》）中，具体行政行为被行政行为取而代之。

《执行解释》第 1 条第 1 款规定："公民、法人或者其他组织对具有国家行政职权的机关和组织及其工作人员的行政行为不服，依法提起诉讼的，属于人民法院行政诉讼的受案范围。"行政行为，其中既包括法律行为，也包括事实行为；既包括作为，也包括不作为；既包括单方行为，也包括双方行为。同时，司法解释又对内部行政行为作出明确界定。《执行解释》第 4 条规定："行政诉讼法第十二条第（三）项规定的'对行政机关工作人员的奖惩、任免等决定'，是指行政机关作出的涉及该行政机关公务员权利义务的决定。"区别内部行政行为与外部行政行为，应主要从以下两个方面加以分析：③ 一是行政行为所针对对象与作出该行政行为的机关之间是否存在行政隶属关系或行政监察关系。二是为行政行为所约束的权益的性质如果是公务员所特有的权义，应认定为内部行为；如果是普通公民的权义，则属于外部

---

① 李广宇：《新行政诉讼法逐条注释》（上），法律出版社 2015 年版，第 19 页。

② 吴晓明主编：《解读最高人民法院司法解释》（行政·国家赔偿·其他卷），人民法院出版社 2006 年版，第 20 页。

③ 吴晓明主编：《解读最高人民法院司法解释》（行政·国家赔偿·其他卷），人民法院出版社 2006 年版，第 26 页。

行政行为。

本案中，被申诉人省交警总队扣车后在长达两年的时间内，没有对扣留车辆进行处理。两年的时间远远超出了《交通违章处理程序规定》第39条第1款第（二）项规定的期限，存在行政不作为的情形。并且从内部行政行为与外部行政行为区别的标准来看，被申诉人省交警总队与韩某之间既不存在行政隶属关系也不存在监察关系。同时，扣留车辆的行为对韩某所造成的权益影响也不是公务员特有的权益。因此，被申诉人省交警总队扣车的行为属于行政诉讼受案范围，具有可诉性。被申诉人省交警总队扣车为"内部违法违纪的查处行为"的辩解，毫无根据。

（二）原告诉讼请求与行政审判审查内容

诉讼请求不仅表达出了原告诉讼的主张和要求，即原告通过诉讼请求法院作出符合其意愿的判决；同时，诉讼请求也构成了法院审理和裁判的对象。《行政诉讼法》第49条规定的起诉条件之一，即要求原先起诉时"有明确的诉讼请求和事实根据"。同时还赋予人民法院"给予指导和释明"的义务。《行政诉讼法》第51条第3款规定"起诉状内容欠缺或者有其他错误的，应当给予指导和释明，并一次性告知当事人需要补正的内容"。《执行解释》还对增加诉讼请求作出了限制，规定"起诉状副本送达被告后，原先提出新的诉讼请求的，人民法院不予准许，但有正当理由的除外"（第45条）。这充分体现了司法"不告不理"的原则。但人民法院以原告诉讼请求为审理和裁判对象，这也是仅就行政诉讼第一审程序而言的。至于行政诉讼第二审程序，则适用"全面审查"原则。"全面审查"原则最早见于《贯彻意见》第75条"第二审人民法院对上诉案件的审查，必须全面审查第一审人民法院认定的事实是否清楚，适用的法律、法规是否正确，有无违反法定程序，不受上诉范围的限制"的规定。《执行解释》保留了这一原则。2014年行政诉讼法修改时也将这一原则确认下来，写入了第87条，规定："人民法院审理上诉案件，应当对原审人民法院的判决、裁定和被诉行政行为进行全面审查。"所谓"全面审查"，是指既要审查一审裁判是否正确，又是审查被诉行政行为是否合法；既要在上诉请求之内进行审查，又可以在上诉请求之外进行审查。[①] 之所以行政诉讼法作出这样的规定，主要在于行政诉讼本质上是客观诉讼，而非民事诉讼的主观诉讼，除了保护当事人合法权益外，还要监督行政机关依法行政；既要考虑私益，还要考虑公共利益。[②]

---

① 李广宇：《新行政诉讼法逐条注释》（下），法律出版社2015年版，第729页。

② 袁杰主编：《〈中华人民共和国行政诉讼法〉解读》，中国法制出版社2014年版，第232页。

本案中，原告在第一审起诉时在起诉状中已提出了"请求依法终止交警总队行政不作为行为"的诉讼请求，即使韩某在第二审程序中没有提出终止交警总队不作为行为的请求，依据《执行解释》第 67 条"第二审人民法院审理上诉案件，应当对原审人民法院的裁判和被诉具体行政行为是否合法进行全面审查"的规定，人民法院也应当围绕交警总队扣留车辆行为的合法性审查，不限于上诉案件的请求范围和请求事项，对本案实行全面审查。

案例 38　浙江省金华市环境保护局行政不作为检察建议案[*]

▶ 案件概要

2012 年 5 月，金华市人民检察院接群众举报及媒体单位反映，位于金华市金东区孝顺镇下辖的满塘等村出现数千吨来路不明的疑似有毒有害工业废料污泥堆。污泥堆的出现严重影响生产生活，破坏了当地的生态环境。接到举报后，金华市人民检察院立即组织力量开展调查，向当地村委委员等相关人员了解情况，赶赴现场察看实情，并拍照固定证据。据调查得知，当地少数不法人员在利益驱动下，将义乌、东阳等地的电镀、化纤、印染等企业产生的有毒或有害工业固体废料污泥，在未作任何无害化处理的情况下，陆续拉至金东区孝顺镇各地，随意倾倒在公路沿线、村路沿线、田地、林地、水库、村庄周边等地。据了解，此类不法行为最早始于 2007 年，近两三年呈愈演愈烈之势。从 2012 年 5 月下旬开始，市级媒体多次、连续进行了曝光。时至今日，包括金义都市区核心区域在内北起曹宅孝顺两镇，南至义乌江畔的满塘水库边、义乌江边、满塘村等地都已发现此类工业废料污泥，范围极广、数量巨大。随着调查的深入，不断有新的倾倒地点被发现。

数年来，不法人员随意倾倒未经无害化处理的工业固体废料污泥的行为与金义都市新区的定位要求相悖，严重危害到公共利益和人民群众的生命健康与财产利益，为金义都市新区的建设埋下了生态环境治理后患，造成了极其恶劣的社会影响。不法分子损害国家利益和社会公共利益的行径一直未引起相关职能部门的重视及有效直接监督。

2012 年 6 月 11 日，金华市人民检察院向金华市环境保护局发出金检民行建〔2012〕8 号检察建议书，督促其依法履行职责：（1）全面开展调查，查明案情，彻底查清所有违法倾倒地点；（2）依法追究有关不法人员的相关法律责任；（3）采取有效措施对倾倒地进行处理，最大限度地恢复和保护生态

　　[*] 参见最高人民检察院民事行政厅编：《民事行政检察精品案例选》，中国检察出版社 2013 年版，第 453～455 页。

环境；（4）制定和完善工作制度，建立监管的长效机制，并抓好落实，杜绝此类事件的再度发生。

金华市环境保护局收到《检察建议书》后高度重视，立即成立了金东区工业废料污泥非法倾倒事件处置工作领导小组，局领导多次召集有关部门协调工业污泥处置和利用工作，采取了一系列具体措施，包括：进行深入调查，查明非法倾倒点、倾倒污泥总量，以及倾倒污泥的企业；建立巡查制度；建章立制，规范污泥的处置，从源头控制，预防非法倾倒。并对相关污染企业开展了立案处理。

> **案件评析**

检察建议是人民检察院进行法律监督的一种重要方式。检察建议分为两类：一是一般检察建议；二是再审检察建议。

（一）一般检察建议

一般检察建议的历史可以溯及 1981 年中央提出"社会治安综合治理"。1980 年 9 月 10 日第五届全国人民代表大会第三次会议通过《关于最高人民法院工作报告和最高人民检察院工作报告的决议》，决议指出，人民法院和人民检察院"应当协同公安机关继续整顿、加强社会治安工作，准确、及时地打击现行犯罪活动，恢复和建立良好的社会秩序"。根据决议精神，检察机关在 1981 年"结合办案，积极参加'综合治理'，加强法制宣传教育，预防和减少犯罪"。[①] 并且，各级检察机关"通过办案，对一些机关、企事业单位在管理上存在的漏洞，及时提出建议，帮助发案单位采取措施，健全制度，加强管理，对预防违法犯罪起了一定的作用"。[②]

1981 年 5 月，中央政法委员会召开了北京、天津、上海、广州、武汉五大城市治安工作座谈会，除重申依法从重从快的方针外，又提出采取经济的、政治的、法律的、行政的、思想的各种方法和措施，对社会治安实行"综合治理"。为了贯彻执行"综合治理"的方针，各级检察机关提出了"立足于办案"，着眼于"综合治理"的口号，结合办案，开展"检察建议"活动，针对发案单位在政治思想工作、行政管理工作和业务规章制度等方面

---

① 参见《最高人民检察院工作报告——1981 年 12 月 7 日在第五届全国人民代表大会第四次会议上》。

② 参见《最高人民检察院工作报告——1982 年 12 月 6 日在第五届全国人民代表大会第五次会议上》。

存在的问题和漏洞，及时地以书面或口头形式提出"检察建议"，促使他们加以解决和改进，堵塞漏洞，消除隐患，预防和减少犯罪。① 正是基于这样的历史背景，《检察大辞典》是这样界定检察建议的，"检察建议是人民检察院履行法律监督职责和参与社会治安综合治理的一种形式"。② 可见，检察建议最初是检察机关参与社会治安综合治理的一种形式。

检察机关参与社会治安综合治理工作，得到了中共中央和国家立法机关重视和肯定。1985 年 1 月 21 日，中共中央书记处书记、全国人大常委会副委员长陈丕显在全国政法会议的报告中指出："检察院、法院要通过办案发现有关单位在工作上、制度上的问题，积极提出司法建议，推动整改，健全制度，堵塞漏洞。对不重视司法建议的单位，有的要运用社会舆论进行批评，造成严重后果的，要追究有关领导者的责任。"③

以后检察建议广泛运用于各项检察业务工作，特别是职务犯罪预防工作，成为检察机关开展职务犯罪预防工作的一项重要手段。④

为进一步规范检察建议的适用，充分发挥检察建议的作用，更好地履行人民检察院的法律监督职能，结合检察工作实际，最高人民检察院于 2009 年 11 月制定《人民检察院检察建议工作规定（试行）》。该规定对检察建议的对象、范围、内容、制作程序等作出了明确规定。2014 年 11 月，行政检察建议写进了行政诉讼法。《行政诉讼法》第 93 条第 3 款规定："各级人民检察院对审判监督程序以外的其他审判程序中审判人员的违法行为，有权向同级人民法院提出检察建议。"

2012 年 11 月，党的十八大提出"切实做到严格规范公正文明"，推进依法行政。2014 年 10 月，党的十八届四中全会对"深入推进依法行政，加快建设法治政府"提出明确要求，其中特别指出要加强包括司法监督在内的监督制度建设，增强监督合力和实效，以强化对行政权力的制约和监督。就检察机关而言，应加强对行政违法行为的监督。习近平总书记在报告的说明中特别指出："全会决定提出，检察机关在履行职责中发现行政机关违法行使职权或者不行使职权的行为，应该督促其纠正。作出这项规定，目的就是要使检察机关对在执法办案中发现的行政机关及其工作人员的违法行为及时提出建议并督促

---

① 李士英主编：《当代中国的检察制度》，中国社会科学出版社 1987 年版，第 230 页。
② 张思卿主编：《检察大辞典》，上海辞书出版社 1996 年版，第 684 页。
③ 李士英主编：《当代中国的检察制度》，中国社会科学出版社 1987 年版，第 233 页。
④ 如曹建明检察长在 2016 年最高人民检察院工作报告中提到，检察机关职务犯罪预防部门，在办案中认真分析腐败犯罪发生原因，提出检察建议 12621 件。

其纠正。这项改革可以从建立督促起诉制度、完善检察建议工作机制等入手。"

目前，检察机关正在对建立督促起诉制度和完善检察建议工作机制进行积极探索和深入研究。根据党中央决定和全国人大常委会授权，检察机关自2015 年 7 月起，以生态环境和资源保护、国有资产保护、国有土地使用权出让、食品药品安全等领域为重点，对 325 起案件启动诉前程序，向相关行政机关或组织提出检察建议，督促履行职责。相关行政机关已履行职责或纠正违法224 件。① 检察建议已成为检察机关履行法律监督职责的一种重要手段和方式。

（二）再审检察建议

2014 年 11 月，第十二届全国人民代表大会常务委员会第十一次会议通过了《关于修改〈中华人民共和国行政诉讼法〉的决定》，对行政诉讼法进行了修订，将第 64 条改为第 93 条，其中第 2 款修改为："地方各级人民检察院对同级人民法院已经发生法律效力的判决、裁定，发现有本法第 91 条规定情形之一，或者发现调解书损害国家利益、社会利益的，可以向同级人民法院提出检察建议，并报上级人民检察院备案；也可以提请上级人民检察院向同级人民法院提出抗诉。"在再审检察建议正式入法之前，检察机关通过实践早已进行了不懈的探索。

2001 年 9 月 30 日，最高人民检察院通过《人民检察院民事行政抗诉案件办案规则》，对检察建议的范围进行规定。第 47 条规定："有下列情形之一的，人民检察院可以向人民法院提出检察建议：（一）原判决、裁定符合抗诉条件，人民检察院与人民法院协商一致，人民法院同意再审的；（二）原裁定确有错误，但依法不能启动再审程序予以救济的；（三）人民法院对抗诉案件再审的庭审活动违反法律规定的；（四）应当向人民法院提出检察建议的其他情形。"2011 年 3 月 10 日，最高人民法院和最高人民检察院联合印发了《关于对民事审判活动与行政诉讼实行法律监督的若干意见（试行）》，明确规定地方各级人民检察院对人民法院的判决、裁定、调解，经检察委员会决定，可以向同级人民法院提出再审检察建议，并要求人民法院收到再审检察建议后三个月内，书面回复提出建议的人民检察院。再审检察建议首次出现在正式的规范性文件之中，取得了明确的法律地位，成为检察机关法定的监督方式之一。2012 年 12 月 25 日，在第十一届全国人民代表大会常务委员会第三十次会议上，最高人民检察院作了关于民事行政检察工作情况的报告，提出"依法审

---

① 参见最高人民检察院工作报告（2016 年）。

查处理当事人不服人民法院生效民事行政裁判提出的申诉，努力构建以抗诉为重点的多元化监督格局"。其中一项措施即"推行再审检察建议"。2012 年修改民事诉讼法时，将检察建议确定为一种诉讼监督措施和民事诉讼监督案件的一种结案方式。2014 年修改行政诉讼法，借鉴了民事诉讼法的规定，也增加了检察建议的监督方式。

再审检察建议不同于抗诉。其一，再审检察建议是"同级抗、同级审"，同级人民检察院对同级人民法院提出再审检察建议，同级人民法院启动再审程序；而抗诉是"上抗下"，上级人民检察院对下级人民法院已经发生法律效力的判决裁定提出抗诉。其二，再审检察建议不是必然引起再审，人民法院收到再审检察建议后，经审查依法作出决定，可能启动再审，也可能不启动再审；而抗诉必然引起再审。其三，抗诉启动再审程序后，法院开庭审理时，检察机关应派员出庭；而经再审检察建议，人民法院启动再审，检察机关则不是必须要派员出庭。但与抗诉方式相比较，再审检察建议具有直接、高效、手段相对和缓的优势。在检察实践中，再审检察建议深受青睐，对于符合抗诉条件的案件，检察机关更倾向于采用再审检察建议的方式进行法律监督。如 2015 年全国检察机关对认为确有错误的民事和行政生效裁判、调解书提出抗诉 3548 件、再审检察建议 3874 件。① 显然，再审检察建议的数量超过抗诉的数量。

众所周知，我国环境保护形势非常严峻。目前，污染物排放远超环境容量，水污染治理任务艰巨。在这样的严峻形势下，一方面，要明确政府责任，增加环境保护各项投入，采取有力措施支持环保产业发展；另一方面，要大力提高企业环境污染成本，不能再让企业把公共环境作为免费的资源，肆意污染环境和危害群众健康。这就需要环境执法部门严格执法，切实履行环境保护的职责。《环境保护法》在第 6 条第 2 款规定："地方各级人民政府应当对本行政区域的环境质量负责。"这一规定把地方政府承担环境责任，提升为一项法律原则。与此同时，环境保护法扩大了环境行政执法权力，完善了环境许可和环境监察制度，使环保部门获得了前所未有的执法利器。例如，允许环保部门对超标排放的污染企业限制生产、停产整治，授权环保部门实施行政强制措施，查封、扣押造成污染物排放的设施、设备。对以偷排等方式恶意违法的直接责任人员，将被处以 15 日以下的行政拘留。另外，对超过国家重点污染物排放总量控制指标或者未完成国家确定的环境质量目标的地区，环境保护部和省级环保部门将暂停审批其新增重点污染物排放总量的建设项目环境影响评价文件。

---

① 参见最高人民检察院工作报告（2016 年）。

环保部门是环境保护的主导力量，必须切实履行职责，不可以不作为。检察机关作为国家的法律监督机关，承担对行政违法行为进行监督的职责。金华市人民检察院向金华市环境保护局发出检察建议符合《人民检察院检察建议工作规定（试行）》第5条第（二）项针对"行业主管部门或者主管机关需要加强或改进本行业或者部门的管理监督工作的"提出检察建议的情形。检察建议提出后，金华市环保局高度重视，采取切实措施，积极作为。从监督的实效上看，达到法律监督的目的，取得了很好的效果。

第九章

被害人人权保障

案例 39 福建省武夷山市人民检察院司法救助案*

➤ 案件概要

2009 年 8 月 26 日 13 时许，犯罪嫌疑人韩某在武夷山市某某工业园区某有限公司宿舍内，用铁锤击打工友窦某的头部，后窦某被送到市医院抢救，第二天晚上窦某因抢救无效死亡。韩某因涉嫌故意杀人罪于 2009 年 8 月 27 日被武夷山市公安局刑事拘留，武夷山市人民检察院于 2009 年 9 月 10 日以故意杀人罪对犯罪嫌疑人韩某批准逮捕。

2009 年 10 月 9 日，武夷山市公安局委托厦门市某某医院司法鉴定所对韩某作案时的精神状态及有无刑事责任能力进行鉴定，该司法鉴定所于 2009 年 10 月 28 日出具"某某司法鉴定所（2009）精鉴字第 228 号"司法精神医学鉴定意见书，鉴定意见认为：（1）被鉴定人韩某患有偏执型精神分裂症（发病期）。（2）韩某于 2009 年 8 月 26 日实施作案时丧失实质性辨认能力，无刑事责任能力。

被害人窦某的父母无法接受该鉴定，2009 年 12 月 1 日，被害人窦某的父亲向武夷山市公安局申请对韩某是否患有精神病及其刑事责任能力重新鉴定，并交纳 1 万元的重新鉴定费。市公安局重新鉴定费用为 6358 元，剩余 3642 元于 2010 年 1 月 20 日退还给被害人窦某的父亲。

2009 年 12 月 23 日，福建省龙岩市第三医院司法鉴定室受理了武夷山市公安局的重新鉴定申请。2010 年 1 月 11 日，该司法鉴定室出具"（2009）岩精鉴字第 006 号"精神疾病鉴定意见书，鉴定意见为：被鉴定人韩某患有"偏执型精神分裂症"，作案时处于患病期，在病理症状支配下，丧失实质性辨认能力，无责任能力。并建议对韩某进行强制性系统治疗。

根据司法精神病鉴定意见，武夷山市公安局于 2010 年 1 月 20 日将韩某释放。

2011 年 8 月 8 日，武夷山市人民检察院收到被害人窦某的父母邮寄的

---

* 案例来源于福建省武夷山市人民检察院。

《强烈要求有关部门对杀人凶犯系"偏执型精神分裂症"重新鉴定》的信访件。武夷山市人民检察院控申部门收到该信件后，及时向检察长作了汇报，检察长决定由控申部门负责办理。随后控申部门检察官向侦查监督科、公安局刑警大队、公安局法治大队、信访部门调取相关材料。

武夷山市人民检察院审查后认为，公安机关在办案中存在以下问题：

1. 从公安机关给予被害人的鉴定意见通知书可见，因没有体现鉴定机构的名称，导致信访人误以为是武夷山市公安局作出的鉴定。

2. 对于患有严重精神病的犯罪嫌疑人，没有协调有关部门对其进行强制性系统治疗，而是直接释放，将这一危险因素推向社会。

3. 对于重大杀人犯罪，被害方提出重新鉴定要求的，公安机关如因经费困难应向当地财政申请重新鉴定费用，而不应向被害方收取费用，这有悖刑事诉讼保障公民合法权益的精神。

2011 年 10 月 8 日，武夷山市人民检察院向武夷山市公安局发出检察建议书：

1. 将犯罪嫌疑人韩某的两次司法精神病鉴定意见书全文复印给被害人，便于被害人家属了解鉴定的真实性。

2. 将被害人窦某的父母交纳的重新鉴定费人民币 6358 元予以退还。

3. 建议对犯罪嫌疑人韩某进行强制治疗，减少社会危险性。

4. 鉴于被害方家属未得到民事赔偿，建议由市公安局向市政法委申请启动刑事被害人救助机制，对被害人家属进行救助。

5. 建议市公安局在今后的鉴定意见通知书中要体现出鉴定机构的名称及资质，保障当事人的知悉权，以减少信访的发生。

此案后来经市委政法委批准，给予被害人窦某父母 5 万元救助；2012 年 2 月 20 日由市公安局向被害人窦某的父母退回重新鉴定费 6358 元。

➤ 案件评析

本案是人民检察院控申部门积极履行职能，在办理涉法涉诉信访案件中，发现公安机关在办案中存在某些问题，依法实施法律监督，切实维护被害人的权利，并通过积极努力，经政法委批准，对被害人家属予以司法救助的案件。本案的处理发生在我国《刑事诉讼法》修订之前，但是本文结合修订后的《刑事诉讼法》以及 2014 年"六部委"《关于建立完善国家司法救助制度的意见（试行）》，评析被害人人权保障的相关问题。

（一）关于被害人对鉴定意见的知情权

鉴定意见是指公安司法机关为了查明案情，解决案件中某些专门性问题，指派或聘请具有该项专门知识和技能的人，进行鉴定后所作的书面意见。鉴定人应当按照鉴定规则，运用科学方法独立进行鉴定；鉴定后，应当出具鉴定意见，并在鉴定意见书上签名，同时附上鉴定机构和鉴定人的资质证明或者其他证明文件。根据我国修订后的《刑事诉讼法》第 146 条的规定，侦查机关应当将用作证据的鉴定意见告知犯罪嫌疑人、被害人。如果犯罪嫌疑人、被害人提出申请，可以补充鉴定或者重新鉴定。我国《刑事诉讼法》第 147 条还规定，对犯罪嫌疑人作精神病鉴定的期间不计入办案期限。自 2013 年 1 月 1 日起施行的《公安机关办理刑事案件程序规定》第 243 条第 2 款规定："对经审查作为证据使用的鉴定意见，公安机关应当及时告知犯罪嫌疑人、被害人或者其法定代理人。"可见，将鉴定意见告知被害人或者其法定代理人，是我国刑事诉讼法规定的侦查机关的法定义务，是保障刑事诉讼顺利进行的基本要求，是程序正义的应有体现，更是刑事案件中被害人知情权的重要内容之一。本案中公安机关作为侦查机关，应当切实履行法定的告知义务，在本案被害人死亡的情形下，应将用作证据的鉴定意见完整告知被害人的父母。

本案中，被害人死亡，市公安局虽然将犯罪嫌疑人韩某的鉴定意见的结论（韩某在实施危害行为时属于精神分裂症发病期）告知了被害人的父母，但是市公安局对被害人父母告知的鉴定意见是不完整的，并且由于不完整的告知，使被害人的父母不知道是哪个鉴定机构作出的鉴定，以至于被害人父母面对儿子死亡的事实，难以接受犯罪嫌疑人韩某"是精神分裂症（发病期）"的鉴定意见，表示不能信任这一鉴定意见，进而提出重新鉴定的申请。

被害人的知情权作为刑事诉讼中的一项重要权利，知情权能否得到有效的保障不仅关系到被害人其他诉讼权利的实现程度，同时也会直接影响到诉讼效率。那么，这种告知义务的具体内容，是只告知鉴定意见的结论部分即可，还是应当告知鉴定意见的完整内容？

已经废止的《人民检察院刑事诉讼规则》（1999 年 1 月 18 日发布）第205 条规定："告知犯罪嫌疑人、被害人或被害人的法定代理人、近亲属、诉讼代理人鉴定结论，可以只告知其结论部分，不告知鉴定过程等其他内容。"这一规定在司法实践中受到诟病。虽然鉴定具有很强的专业性，作为普通人无法或者难以掌握鉴定所需要的专业知识、专门的技术要求和规范，以及科学的鉴定方法等，但是，作为刑事案件的犯罪嫌疑人和被害人，需要了解鉴定的完整内容，以便于其在法定代理人或者其他专业人士的帮助下，了解鉴定的内容，更好地实现自己的各项诉讼权利，因此，在 2013 年 1 月 1 日起施行的《人民检察院刑事诉讼规则（试行）》中，取消了该内容。

从逻辑上分析，既然是用作证据的鉴定意见，肯定不是只把其中的结论部分作为证据，而是将完整的鉴定意见作为证据；如果仅告知鉴定意见中的结论部分，对生成该鉴定结论的检验过程、检验方法、鉴定标准和鉴定的程序规范和技术规范等重要内容都不予告知，无论对犯罪嫌疑人一方还是对被害人一方，都是不公平的，会使他们的合法权利无法得到有效保障。

在法庭上，证据只有经过当庭出示、辨认、质证等法庭调查程序查证属实，才能作为定案的根据。2013 年 1 月 1 日起施行的最高人民法院《关于适用〈中华人民共和国刑事诉讼法〉的解释》第 84 条规定，对鉴定意见应当着重审查以下内容：（1）鉴定机构和鉴定人是否具有法定资质；（2）鉴定人是否存在应当回避的情形；（3）检材的来源、取得、保管、送检是否符合法律、有关规定，与相关提取笔录、扣押物品清单等记载的内容是否相符，检材是否充足、可靠；（4）鉴定意见的形式要件是否完备，是否注明提起鉴定的事由、鉴定委托人、鉴定机构、鉴定要求、鉴定过程、鉴定方法、鉴定日期等相关内容，是否由鉴定机构加盖司法鉴定专用章并由鉴定人签名、盖章；（5）鉴定程序是否符合法律、有关规定；（6）鉴定的过程和方法是否符合相关专业的规范要求；（7）鉴定意见是否明确；（8）鉴定意见与案件待证事实有无关联；（9）鉴定意见与勘验、检查笔录及相关照片等其他证据是否矛盾；（10）鉴定意见是否依法及时告知相关人员，当事人对鉴定意见有无异议。可见，人民法院对鉴定意见进行审查的十项内容中，包括了告知是否依法、及时，以及当事人是否有异议的内容，这也彰显了人民法院对当事人知情权的保障。在案件的侦查阶段和审查起诉阶段，对鉴定意见的告知，也同样是被害人权利保障的重要内容，无论是侦查机关还是检察机关，都要切实将告知权保障到位。如果公安机关没有依法履行告知义务，检察机关应当切实履行监督义务，保障被害人的知情权。

（二）关于对被害人及其家人的救助

本案经市委政法委批准，给予被害人窦某父母 5 万元救助；2012 年 2 月 20 日由市公安局向被害人窦某的父母退回重新鉴定费 6358 元。

关于对刑事案件受害人或者其家属的补偿，联合国有关文件是将其作为一项附条件的国家责任加以规定的。联合国大会 1985 年 11 月 29 日第 40/34 号决议通过的《为罪行和滥用权力行为受害者取得公理的基本原则宣言》（以下简称《宣言》），专门规定了会员国对受害者金钱上的补偿，该《宣言》第 12 条规定："当无法从罪犯或其他来源得到充分的补偿时，会员国应设法向下列人等提供金钱上的补偿：（a）遭受严重罪行造成的重大身体伤害或身心健康损害的受害者；（b）由于这种受害情况致使受害者死亡或身心残障，其家属、特别是受扶养人。"《宣言》规定的国家补偿的前提是"无法从罪犯或其他来源得到充分补偿时"。

对刑事案件的被害人进行国家补偿，既表明了国家对被害人权利的有效保护，也进一步维护了国家法律的尊严，实现社会公平正义，促进社会和谐稳定。我国对刑事案件被害人的国家补偿，是通过国家司法救助予以实现的。对于刑事被害人的司法救助，我国是实践在先，如江西、广东、浙江等地先后开始进行尝试，取得了非常好的效果。但是救助工作总体上还没有全面展开，各地的救助开展得很不平衡，救助资金也十分有限，不能使符合条件的刑事被害人得到及时救助，此外，在救助原则、救助标准、救助程序如管辖等方面存在一些亟须解决的问题。为此，2009 年 3 月 9 日，中央政法委员会、最高人民法院、最高人民检察院、公安部、民政部、司法部、财政部、人力资源和社会保障部八部委共同颁布了《关于开展刑事被害人救助工作的若干意见》，肯定了开展刑事被害人救助工作的重要意义，提出了开展刑事被害人救助工作的指导思想和总体要求、基本原则，明确了救助对象，刑事被害人救助的重点是："因严重暴力犯罪造成严重伤残，无法通过诉讼及时获得赔偿；生活困难的刑事被害人或者刑事被害人因遭受严重暴力犯罪侵害已经死亡，与其共同生活或者依靠其收入作为重要生活来源，无法通过诉讼及时获得赔偿，生活困难的近亲属；因过失犯罪或不负刑事责任的人（如精神病人、不满刑事责任年龄的人）实施的刑事不法行为，导致严重伤残或死亡的刑事被害人，生活困难又无法通过诉讼获得赔偿的"，可以参照该意见予以救助。救助以一次性为原则。对刑事案件被害人或其近亲属的救助数额，以案件管辖地上一年度职工月平均工资为基准，一般在 36 个月的总额之内。该意见对刑事被害人救助工作起到了非常积极的作用。

经过几年的实践，在充分总结经验和科学完善的基础上，2014 年年初，中央政法委、财政部、最高人民法院、最高人民检察院、公安部、司法部六部委发布了《关于建立完善国家司法救助制度的意见（试行）》，从原来的"刑事被害人救助"发展到统一的"国家司法救助制度"，首先，是明确了救助原则，坚持辅助性救助、公正救助、及时救助、属地救助的基本原则，其中属地救助原则是为了解决实践中出现的异地救助困难现象，"对符合救助条件的当事人，不论其户籍在本地或外地，原则上都由案件管辖地负责救助"。其次，扩大了救助范围，涵盖的案件不仅包括刑事案件，还包括特定的民事案件；救助的对象不仅包括刑事案件的受害人及其近亲属，还包括举报人、证人、鉴定人、追索赡养费、扶养费、抚育费人员，道路交通事故受害人。最后，规定了不予救助的六项情形，即申请国家司法救助的人员如果具有以下情形之一的，一般不予救助：对案件发生有重大过错的；无正当理由，拒绝配合查明犯罪事实的；故意作虚伪陈述或者伪造证据，妨害刑事诉讼的；在诉讼中主动放弃民事赔偿请求或拒绝加害责任人及其近亲属赔偿的；生活困难非案件原因所导致的；通过社会救助措施，已经得到合理补偿、救助的。对社会组织、法人，不予救助。

《关于建立完善国家司法救助制度的意见（试行）》规定的救助金额标准，一般在 36 个月的工资总额之内。损失特别重大、生活特别困难，需适当突破救助限额的，应严格审核控制，救助金额不得超过人民法院依法应当判决的赔偿数额。在办理具体案件时，要综合考虑救助对象实际遭受的损害、有无过错以及过错大小、个人及其家庭经济状况、维持当地基本生活水平所必需的最低支出，以及赔偿义务人实际赔偿情况等。《关于建立完善国家司法救助制度的意见（试行）》明确了各地国家司法救助资金由地方政府财政部门列入预算，统筹安排，并建立动态调整机制。已经建立的刑事被害人救助资金、涉法涉诉信访救助资金等专项资金，统一合并为国家司法救助资金。

建立和完善国家司法救助制度，不仅是我国健全社会保障体系的重要方面，是改善被侵害的被害人生活困境的重要途径，更是中国特色社会主义司法制度的内在要求，对于维护社会和谐、促进社会稳定，都至关重要。为了避免因案件无法及时侦破、犯罪嫌疑人逃跑、被告人没有赔偿能力或赔偿能力不足，致使受害人及其近亲属依法得不到有效赔偿、生活陷入困境的情形的发生，为了避免当事人反复申诉上访甚至酿成极端事件，保障当事人的合法权益，维护司法尊严和司法权威，将国家司法救助工作制度化、规范化，对受到侵害但无法获得及时、有效赔偿的当事人，由国家给予适当的经济资助，帮助他们摆脱急迫的生活困境，进一步完善人权司法保障，都有着十分重要的意义。

结合本案分析，武夷山市人民检察院通过本案，不仅在保障被害人人权方面作出了重大努力，而且极大地推动了本市纳入财政预算的救助基金制度的实施。通过行使检察监督权，及时发出检察建议书，启动了国家司法救助，本案的救助金额 5 万元是 2012 年度该区救助金额最高的一例。通过本案的办理，武夷山市纳入财政预算的救助基金年度总额为 30 万元，于 2012 年 7 月 13 日开始实行。被害人父母对救助结果表示满意，签订了息诉息访协议。

（三）检察机关对强制医疗的监督

修订后的《刑事诉讼法》第 284 条、第 285 条对"依法不负刑事责任的精神病人的强制医疗程序"用专门一章加以规定，明确了强制医疗的对象为"实施暴力行为，危害公共安全或者严重危害公民人身安全，经法定程序鉴定依法不负刑事责任的精神病人，有继续危害社会可能的，可以予以强制医疗"。强制医疗的决定权属于人民法院，标志着我国强制医疗制度的司法化，保障了其公正性和程序正当性。自 2013 年 1 月 1 日起施行的最高人民法院《关于适用〈中华人民共和国刑事诉讼法〉的解释》第 535 条、第 536 条规定，人民法院决定强制医疗的，应当在作出决定后 5 日内，向公安机关送达强制医疗决定书和强制医疗执行通知书，由公安机关将被决定强制医疗的人送交强制医疗。并赋予被决定强制医疗的人、被害人及其法定代理人、近亲属申请复议的权利，但是复议期间不停止执行强制医疗的决定。人民检察院对强制医疗的决定和执行实行监督。

自 2013 年 1 月 1 日起施行的《公安机关办理刑事案件程序规定》第 332 条至第 334 条规定，对经法定程序鉴定依法不负刑事责任的精神病人，有继续危害社会可能，符合强制医疗条件的，公安机关应当在 7 日以内写出强制医疗意见书，经县级以上公安机关负责人批准，连同相关证据材料和鉴定意见一并移送同级人民检察院。对实施暴力行为的精神病人，在人民法院决定强制医疗前，经县级以上公安机关负责人批准，公安机关可以采取临时的保护性约束措施。必要时，可以将其送精神病医院接受治疗。采取临时的保护性约束措施时，应当对精神病人严加看管，并注意约束的方式、方法和力度，以避免和防止危害他人和精神病人的自身安全为限度。对于精神病人已没有继续危害社会可能，解除约束后不致发生社会危险性的，公安机关应当及时解除保护性约束措施。

本案中的情形如果依据修订后的刑事诉讼法分析，市公安局在鉴定意见已经明确建议对犯罪嫌疑人韩某"进行强制性系统治疗"的情形下，没有引起应有的重视，直接将犯罪嫌疑人韩某释放的做法是不正确的，对于实施了严重暴力行为致使被害人窦某死亡的韩某，虽然经过法定程序鉴定依法不负刑事责任，但是有继续危害社会的可能，不应直接释放，而是应当制作强制医疗意见书，移送到人民检察院。在人民法院决定强制医疗前，对实施暴力行为的精神病人韩某，公安机关可以采取临时的保护性约束措施。如果有类似本案的情形发生，检察机关一旦发现或者接到申诉后，应当根据自 2013 年 1 月 1 日起施行的《人民检察院刑事诉讼规则（试行）》第 545 条的规定，发现公安机关应当启动强制医疗程序而不启动的，可以要求公安机关在 7 日以内书面说明不启动的理由。经审查，认为公安机关不启动理由不能成立的，应当通知公安机关启动程序。根据《人民检察院刑事诉讼规则（试行）》第 546 条第 2 款的规定，公安机关应当采取临时保护性约束措施而尚未采取的，人民检察院应当建议公安机关采取临时保护性约束措施。

因为本案发生在刑事诉讼法修订之前，对精神病人的强制医疗，只是在我国《刑法》第 18 条第 1 款中有原则性的规定，"精神病人在不能辨认或者不能控制自己行为的时候造成危害结果，经法定程序鉴定确认的，不负刑事责任，但是应当责令他的家属或者监护人严加看管和医疗；在必要的时候，由政府强制医疗"。所以，办理本案的检察机关通过发出《检察建议书》，建议市公安局对犯罪嫌疑人韩某进行强制治疗，是正确的做法。对于该项检察建议是否得到市公安局的反馈，市公安局是否启动了对犯罪嫌疑人韩某的强制治疗工作，检察机关还需进一步实施监督，直至公安机关依法启动强制医疗，并应当由刑事执行检察部门对强制医疗实施过程进行监督。

案例 40　上海市黄浦区人民检察院 诉孙某诈骗案 *

> **案件概要**

在上海市黄浦区人民检察院起诉的一起诈骗案中，被害人谢某从老家来到上海市，想要在市内寻找一间门面房开设美容店，被告人孙某在得知这一情况后，谎称能够帮助谢某在市里租到合适的门面房，多次以支付"定金、租金"等为借口向谢某索要骗取现金，共骗得人民币 53 万余元。案发后，孙某仅退赔被害人谢某人民币 2.5 万元。其余诈骗款项已经被孙某挥霍一空。

人民法院一审判决被告人孙某犯诈骗罪，判处有期徒刑 11 年。被告人没有提出上诉。被害人谢某向黄浦区人民检察院控申科提出刑事申诉，认为人民法院认定的诈骗金额有误，对孙某的量刑太轻，要求检察机关抗诉。

黄浦区人民检察院受理了谢某的刑事申诉后，经过全面审查，发现人民法院对诈骗数额的认定及量刑并无不当，因此作出了不予抗诉的决定。

黄浦区人民检察院经过与区人民法院执行庭、审判监督庭联系得知，诈骗案被告人孙某除了和其父母共同居住的一处等待拆迁的房屋外，没有其他个人财产可以执行。当时谢某怀孕 7 个月，被诈骗的欠款中有 30 多万是向亲友借的，谢某的男友因得知谢某无法偿还借款后离去，谢某的生活陷入困境，对生活前景一度悲观茫然。检察官了解到谢某提出刑事申诉的根本原因是想要追回被骗款项，平安生下孩子。因此，黄浦区人民检察院控申科检察官及时向谢某告知权利，谢某得知自己可以通过申请国家司法救助解决当前的生活困境后，提交了司法救助的申请，检察官来到谢某的住所实地考察，了解其生活状况，发现谢某住在偏远的市郊，租住在一间毛坯房里，生活费用全部依靠姐姐的帮助。黄浦区人民检察院迅速启动了救助程序，于 3 日内决定对谢某实施救助，谢某获得 5000 元救助金，检察院派人到谢某的住所将救助金交给谢某，检察官认真负责的工作态度和对谢某困难的帮助关怀令谢某感动不已。后来，谢某生子后给检察院打电话告知母子平安，再次感谢人民检察院帮助她度过难关、

---

* 案例来源于上海市黄浦区人民检察院。

给她带来温暖和关心。该区人民法院也对被害人予以一定金额的救助,该区人民法院执行庭会继续关注诈骗案被告人孙某的经济状况,尽可能帮助被害人追回损失。

► **案件评析**

本案通过发放司法救助金帮助被害人,这是司法救助中最多见的形式。数据显示,中央财政每年下拨 7 亿元的国家司法救助资金。① 2014 年,各地财政共安排救助资金 17.7 亿元。2015 年,预算资金达到 22.4 亿元,较上年增长了 26.9%。所有省级财政、95% 的市级财政、93.4% 的县级财政,都把国家司法救助资金纳入了财政预算。有 19 个省(区、市)实现了省市县三级财政预算全覆盖。2014 年,各地实际使用救助资金 16.6 亿元,救助了 80042 名当事人。从检察院的救助情况来看,救助金额也是逐年上升。据统计,2014 年 1 月至 2015 年 10 月,全国检察机关共受理 1.3 万余人国家司法救助申请,发放救助金 1.2 亿元。

(一)本案关于国家司法救助申请权的告知

关于被害人"获得司法救助权利"的告知,在国际文件中有明确规定。联合国大会 1985 年 11 月 29 日第 40/34 号决议通过的《为罪行和滥用权力行为受害者取得公理的基本原则宣言》第 5 条要求"使受害者能够通过迅速、公平、省钱、方便的正规或非正规程序获得补救。应告知受害者他们通过这些机构寻求补救的权利"。1999 年 4 月 23 日,国际检察官联合会通过的《检察官职业责任准则和主要权利义务准则》规定了检察官在刑事司法程序中考虑被害人利益、告知权利的内容。在该准则第 4.3(b)段要求检察官"当被害人和证人的个人利益受到或可能受到影响时,根据当地法律和公正审判的要求考虑被害人和证人的观点、合法利益和可能的顾虑,努力保证被害人和证人被告知他们的权利"。

权利告知是被害人诉讼权利中非常重要的一项基础性权利,本案检察官就是积极发挥职能,在主动了解被害人的生活状况后,及时告知被害人谢某有权申请国家司法救助,进而实现对被害人的权利保障的。2014 年 3 月 26 日,最高人民检察院《关于贯彻实施〈关于建立完善国家司法救助制度的意见(试行)〉的若干意见》强调检察机关要"主动发挥职能作用,积极开展国家司法

---

① 蔡长春:《国家司法救助金 2 年下拨 54 亿 四类人员可申请》,载中国法院网,http://www.chinacourt.org/article/detail/2016/02/id/1804986.shtml,2016 年 2 月 5 日访问。

救助工作"。人民检察院在办理案件过程中，应当主动了解当事人家庭生活状况，对符合救助条件的当事人，不论其户籍在本地或外地，均应主动开展救助工作。

2014 年，中央政法委员会、财政部、最高人民法院、最高人民检察院、公安部、司法部《关于建立完善国家司法救助制度的意见（试行）》规定的救助程序分为告知、申请、审批、发放四个环节；规定救助申请应当由当事人向办案机关提出；刑事被害人死亡的，由符合条件的近亲属提出。关于申请的形式，以书面申请为原则，一般采取书面形式申请；对于确有困难，不能提供书面申请的，可以采用口头方式。申请人还应当如实提供本人的真实身份、实际损害后果、生活困难、是否获得其他赔偿等相关证明材料。从上述规定可见，申请人提出申请是其获得国家司法救助的前置程序，如果符合司法救助条件的人没有提出救助申请，或者提出救助申请后又撤回该申请的，则无法进入司法救助的后续审批和发放程序，当然也无法获得国家司法救助。

本案办案机关黄浦区人民检察院在办理申诉案件过程中，被害人并没有提出司法救助的申请，检察官是通过与要求检察机关提起抗诉的被害人谢某的多次交流中，了解到谢某在其要求抗诉的请求背后是其经济上面临的困境，在依法作出不予抗诉的决定后，进而对申诉人谢某的生活困难给予足够的关注，综合考虑全案情形，认为其符合救助条件，及时告知谢某有权提出国家司法救助申请，保障了被害人的合法权益，解决其生活陷入困难的燃眉之急。

按照"六部委"《关于建立完善国家司法救助制度的意见（试行）》的规定，办案机关应当认真核实申请并在 10 个工作日内作出是否给予救助和具体救助金额的审批意见；对批准同意的，办案机关在收到拨付款后 2 个工作日内，通知申请人领取救助资金。在本案中，区检察院控申科的检察官发现被害人谢某已经怀孕 7 个月且生活来源全部依靠姐姐的资助，一方面及时地在 3 日内作出予以救助的决定；另一方面因被害人谢某身体不便，不是通知谢某前来领取救助金，而是登门交付救助金，这种做法不仅仅给予被害人物质上的帮助，而且也是对被害人精神上的极大安慰和关切，这种做法，在对被害人给予同情的同时，又尊重其尊严。检察官在办案过程中充满了对被害人的司法人文关怀，充分尊重和保障了被害人的合法权利。检察官们两次到被害人谢某租住的偏远住所，了解其生活状况和发放救助金，对于谢某尽快恢复对生活的信心，平复情绪有很大帮助，不仅对谢某本人的身心健康而且对胎儿发育都有好处，进而使被害人感受到来自司法机关的关爱和温暖，对弘扬法治精神，树立司法权威，都起到了十分积极的作用，区检察院在该案中的做法是非常值得称道的。

关于救助金的发放，"六部委"还规定了一种特殊情形，即如果有急需医疗救治等特殊情形，办案机关可以先垫付救助金，待救助后再及时补办审批手续。这种由办案机关先行垫付再补办审批手续的程序设置，体现了国家司法救助制度设置的宗旨，针对急需医疗救治的紧急情况作出的特殊规定，救急救困优先，充分体现了司法救助中人文关怀的内涵，更加有利于保障被害人的权利，有利于化解矛盾和社会稳定。

（二）国家司法救助的原则与金额

本案中，被害人被诈骗 53 万余元，仅从被告人处追回 2.5 万元，绝大部分被骗款项无法追回，且犯罪人没有其他个人财产可以赔偿被害人，从表面上来，检察机关 5000 元的救助款与被害人谢某因被诈骗所遭受的实际损失相比，实在是很少。那么，与因犯罪行为遭受的损失相比，这么少的救助金额，是否符合我国司法救助的原则呢？这就涉及对国家司法救助原则的理解。

2014 年"六部委"《关于建立完善国家司法救助制度的意见（试行）》规定了国家司法救助应当坚持的四项基本原则：辅助性救助、公正救助、及时救助、属地救助。对于受到侵害但无法通过诉讼渠道获得及时、有效赔偿的当事人，由国家给予适当的经济资助，而不是由国家赔偿被害人因犯罪行为侵害而遭受的一切损失。

联合国大会 1985 年 11 月 29 日第 40/34 号决议通过的《为罪行和滥用权力行为受害者取得公理的基本原则宣言》第 12 条规定的对受害人进行补偿的国家义务是"当无法从罪犯或其他来源得到充分的补偿时，会员国应设法向下列人等提供金钱上的补偿：（a）遭受严重罪行造成的重大身体伤害或身心健康损害的受害者；（b）由于这种受害情况致使受害者死亡或身心残障，其家属、特别是受扶养人"。该规定体现的就是补充性原则，也称为辅助性原则。

辅助性原则，也称为补充性原则，是对遭受犯罪行为侵害或民事侵权、无法通过诉讼获得有效赔偿的当事人所采取的辅助性救济措施。该原则由以下几个部分组成：一是"救急"，即生活上的急迫困难；二是"一次性救助"，对于同一案件中的同一人不能重复救助；三是"其他诉讼渠道无法实现时的救助"。在刑事案件中，通过诉讼渠道无法实现赔偿的，主要是以下情形：（1）刑事案件被害人受到犯罪侵害，致使重伤或严重残疾，因案件无法侦破造成生活困难的；或者因加害人死亡或没有赔偿能力，无法经过诉讼获得赔偿，造成生活困难的。（2）刑事案件被害人受到犯罪侵害危及生命，急需救治，无力承担医疗救治费用的。（3）刑事案件被害人受到犯罪侵害而死亡，因案件无法侦破造成依靠其收入为主要生活来源的近亲属生活困难的；或者因加害人死亡或没有赔偿能力，依靠被害人收入为主要生活来源的近亲属无法经过诉讼获得赔偿，造成生活困难的。（4）刑事案件被害人受到犯罪侵害，致使财产遭受重大损失，因案件无法侦破造成生活困难的；或者因加害人死亡或没有赔偿能力，无法经过诉讼获得赔偿，造成生活困难的。（5）举报人、证人、鉴定人因举报、作证、鉴定受到打击报复，致使人身受到伤害或财产受到重大损失，无法经过诉讼获得赔偿，造成生活困难的。此外还包括政法委和政法各单位根据实际情况，认为需要救助的其他人员。

国家司法救助原则的确立，是在总结多年来司法实践对刑事被害人救助、涉法涉诉信访救助等多种形式的救助工作基础上，进行科学严谨的归纳总结制定出来的。

结合本案，国家司法救助并非是弥补被害人因为犯罪遭受的所有损失，而是解决被害人面临的生活困境，具有急迫性。对于被害人因为被告人的犯罪行为带来的损失，主要还是通过诉讼途径，由实施犯罪的被告人返还或者赔偿。本案被告人已经将诈骗的钱款挥霍了，当时无个人财产可以返还被害人，因此，该区人民法院执行庭关注诈骗案被告人孙某的经济状况，会尽可能帮助被害人追回损失，这种做法是正确的。人民检察院给予本案被害人谢某5000元救助金的做法，也是符合国家司法救助原则的。在司法实践中，也有当事人因存在对国家司法救助的误解而放弃司法救助的情形发生，例如，在某一故意伤害案件中，被害人本来已经提出司法救助的申请，后来因为担心接受国家司法救助后会使被告人受到较轻处罚、会减轻被告人的赔偿责任，又撤回了救助申请。因此，办案机关在办理案件过程中，发现有这种情形时，应当耐心细致地做好解释工作，帮助申请人正确理解相关司法救助规定和有关定罪处罚的法律规定，以达到切实维护被害人合法权益的目的。

此外，辅助性原则强调"一次性救助"，对于同一案件中的同一人不能重复救助。2016年7月14日的《人民检察院国家司法救助工作细则（试行）》第3条第（一）项再次强调一次性救助，人民检察院开展国家司法救助工作，应当遵循辅助性救助。对同一案件的同一当事人只救助一次，并明确"其他办案机关已经予以救助的，人民检察院不再救助。对于通过诉讼能够获得赔偿、补偿的，应当通过诉讼途径解决"。本案检察机关、审判机关都给予被害人司法救助，是不符合一次性救助的要求的。

案例 41 北京市石景山区人民检察院 诉胡某某寻衅滋事案*

➤ 案件概要

2008 年 5 月 10 日 21 时许，被告人胡某在北京市某饭店卫生间门口，酒后调戏在该饭店吃饭的客人赵某（女，18 岁），并在赵某朋友钱某、孙某上前询问缘由时用拳头击打钱某眼部，后胡某某与孙某互相撕扯时一起倒地，同时胡某某喊来与其一起来饭店吃饭的乙、丙、丁共同对倒在地上的孙某拳打脚踢。打架期间，乙欲用餐桌上的啤酒瓶打孙某，误将餐厅吃饭的客人李某的头部击伤。后民警赶到现场将犯罪嫌疑人胡某某抓获。经鉴定，钱某右眼眶内壁骨折，构成轻伤；孙某、李某面部软组织创伤，均构成轻微伤。

2008 年 8 月 27 日，石景山区人民检察院提起公诉。2008 年 11 月 10 日，石景山区人民法院判决，被告人胡某某犯寻衅滋事罪，判处有期徒刑 1 年 6 个月。

被害人李某不服一审判决，于 2008 年 11 月 11 日向石景山区人民检察院提出抗诉申请。石景山区人民检察院依法审查后，于 2008 年 11 月 19 日提起抗诉，认为：一审法院认定事实不全，不能全面反映被告人胡某某的犯罪行为所造成的危险后果，属于认定事实错误。一审法院没有认定在餐厅吃饭的无辜群众李某的轻微伤系被告人胡某某纠集来的乙所致；一审法院违反法定诉讼程序，剥夺了被害人李某的法定诉讼权利。李某轻微伤的后果系胡某某纠集乙等人的殴打行为造成，其理应属于因人身权利受到犯罪侵犯而遭受物质损失的刑事附带民事诉讼被害人的范围。一审法院错误地将李某确定为本案证人，导致在审判过程中未对李某告知诉讼权利、未通知其到庭参与诉讼。致使李某无法以被害人身份正常行使刑事附带民事诉讼的权利，造成其丧失了在此诉讼中获得赔偿的机会。被告人胡某某的犯罪行为造成三名被害人一轻伤、两轻微伤的伤害结果。由于一审判决仅认定胡某某的犯罪行为造成钱某轻伤、孙某轻微伤，一审法院在量刑时未对被害人李某所受损害予以考虑，从而导致一审判决

---

* 案例来源于北京市石景山区人民检察院。

对被告人胡某某量刑偏轻，属于量刑不当。

2009 年 5 月 11 日，北京市第一中级人民法院裁定认为，原判剥夺了被害人李某的法定诉讼权利，可能影响公正审判，据此依法裁定撤销原判，发回重审。

石景山区人民法院依法另行组成合议庭，公开开庭审理。石景山区人民法院确认了李某的被害人地位，依法保障了被害人李某的诉讼权利，在诉讼过程中，被告人胡某某一次性赔偿被害人李某医疗费、误工费共计 1500 元。其他两名被害人明确表示不提起附带民事诉讼。

▶ 案件评析

寻衅滋事罪是扰乱公共秩序的犯罪行为之一，规定在我国《刑法》第 293 条，2011 年经过《刑法修正案（八）》的修订，增设一款法定刑，即 "纠集他人多次实施前款行为，严重破坏社会秩序的，处五年以上十年以下有期徒刑，可以并处罚金"。本案被告人胡某某的犯罪行为可以从以下三点分析：首先，酒后在饭店调戏赵某，有过错在先；其次，殴打前来询问的赵某的两个朋友；最后，胡某某在殴打钱某眼部后，喊来三个共同来该饭店吃饭的人一起对倒地的孙某拳打脚踢，致一人轻伤、一人轻微伤，其中被胡某某喊来的乙用酒瓶打伤在饭店就餐的无辜者李某，造成第三名被害人轻微伤。整个殴打过程造成一人轻伤、两人轻微伤的后果，且有过错在先，并且纠集其他三人参与殴打，符合《刑法》第 293 条第 1 款第（一）项 "随意殴打他人，情节恶劣的"情形，依法应当予以定罪处罚。此案在发回重审后，被告人胡某某一次性赔偿被害人李某 1500 元，取得了被害人的谅解，并且胡某某的辩护律师提出的胡某某自愿认罪，积极赔偿了被害人的经济损失的辩护意见被石景山区人民法院采纳。

本案看起来是一起小案件，案发过程清晰，现场有多名证人可以证实，被害人伤情有人体损伤程度鉴定书证明，案件的认定也不存在难点。但是这件看上去没有疑点的案件，在一审法院的认定中却遗漏了一名被害人。一审法院在审理过程中，将在饭店就餐的无辜者李某被啤酒瓶砸伤这一情形，排除在被告人胡某某的犯罪事实之外，并且将李某作为寻衅滋事案的证人，这就导致李某丧失了被害人的地位，因而无法实现其作为被害人应当享有的各项诉讼权利，导致其相关的诉讼权利被剥夺。

该案略显复杂之处在于，李某的面部创伤并非被告人胡某某直接用啤酒瓶砸中的，而是由胡某某在寻衅滋事过程中喊来的乙砸中，而且乙想要砸的目标并非李某，而是另外一名被害人孙某，不料砸中李某，致李某面部软组织创伤。那么，乙意外砸中现场的无辜者并致伤的行为，是否要由被告人胡某某来承担责任？这是本案李某作为被害人地位的前提。石景山区人民检察院的抗诉书认为，根据现有证据能够证实，被告人胡某某酒后寻衅，先行动手殴打他人，在一名被害人倒地后又纠集其他三人共同殴打孙某，在乙持啤酒瓶打孙某时，又打在李某面部，胡某某作为本案的纠集者，不仅应当对其本人的行为及其后果承担责任，而且也应当对被纠集人的全部损伤后果负责，乙将李某打伤的事实也应当认定在胡某某的犯罪事实中。抗诉书的这一理由是正确的，在共同实施的危害行为中，被告人胡某某是酒后先行挑起事端的人，既是先行殴打被害人的人，又是纠集他人的人，由此造成的危害后果其均应担责。一审法院将被害人李某认定为证人，没有被告知诉讼权利，无法提起附带民事诉讼，无法实现参与法庭审理的各项权利等，也因而无法获得赔偿。

修改后的《刑事诉讼法》第99条规定的刑事附带民事诉讼，是指被害人由于被告人的犯罪行为而遭受物质损失的，在刑事诉讼过程中，有权提起附带民事诉讼。被害人死亡或者丧失行为能力的，被害人的法定代理人、近亲属有权提起附带民事诉讼。如果是国家财产、集体财产遭受损失的，人民检察院在提起公诉的时候，可以提起附带民事诉讼。人民法院在必要的时候，可以采取保全措施，查封、扣押或者冻结被告人的财产。这一规定，加强了对被害人的权利保护，而且有保全措施的规定，对被害人民事权利的实现多了一层保障。《刑事诉讼法》第101条规定，人民法院审理附带民事诉讼案件，可以调解。2013年1月1日起施行的最高人民法院《关于适用〈中华人民共和国刑事诉讼法〉的解释》第143条规定："附带民事诉讼中依法负有赔偿责任的人包括：（一）刑事被告人以及未被追究刑事责任的其他共同侵害人；（二）刑事被告人的监护人；（三）死刑罪犯的遗产继承人；（四）共同犯罪案件中，案件审结前死亡的被告人的遗产继承人；（五）对被害人的物质损失依法应当承担赔偿责任的其他单位和个人。附带民事诉讼被告人的亲友自愿代为赔偿的，应当准许。"结合本案情形，负有赔偿责任的人应包括乙。当然李某可以放弃对乙赔偿的请求，人民法院应当告知其相应法律后果，并在裁判文书中说明其放弃诉讼请求的情况。

人民法院审理附带民事诉讼案件，可以根据自愿、合法的原则进行调解。经调解达成协议的，应当制作调解书。调解书经双方当事人签收后，即具有法律效力。本案就是人民法院在重审过程中主持调解，达成赔偿协议，并且被告人已履行。根据最高人民法院《关于适用〈中华人民共和国刑事诉讼法〉的解释》第157条，结合被告人赔偿被害人物质损失的情况认定其悔罪表现，人民法院应当在量刑时予以考虑。因而，赔偿可以在量刑时作为认定悔罪表现的情形，对被告人量刑时是有利因素。

本案另外两名被害人钱某、孙某放弃附带民事诉讼权利，符合法律规定，人民法院应当准许。

案例 42 上海市松江区人民检察院
不起诉朱某某故意伤害案[*]

➤ 案件概要

2015 年 4 月 25 日 7 时许，朱某某在上海市松江区某某街道某某村 421 号 107 室院内，向系本案被害人秦某某的儿子索要欠款，并揪住秦某某儿子的衣领。秦某某见状上前和朱某某发生争执，进而双方发生肢体冲突，拉扯倒地后继续扭打，后秦某某扭伤右膝盖。经该市某某司法鉴定有限公司《鉴定意见书》证实，被害人秦某某因外伤致右膝盖前交叉韧带断裂，构成轻伤二级。

2015 年 7 月 6 日朱某某因涉嫌故意伤害罪被公安机关刑事拘留，7 月 20 日被转为取保候审。2015 年 9 月 15 日该市公安局某某分局侦查终结，以朱某某涉嫌故意伤害罪，移送至松江区人民检察院审查起诉。公诉科检察官告知秦某某有关司法救助制度的相关规定，2016 年 2 月 16 日，被害人秦某某向松江区人民检察院提出司法救助申请。控申科及时与公诉科进行沟通，得知朱某某在案发后已经赔偿秦某某人民币 3.1 万元，但是秦某某为治疗膝盖已经花费医疗费 4 万余元，伤势还需要继续治疗，而且秦某某因为受伤行动不便暂时无法工作，但是朱某某没有能力继续赔偿，朱某某秦某某双方都是外来务工人员，收入有限。双方当事人尚未达成和解协议，承办人建议如能予以司法救助将有助于双方当事人达成和解协议。在控申科为秦某某申请了 8000 元救助金之后，朱某某秦某某双方达成刑事和解协议，朱某某得到被害人秦某某的谅解。

2016 年 3 月 2 日，松江区人民检察院作出不起诉决定，认为朱某某实施了《刑法》第 234 条第 1 款的行为，但是到案后能够如实供述主要犯罪事实，根据《刑法》第 67 条第 3 款的规定，依法可以从轻处罚。案发后主动赔偿被害人损失 3.1 万元，并且得到被害人的谅解，认为犯罪情节轻微，不需要判处刑罚，决定对朱某某不起诉。

---

* 案例来源于上海市松江区人民检察院。

▶ **案件评析**

　　联合国《关于检察官作用的准则》第18条规定："根据国家法律，检察官应在充分尊重嫌疑者和受害者的人权的基础上，适当考虑免予起诉、有条件或无条件地中止诉讼程序或使某些刑事案件从正规的司法系统转由其他办法处理。为此目的，各国应充分探讨改用非刑事办法的可能性，目的不仅是减轻过重的法院负担，而且也可避免受到审前拘留、起诉和定罪的污名以及避免监禁可能带来的不利后果。"一个良好运行的刑事司法体系，应当对被告人的人权和被害人的人权均予以充分的尊重和保障。1999年4月23日，国际检察官联合会通过的《检察官职业责任准则和主要权利义务准则》中，也强调"检察官要充分尊重嫌疑人和被害人的权利"。刑事和解，就是一个很好的保障两者人权的做法。

　　刑事和解在我国经过多年的司法实践探索，关于刑事和解的案件范围，在理论上有不同观点之间的争论，司法实践中各地刑事和解的案件则主要集中在故意伤害、交通肇事等常见多发的案件且犯罪较轻的情形。修订后的《刑事诉讼法》第277条至第279条明确规定了当事人和解的公诉案件诉讼程序，严格限定了刑事和解的案件范围以及不适用刑事和解的情形。关于刑事和解的范围，《刑事诉讼法》规定为下列公诉案件：（1）因民间纠纷引起，涉嫌刑法分则第四章、第五章规定的犯罪案件，可能判处三年有期徒刑以下刑罚的；（2）除渎职犯罪以外的可能判处7年有期徒刑以下刑罚的过失犯罪案件。但是，犯罪嫌疑人、被告人在5年以内曾经故意犯罪的，不适用刑事和解的程序。《公安机关办理刑事案件程序规定》和《人民检察院刑事诉讼规则（试行）》都对刑事和解范围进一步细化。

　　《公安机关办理刑事案件程序规定》第323条作了排除性规定，有下列情形之一的，不属于因民间纠纷引起的犯罪案件：（1）雇凶伤害他人的；（2）涉及黑社会性质组织犯罪的；（3）涉及寻衅滋事的；（4）涉及聚众斗殴的；（5）多次故意伤害他人身体的；（6）其他不宜和解的。

　　《人民检察院刑事诉讼规则（试行）》第510条规定，当事人可以和解的公诉案件应当同时符合下列条件：（1）犯罪嫌疑人真诚悔罪，向被害人赔偿损失、赔礼道歉等；（2）被害人明确表示对犯罪嫌疑人予以谅解；（3）双方当事人自愿和解，符合有关法律规定；（4）属于侵害特定被害人的故意犯罪或者有直接被害人的过失犯罪；（5）案件事实清楚，证据确实、充分。

　　刑事和解的前提条件是犯罪嫌疑人、被告人的真诚悔罪，通过向被害人赔偿损失、赔礼道歉等方式获得被害人谅解，被害人也可以自愿和解。《人民检察院刑事诉讼规则（试行）》第511条规定："被害人死亡的，其法定代理人、近亲属可以与犯罪嫌疑人和解。被害人系无行为能力或者限制行为能力人的，其法定代理人可以代为和解。"该项规定使对被害人的权利保障更加完整了，对于被害人死亡或者无行为能力、限制行为能力的情形作出规定，使被害人的权利保障更科学，更合情理。对于刑事和解，人民检察院有权向当事人提出和解建议，同时应当告知双方权利义务。

刑事和解中，公安机关、人民检察院、人民法院应当遵循的和解的程序包括：听取当事人和其他有关人员的意见、审查和解的自愿性和合法性、主持制作和解协议书。其中审查和解的自愿性和合法性非常重要。《人民检察院刑事诉讼规则（试行）》第515条规定：人民检察院应当"重点审查以下内容：（一）双方当事人是否自愿和解；（二）犯罪嫌疑人是否真诚悔罪，是否向被害人赔礼道歉，经济赔偿数额与其所造成的损害和赔偿能力是否相适应；（三）被害人及其法定代理人或者近亲属是否明确表示对犯罪嫌疑人予以谅解；（四）是否符合法律规定；（五）是否损害国家、集体和社会公共利益或者他人的合法权益；（六）是否符合社会公德。审查时，应当听取双方当事人和其他有关人员对和解的意见，告知刑事案件可能从宽处理的法律后果和双方的权利义务，并制作笔录附卷"。犯罪嫌疑人或者其亲友等以暴力、威胁、欺骗或者其他非法方法强迫、引诱被害人和解，或者在协议履行完毕之后威胁、报复被害人的，应当认定和解协议无效。已经作出不批准逮捕或者不起诉决定的，人民检察院根据案件情况可以撤销原决定，对犯罪嫌疑人批准逮捕或者提起公诉。

刑事和解的法律后果，在不同的诉讼阶段有不同的规定，总的原则是，对犯罪嫌疑人、被告人从宽处罚，人民法院还可以减轻处罚、免除处罚。

公安机关对于达成和解协议的案件有"建议从宽"权，经县级以上公安机关负责人批准，移送人民检察院审查起诉时，可提出从宽处理的建议，人民检察院在审查逮捕和审查起诉时应当充分考虑公安机关的建议；人民检察院对于刑事和解的案件有决定不批准逮捕、变更强制措施、不起诉的权力。对于公安机关提请批准逮捕的案件，双方当事人达成和解协议的，可以作为有无社会危险性或者社会危险性大小的因素予以考虑，经审查认为不需要逮捕的，可以作出不批准逮捕的决定；在审查起诉阶段可以依法变更强制措施。

人民检察院对于公安机关移送审查起诉的案件，双方当事人达成和解协议的，可以作为是否需要判处刑罚或者免除刑罚的因素予以考虑，符合法律规定的，可以决定不起诉，并应听取双方当事人对和解的意见，并且查明犯罪嫌疑人是否已经切实履行和解协议、不能即时履行的是否已经提供有效担保，将其作为是否决定不起诉的因素予以考虑。在不起诉决定作出之前反悔的，可以另行达成和解。不能另行达成和解的，人民检察院应当依法作出起诉或者不起诉决定。当事人在不起诉决定作出之后反悔的，人民检察院不撤销原决定，但有证据证明和解违反自愿、合法原则的除外。对于依法应当提起公诉的，人民检察院可以向人民法院提出从宽处罚的量刑建议。

人民法院对达成和解协议的，人民法院应当对被告人从轻处罚；符合非监禁刑适用条件的，应当适用非监禁刑；判处法定最低刑仍然过重的，可以减轻处罚；综合全案认为犯罪情节轻微不需要判处刑罚的，可以免除刑事处罚。共同犯罪案件，部分被告人与被害人达成和解协议的，可以依法对该部分被告人从宽处罚，但应当注意全案的量刑平衡。

本案的特殊之处在于，既有刑事和解，也有国家司法救助。在犯罪嫌疑人的经济能力无法完全满足被害人治疗的需要时，检察官及时告知被害人有申请司法救助的权利，控申科检察官也及时与公诉科的检察官进行沟通，一方面，了解到被害人的后续治疗还需要不小的一笔费用，及时予以司法救助；另一方面，也积极促成双方当事人达成和解协议，犯罪嫌疑人进行了部分赔偿，使得产生冲突的邻居之间能够取得谅解。最终，松江区人民检察院在符合法律规定的条件下，对犯罪嫌疑人作出不起诉的决定，不仅双方当事人之间的邻里矛盾得以及时、有效地化解，被害人得到赔偿和司法救助，犯罪嫌疑人也得到被害人一方的谅解，最终被检察机关不起诉。关于邻里矛盾引发的刑事案件，我国司法实践中，一直秉持化解矛盾的理念，我国有句俗话"远亲不如近邻"，对于邻里纠纷引发的轻微刑事案件，取得被害方谅解的，应当从宽处理，这也符合我国宽严相济的刑事政策的要求。

联合国大会 1985 年 11 月 29 日第 40/34 号决议通过的《为罪行和滥用权力行为受害者取得公理的基本原则宣言》还强调对受害人"确保适当和迅速的援助"。这一点确实非常有必要，作为司法救助的对象，在遭受犯罪行为侵害后，一方面是身心损害，另一方面是精神创伤，经济上的救助和心理上的帮助都要及时才能产生更好的救助效果。我国司法救助制度设置的程序，也强调了救助的及时性。

2014 年 3 月，最高人民检察院《关于贯彻实施〈关于建立完善国家司法救助制度的意见（试行）〉的若干意见》特别强调检察机关应当坚持主动救助理念，主动了解当事人家庭生活状况。本案中，松江区人民检察院控申科、公诉科的检察官在办案中都秉持了主动救助理念，做到了尊重和保障双方当事人的人权。

案例43 北京市昌平区人民检察院诉齐某、贾某某故意伤害案*

▶ 案件概要

16岁的齐某、贾某某因为琐事，与不满14周岁的李某某发生争执，争执过程中齐某、贾某某用刀扎伤李某某后背T4水平脊髓，导致被害人高位截瘫，经鉴定为重伤。昌平区公安分局侦查终结后，将齐某移送到昌平区人民检察院审查起诉。

被害人的母亲向昌平区人民检察院未成年人案件检察处反映，李某某是被两个人用刀扎伤，但是两个人中只有一个被公安机关抓获，另一个人没有受到法律追究，被害人及家人要求知晓案件处理情况，要求追究两名行为人的责任。检察官从被害人的父母处了解到，该案被害人不满14周岁，被两个人用刀扎成重伤后，治疗费用高，且需要人专门护理，被害人至今尚未得到来自两名行为人的任何赔偿。检察官立即向公安机关、公诉部门承办该案的检察官询问案件办理情况，并及时告知被害人的父母，还到被害人家中对李某某及其家人进行心理疏导。检察官经过全面审查案件，拟出详细的补充侦查提纲，引导公安机关收集另一行为人贾某某涉嫌犯罪的证据，将犯罪嫌疑人贾某某以涉嫌故意伤害罪进行追诉。后两名行为人分别被判处有期徒刑6年6个月和有期徒刑3年，并共同赔偿被害人人民币5万余元。此外，检察官发现被害人的部分医药费仍然无力支付，依照司法救助程序，及时向其发放了1万元的司法救助金。

▶ 案件评析

第一，对实施共同犯罪的其他行为人进行追诉，保障被害人的合法权益。同时也应注重依法保障两名未成年被告人的各项诉讼权利。

对共同实施危害行为的其他行为人予以追诉，是打击犯罪的需要，是检察

---

* 参见赵晓星、刘伟：《北京昌平：多元司法救助为信访人解忧》，载《检察日报》2014年6月25日第2版。

机关的职责所在。本案两名被告人持刀伤人，涉嫌故意伤害罪，而且造成被害人重伤的严重后果，且行为手段是持有可以致命的刀具伤害他人致人重伤，必须严格依照法律规定予以追究。被害人父母要求检察机关依法追诉共同实施了故意伤害行为的另一行为人，是符合法律规定的。虽然对于被害人一方而言，是基于朴素的公平感和正义感提出追诉要求和赔偿要求，但是对于国家打击犯罪、预防犯罪而言，是具有非常积极意义的。

追诉参与犯罪的另一行为人，获取相关证据是关键。检察官如何制作补充侦查提纲，引导公安机关收集、完善证据，是决定追诉能否成功的重点。本案中，昌平区人民检察院的检察官基于责任感和使命感，积极履职，追诉犯罪人，实现法律的公平正义，维护社会稳定，维护被害人的合法权益，都是十分必要的。

需要特别注意的是，本案双方都是未成年人，作为被告方的两名未成年人，在依法追究其刑事责任时，应当依法保障未成年被告人的人权，结合联合国《儿童权利公约》、联合国大会 1985 年 11 月 29 日第 40/33 号决议通过的《联合国少年司法最低限度标准规则》（《北京规则》）等，根据我国相关法律的规定，最大限度地保障未成年被告人的各项诉讼权利。严格遵守刑事诉讼法关于未成年人刑事案件诉讼程序的规定，对实施犯罪的未成年人，应当坚持"教育、感化、挽救"方针和"教育为主、惩罚为辅"原则，对适用于犯罪的未成年人的特殊保护制度如法律援助、合适成年人到场、社会调查、亲情会见、附条件不起诉、社会观护、帮扶教育、犯罪记录封存等，要依法保障使之得以执行。对被拘留、逮捕和执行刑罚的未成年人与成年人应当分别关押、分别管理、分别教育，以最大限度促使其悔过自新、回归社会。本书有未成人人权保障专章，此处不加赘述。

第二，拓宽对被害人的救助方式，以增强救助效果。

联合国大会 1985 年 11 月 29 日第 40/34 号决议通过的《为罪行和滥用权力行为受害者取得公理的基本原则宣言》强调，"受害者"一词"系指个人或整体受到伤害包括身心损伤、感情痛苦、经济损失或基本权利的重大损害的人，这种伤害是由于触犯会员国现行刑事法律、包括那些禁止非法滥用权力的法律的行为或不行为所造成"。宣言强调的伤害范围广泛，不仅包括身体损伤、经济损失，还包括心理损伤、感情痛苦或基本权利的重大损害，因此，特别强调赔偿的公平："这种赔偿应包括归还财产、赔偿伤害或损失、偿还因受害情况产生的费用、提供服务和恢复权利。"当被害人无法从犯罪人或其他来源得到充分的补偿时，那么会员国就要提供金钱补偿。该宣言还强调多样化的援助，包括必要的物质、医疗、心理及社会援助。

我国 2014 年《关于建立完善国家司法救助制度的意见（试行）》规定了

司法救助的方式有以下几种：

1. 主要方式是支付救助金；

2. 思想疏导、宣传教育；

3. 与法律援助、诉讼救济相配套；

4. 与其他社会救助相衔接；

5. 有条件的地方，积极探索建立刑事案件伤员急救"绿色通道"；

6. 对遭受严重心理创伤的被害人实施心理治疗；

7. 对行动不便的受害人提供社工帮助等。

为了强化救助效果，提倡多种救助方式相结合，动员社会多方面的力量，整合各项救助、救济资源，形成多渠道、多维度的立体救助模式。我国对司法救助的这种综合救助模式，也符合国际社会的要求。联合国大会 1985 年 11 月 29 日第 40/34 号决议通过的《为罪行和滥用权力行为受害者取得公理的基本原则宣言》第 14 规定："受害者应从政府、自愿机构、社区方面及地方途径获得必要的物质、医疗、心理及社会援助。"该宣言提到的物质、医疗、心理及社会援助，在"六部委"的《关于建立完善国家司法救助制度的意见（试行）》中都有所体现，例如，下述规定"对于未纳入国家司法救助范围或者实施国家司法救助后仍然面临生活困难的当事人，符合社会救助条件的，办案机关协调其户籍所在地有关部门，纳入社会救助范围"，对于获得司法救助后仍然存在生活困难的，纳入社会救助体系的做法，就是对被害人权利的进一步保障。又如，对受害人的心理治疗，近些年也是在有条件的地方，借助专业机构和专业人士的帮助逐步展开。

该案是昌平区人民检察院实施"多元化司法救助机制"的一例。早在 2010 年昌平区人民检察院就设立了司法救助基金，并制定出相应的管理办法，昌平区人民检察院与昌平区公安分局、昌平区人民法院会签《涉法涉诉信访问题（案件）沟通协作办法》，已经探索出"经济救助、法律援助、心理辅助、回访帮助"等多元化司法救助机制，化解当事人之间的矛盾，切实保障当事人的人权。

第三，对未成年被害人的保护问题。

国际检察官联合会 1999 年《检察官职业责任准则则和主要权利义务准则》第 4.3（h）段要求对青少年司法给予特别照顾，并强调检察官"在采取适当的行动时，要充分尊重嫌疑人和被害人的权利"。

我国检察机关也一直在探索通过多种途径加强对刑事案件中未成年被害人的权利保障。2014 年 5 月 29 日最高人民检察院召开新闻发布会，通报了检察机关近年来开展未成年人刑事检察工作、加强对未成年人司法保护的有关情况。其中通报了关于刑事被害人权利保障方面的创新工作方法和工作机制的事例，包括北京市海淀区人民检察院救助未成年被害人的"四叶草计划"、江苏省新沂市人民检察院联合其他部门共同开展的"向阳花"援助项目。

海淀区人民检察院经过向海淀区社会建设工作领导小组办公室申请并获得海淀区加强和创新社会管理专项资金项目支持，从 2013 年 4 月起，开始启动救助未成年被害人的"四叶草计划"。海淀区人民检察院将该项目与未成年检察工作模式相结合，在对未成年人犯罪的捕、诉、监、防工作中发现需要救助的未成年被害人的，与北京超越青少年社工事务所合作，即对未成年犯罪人进行帮教，又与各社会团体、组织共同对未成年被害人及其家人予以多方位的救助。"四叶草"代表救助被害人的四个方面："检察机关的法律援助、专业社工的社会救助、心理专家的心理辅导、民政等有关部门的经济补偿。"对纳入到"四叶草计划"的未成年被害人，通过发放救助金、提供心理辅导、进行社会调查等多角度开展对未成年被害人的救助，对未成年人的身心恢复起到很好的作用。江苏省新沂市人民检察院联合当地团委、妇联、公安、法院、司法、教育、民政等部门建立跨机构合作机制，"向阳花"援助女童项目通过实施法律援助、医疗救治、心理帮助、资金救助、社会扶助等措施，对被害女童及家庭提供多方面支持，并组建"预防性侵害"流动宣讲团，在打击、预防犯罪的同时，为受害儿童提供多维度的综合保护。

本案也是对未成年被害人保护的案例，昌平区人民检察院不仅对未成年被害人有经济上的救助，也有心理疏导，而且还对被害人的父母进行心理疏导，凸显对未成年被害人的多元权利保障，符合对未成年人利益最大化保护的原则要求。"及时"的心理疏导显得尤为必要，因为对被害人的司法救助需要告知、申请、审批、发放等一系列程序，需要一定的时间才能实现，而心理疏导能够及时先行，一方面鼓励被害人以便积极配合治疗，对未成年被害人的身心健康的恢复均十分有益；另一方面及时安抚被害人父母的情绪，使其父母在照顾被害人的时候能够彼此相互鼓励，树立生活信心，同时，及时告知被害人及其父母案件进展情况，可以消解他们对司法机关的不满情绪，理解和尊重检察官下一步的工作，对创造和谐的社会环境和工作环境，都非常有必要。

第十章

证人人权保障

案例 44　河南省淅川县人民检察院诉周某某暴力取证案*

> **案件概要**

1998 年 12 月 11 日上午，淅川县滔河派出所接到一起抢劫报案。当天 22 时许，该所副所长贾晓东带领干警周某某等人，前往该乡孔家峪村传讯涉案嫌疑人许某某。许某某不在家，即传唤许的妻子鲁某到滔河派出所，由被告人周某某和协理员赵锋在被告人办公室对鲁某进行询问。后鲁某以制作的笔录中一句话与其叙述不一致为由拒绝按手印。被告人周某某解释无效，很气愤，随即踢鲁某一脚，同时辱骂鲁某。稍倾，鲁某称下腹疼痛。被告人让正在床上休息的赵锋把鲁某带到协理员住室。次日上午 8 时许，鲁某被允许回家，出派出所大门遇到其婆母范某某 1，鲁某向其诉说被踢后引起腹疼。当日下午，鲁某称腹部疼痛不止，请邻居毕某某 1 帮忙雇车把鲁某先拉到滔河派出所，后又转到滔河卫生院诊治，经妇科检查无结果。后派出所和鲁某家属调解，第二天鲁某回家。回家后鲁某先后于同年 12 月 17 日到老城卫生院、12 月 21 日到淅川县人民医院看病。同年 12 月 23 日，鲁某到滔河卫生院做了清宫手术。经淅川县人民检察院法医鉴定鲁某的损伤系轻伤。

淅川县人民法院于 1999 年 7 月 21 日作出（1999）淅刑初字第 116 号刑事判决，认为被告人周某某身为公安干警，在执行公务中，使用暴力逼取证人证言，其行为已构成暴力取证罪。鉴于被告人周某某的犯罪情节轻微，不需要判处刑罚，可以免予刑事处罚。依照《刑法》第 247 条、第 37 条之规定，原审判决：被告人周某某犯暴力取证罪，免予刑事处罚。

周某某不服，提出上诉，南阳市中级人民法院于 1999 年 9 月 10 日作出（1999）南刑终字第 270 号刑事裁定，驳回上诉，维持原判。周某某不服，向南阳市中级人民法院申诉，南阳市中级人民法院于 2000 年 11 月 27 日驳回申诉。周某某继续申诉，河南省高级人民法院于 2003 年 5 月 23 日作出（2003）豫法立刑字第 31 号刑事裁定，指令山东省青岛市中级人民法院另行组成合议庭进行再审。山东省青岛市中级人民法院于 2003 年 9 月 19 日作出（2003）南

* 参见河南省南阳市中级人民法院（2009）南刑一终字第 018 号刑事裁定书。

— 241 —

刑再字第 3 号刑事裁定，撤销山东省青岛市中级人民法院（1999）南刑终字第 270 号刑事裁定和淅川县人民法院（1999）淅刑初字第 116 号刑事判决，发回淅川县人民法院重新审判。淅川县人民法院于 2007 年 12 月 14 日作出（1999）淅刑初字第 116－2 号刑事判决，认定周某某犯暴力取证罪，判处有期徒刑 2 年，缓刑 2 年。周某某不服，提出上诉，南阳市中级人民法院于 2008 年 6 月 10 日作出（2008）南刑二终字第 63 号刑事裁定，撤销淅川县人民法院（1999）淅刑初字第 116－2 号刑事判决，发回淅川县人民法院重新审判。淅川县人民法院于 2008 年 10 月 23 日作出（1999）淅刑初字第 116－4 号刑事判决。被告人周某某不服，提出上诉。南阳市中级人民法院依法组成合议庭，经过阅卷、讯问原审被告人，认为本案事实清楚，决定不开庭审理。

南阳市中级人民法院 2009 年 9 月 24 日裁定认为，上诉人（原审被告人）周某某身为公安干警，在询问证人的过程中，使用暴力逼取证人证言，其行为已构成暴力取证罪。周某某上诉称请求宣告无罪的理由不能成立，不予采纳。另上诉称判决认定鲁某做清宫术，不真实的理由经查，证人张某某、王某、杨某某证言，证实鲁某于 1998 年 12 月 23 日在滔河卫生院因先兆流产做了清宫手术。淅川县滔河卫生院诊断证明、流产手术证明证实鲁某做了清宫术。故该上诉理由不能成立，不予采纳。又上诉称淅川县人民检察院的轻伤鉴定不应采信的理由，经查，该鉴定是依照滔河卫生院证明："不全流产，给予清宫手术"、证人王某证言等材料作出的，符合客观情况，应予以采信，该上诉理由不能成立，不予采纳。鉴于被告人周某某的犯罪情节轻微，不需要判处刑罚，可以免予刑事处罚。原判事实清楚，证据充分，河南省南阳市人民检察院阅卷后认为事实不清，证据不足的理由不能成立。原判审判程序合法。依照《刑事诉讼法》第 189 条第（一）项之规定，裁定驳回上诉，维持原判。

▶ 案件评析

本案历时十多年，经过多次上诉、二审、再审程序。既有证据上的争议，也有案件定性方面的争议。从相关的证据看，被告人周某某在执行公务中，对证人鲁某使用暴力迫使其在询问笔录上签名按手印，并致使证人鲁某轻伤事实比较清楚的。从性质上看，这是一起典型的司法工作人员暴力侵犯证人权利案件。在司法实践中，对证人权利的侵害主要来自三方面：一是公安司法人员的暴力取证；二是犯罪嫌疑人、被告人对证人的打击报复；三是与案件有利害关系的其他主体。本案就是公安司法人员暴力取证，伤害证人的典型案例。从证人权利保护角度看，本案存在以下问题：

（一）公安人员对证人使用暴力，既违背了国际人权准则，也触犯了国内刑事司法规范

首先，该行为触犯了国际人权准则的相关规定。《联合国反腐败公约》第32条规定："一、各缔约国均应当根据本国法律制度并在其力所能及的范围内采取适当的措施，为就根据本公约确立的犯罪作证的证人和鉴定人并酌情为其亲属及其他与其关系密切者提供有效的保护，使其免遭可能的报复或者恐吓……"本案中周某某作为办案人员不仅未能对证人权利提供应有的保护，反而成为证人权利的侵害者。

其次，该行为触犯了国内刑事诉讼法律和规范。我国刑事诉讼法明确禁止公安司法人员非法取证行为。《刑事诉讼法》第50条规定："审判人员、检察人员、侦查人员必须依照法定程序，收集能够证实犯罪嫌疑人、被告人有罪或者无罪、犯罪情节轻重的各种证据。严禁刑讯逼供和以威胁、引诱、欺骗其他非法方法收集证据，不得强迫任何人证实自己有罪……"其中禁止以威胁、引诱、欺骗以及其他非法的方法收集证据自然包括证人证言的收集。关于获取证言的方式和方法，最高人民检察院的司法解释作了进一步明确。《人民检察院刑事诉讼规则（试行）》第206条规定："询问证人，应当问明证人的基本情况以及与当事人的关系，并且告知证人应当如实地提供证据、证言和故意作伪证或者隐匿罪证要负的法律责任，但是不得向证人泄露案情，不得采用羁押、暴力、威胁、引诱、欺骗以及其他非法方法获取证言。"

（二）使用暴力迫使证人在询问笔录上签名按手印，属于我国《刑法》第247条规定的暴力取证行为

为了保护证人的人身权利免遭司法人员滥用职权的不法侵犯，有效惩治司法工作人员非法获取证言的行为，1997年《刑法》增设了暴力取证罪。根据《刑法》第247条的规定，司法工作人员使用暴力逼取证人证言的，处三年以下有期徒刑或者拘役。致使证人伤残、死亡的，依照故意伤害罪和故意杀人罪从重处罚。所谓暴力取证罪，是指司法工作人员使用暴力手段逼取证人证言的行为。其基本构成要件如下：第一，犯罪主体是司法工作人员，即《刑法》第94条规定的有侦查、检察、审判、监管职责的工作人员；第二，犯罪对象是证人，即因感知案件事实真相而向司法机关作证的自然人；第三，主观方面是直接故意，具有逼取证人证言的目的；第四，客观方面表现为对证人实施了殴打、捆绑等暴力行为，非暴力行为如威胁等不足以构成本罪。暴力逼取证人证言，一般是指使用暴力逼迫证人就其所知的案情作出陈述，获取证言的行为。该犯罪属于行为犯，逼取证人证言的目的实现与否，不影响本罪成立。细言之，不论证人最终是否作出陈述，也不论证人所作的陈述是否真实，只要办案人员实施了暴力逼迫行为，即构成本罪。从时间和空间范围看，暴力取证发

生于证人证言收集和提取过程中，尤其是询问证人过程中。本案中的事实是，证人已经作出陈述，但签名确认时以询问笔录与其所作的陈述有一句话不一致为由而拒绝签名按手印，办案人员使用暴力强迫证人签名、按手印。从程序上看，取证程序始于证人陈述而终于证人在询问笔录上签名认可。让证人阅读或向其宣读询问笔录，对笔录内容进行核实，并让证人签名、按手印进行确认，是询问证人的必经程序，没有证人的签名确认，证言的合法性就存在问题。证人核实询问笔录并签名确认是询问证人的组成部分。本案中周某逼迫证人在询问笔录上签名认可，发生于询问证人过程中，虽没有直接逼迫证人作出与询问笔录内容等同的陈述名，但暴力迫使证人在询问笔录上签名按手印是暴力逼取证人证言的一种表现形式。

（三）暴力取证不同于一般的故意伤害、故意杀人行为，社会危害性更为严重

暴力取证犯罪主体是司法工作人员，犯罪对象是证人，发生在司法人员依职权取证活动中，且具有逼取证人证言的特殊目的。暴力取证是司法工作人员在逼取证人证言的目的支配下实施的，成因多在于急于办案、执法粗暴、特权心理作祟等缘故，性质上属于为了公务而实施暴力。多数情况下犯罪主体对于证人造成伤害或死亡持放任态度，但也并不排除在特定情况下存在积极希望或追求态度的可能性。如果暴力取证造成证人伤残、死亡，不仅侵害了证人的人身权利，而且损害司法的权威和公正性，其危害性比故意伤害、故意杀人更为严重，因而我国《刑法》规定，司法工作人员暴力逼取证人证言"致人伤残、死亡的，依照本法第234条、第232条规定定罪从重处罚"。

（四）暴力取证致人轻伤，构成暴力取证罪，而非故意伤害罪

根据我国《刑法》第247条的规定，司法工作人员暴力逼取证人证言致人伤残、死亡的，可转化为故意伤害罪或故意杀人罪从重处罚。但这并不意味着暴力取证执政人轻伤的可以按照故意伤害罪（轻伤）论处。如果只从字面含义理解，"致人伤残"应当包括致人轻伤、致人重伤、致人残疾等多种情形，在特定的情况下甚至包括致人轻微伤的情形。但从法理上讲，暴力取证转化为故意伤害、故意杀人罪，只能是重伤以上的情形，不包括轻伤。这是因为故意伤害致人轻伤与暴力取证罪在量刑幅度上几乎是一样的，最高法定刑都是三年有期徒刑，故意伤害致人轻伤的法定最低刑是管制，而暴力取证罪的法定最低刑是拘役。如果将暴力取证罪致人轻伤的情形按照故意伤害罪（轻伤）处理，在量刑上没有区分，不能体现由轻转向重的立法本意。因而暴力取证致人轻伤及以下情形的，应当按故意伤害罪定罪量刑，重伤及以上情形的，应当按照故意伤害罪、故意杀人罪从重处罚。本案被告人为了让证人在询问笔录上

签名按手印，对已怀孕近两月的证人腹部踢了一脚，致使证人流产，经鉴定为轻伤，以暴力取证罪定罪是正确的。

（五）调查司法工作人员暴力取证案件，是检察机关的法定职责

司法工作人员的暴力取证案件，属于检察机关直接立案侦查的案件范围。对于已发现的暴力取证行为，检察机关反渎职侵权部门应当立案侦查，并对相关司法工作人员进行追诉。这既体现了检察机关的法律监督职能，也显示出检察机关在保护证人合法权益中具有不可或缺的作用。本案中，周某某有检察机关决定拘留，并进行侦查是检察机关履行法定职权的体现，也体现了检察机关在人权保护中的现实作用。

案例 45　河南省光山县人民检察院
诉杨某暴力取证案[*]

> **案件概要**

2011 年 4 月 8 日 24 时许，光山县公安局巡特警大队民警在光山县城正大街巡逻时，将涉嫌在"今世缘"发廊卖淫的湖北籍女子蔡某及涉嫌嫖娟的李某抓获并带回光山县公安局巡特警大队询问。被告人杨某在对蔡某进行询问时，因蔡某否认有卖淫行为，并拒不提供介绍、容留其卖淫的其他人员的基本情况及联系方式，杨某为深挖违法犯罪线索，采取用书击打蔡某头、面部等手段对蔡某进行殴打，以逼取证言，致蔡某左耳鼓膜穿孔，面部右上眼睑、鼻背处皮下出血，上、下唇内侧粘膜出血、破损。经信阳市人民检察院法医鉴定为轻伤。案件在侦查期间，被告人的亲属与被害人达成赔偿协议，一次性赔偿被害人蔡某经济损失 6 万元，取得了被害人的谅解。

光山县人民检察院以光检刑诉〔2011〕49 号起诉书指控被告人杨某犯暴力取证罪，于 2011 年 5 月 6 日向光山县人民法院提起公诉，光山县人民法院依法组成合议庭，公开开庭审理了本案。光山县人民法院认为：被告人杨某作为司法工作人员，使用暴力逼取证人证言，其行为已构成暴力取证罪。公诉机关指控被告人杨某犯罪事实清楚，证据确实、充分，罪名成立，予以支持。但认定杨某具有自首情节不当，不予采纳。被告人杨某在作案后，在单位领导追问下，虽承认对被害人蔡某使用暴力逼取证言，但并无投案的目的和接受法律制裁的意愿，这在检察机关首次传唤其到案接受询问时，其拒不交待暴力取证的犯罪事实的行为中可得到具体的反映，故无自动投案的事实，其行为依法不应认定为自首。案发后，杨某的亲属赔偿了被害人的损失，取得了被害人的谅解，可酌情从轻处罚；庭审中，杨某尚能认罪，可依法从轻处罚；杨某暴力取证的动机和目的是为了深挖犯罪，主观恶性及社会危害较小，犯罪情节轻微，不需判处刑罚，可依法免予刑事处罚。依据《刑法》第 247 条、第 5 条、第 61 条、第 67 条第 3 款、第 37 条的规定，经光山县人民法院审判委员会讨论决定，判决被告人杨某犯暴力取证罪，免予刑事处罚。

---

[*] 参见河南省光山县人民法院（2011）光刑初字第 55 号刑事判决书。

▶ **案件评析**

本案中被司法工作人员暴力取证的被害人蔡某身份相对特殊，她既是介绍、容留卖淫案的证人，又是涉嫌卖淫的人员。侦查人员是在调查卖淫嫖娼行为以及介绍、容留卖淫犯罪行为时使用暴力的，目的是"深挖犯罪"。对于本案，存在如下值得思考的问题：第一，卖淫行为不犯罪，强迫蔡某承认卖淫行为是否可以？这是否是强迫自证其罪？第二，侦查人员为了深挖犯罪而对证人使用暴力，社会危害性是因此而降低？相关问题分析如下：

（一）根据国际人权准则，证人有不被强迫作不利于他自己证言的权利

本案的起因是办案人员发现有涉嫌卖淫嫖娼的行为，蔡某是涉嫌卖淫人员。在我国，卖淫、嫖娼是应受治安管理处罚的违法行为，不是犯罪行为，但介绍、容留他人卖淫是犯罪行为。问题在于，要调查和证明介绍、容留卖淫的事实，卖淫、嫖娼人员是不可或缺的证人。本案中蔡某的证言是调查相关人员介绍、容留他人卖淫的重要线索，对于查明相关犯罪事实至关重要。对于蔡某而言，作证虽然不至于导致自己受到犯罪追诉，但依然对她是不利的。《治安管理处罚法》第66条规定："卖淫、嫖娼的，处十日以上十五日以下拘留，可以并处五千元以下罚款；情节较轻的，处五日以下拘留或者五百元以下罚款。在公共场所拉客招嫖的，处五日以下拘留或者五百元以下罚款。"根据我国《治安管理处罚法》，蔡某承认卖淫行为有可能会受到治安管理处罚。在这种情况下，杨某强迫蔡某作证的行为是否违背不得强迫自证其罪原则呢？

2012年修订的《刑事诉讼法》第50条增加了司法人员在办案过程中"不得强迫任何人证实自己有罪"的规定，从而确立了不得强迫自证其罪的原则。① 《人民检察院刑事诉讼规则（试行）》第187条、公安部《公安机关办理刑事案件程序规定》第8条也重申了这一规定。从法理上看，本案中杨某的行为并不违背不得强迫自证其罪原则，因为在我国卖淫不是犯罪行为，蔡某的证言不会让其受到犯罪追诉。

但从国际人权准则的相关标准看，强制蔡某作证违背了相关准则。《公民权利和政治权利国际公约》第14条第3款（庚）项规定"不被强迫作不利于他自己的证言或强迫承认犯罪"。根据这一规定，证人不受强迫的特权包括两种情形：一种情况是不被强迫作不利于他自己的证言，另一种情况是

---

① 《刑事诉讼法》（2012年3月14日第十一届全国人民代表大会第五次会议修正）第50条，以及2012年10月国务院公布的《中国的司法改革》白皮书。

不被强迫承认犯罪。这一规定虽然在理论上被称为不被强迫自证其罪权，或者反对强迫自证其罪特权，但不仅仅限于不被强迫自证其罪，还包括作对证人自己不利的证言。因而根据此规定，证人有不被强迫作不利于他自己证言的权利。

从历史发展看，不被强迫自证其罪来源于"任何人都没有控告自己的义务"（Nemotenetur Seipsum Accusare）的拉丁格言。有学者认为，这一格言来源于欧洲普通法，而不是英格兰普通法。① 在欧洲普通法的神学分支——中世纪教会法中就已经包含着"任何人不得被强迫控告自己"的明确表述，教会法上的特权规则后来为英国普通法所吸收，逐渐发展成为现代意义上的反对强迫自我规则特权。② 根据不被强迫自证其罪特权，如果证人作证将会使自己暴露于自证其罪所造成的"真实和可估计到的危险"之中，他有权拒绝作证。针对这种情形，司法人员不得使用暴力、胁迫等方法强行违背证人的自由意志获取证言，也不能因为证人拒绝作证而对其进行惩罚。这一准则所禁止的行为不限于酷刑，而是泛指妨害自由意志决定的一切行为。

从伦理上看，证人享有不被强迫作不利于他自己证言的权利，有其正当性基础。在刑事诉讼中，赋予证人不被强迫自证其罪的特权可能会因为证人不作证而不利于案件事实的查明，但该权利依然有其正当性。其正当性基础在于：第一，不被强迫自证其罪符合人道主义精神。强迫证人自证其罪，无异于要求证人自己出卖自己，这有悖于人作为价值主体的基本要求。同时，强迫一个人将枷锁戴在自己的头上，是对他基本尊严的侵犯。否定强迫自证其罪，体现了对人与生俱来的尊严和价值的肯定。第二，不被强迫自证其罪有利于人权保障。对不被强迫自证其罪特权的肯定，从反面否定了暴力获取证言的行为合法性，可以抑制取证过程中践踏人权的行为。这两点对于证人不被强迫作不利于他自己证言来讲也是成立的。换言之，不被强迫作不利于他自己的证言与不被强迫承认犯罪两者的伦理基础是一样的。国际人权准则的表述并没有将两者分开，有的国家的国内法在表述也没有严格区分，如《日本宪法》第38条规定："任何人都不受强迫作不利于自己的供述。"

（二）深挖犯罪不能成为暴力取证的托词

本案中杨某被免予刑事处罚，原因有三：第一，案发后，杨某的亲属赔偿

---

① 陈光中主编：《〈公民权利和政治权利国际公约〉与我国刑事诉讼》，商务印书馆2005年版，第282页。

② 参见陈光中主编：《〈公民权利和政治权利国际公约〉与我国刑事诉讼》，商务印书馆2005年版，第282~283页。

了被害人的损失，取得了被害人的谅解，可酌情从轻处罚；第二，庭审中，杨某尚能认罪，可依法从轻处罚；第三，杨某暴力取证的动机和目的是深挖犯罪，主观恶性及社会危害较小，犯罪情节轻微，不需判处刑罚，可依法免予刑事处罚。应当讲前两个理由是成立的，第三个理由并不成立。以深挖犯罪为目的，并不能推断出暴力取证行为社会危害性小的结论。首先，所有暴力取证行为几乎都有为了调查犯罪、深挖犯罪或者类似的目的。如果照此观点，暴力取证应当比故意伤害和故意杀人罪的危害性都要轻一些，而根据我国《刑法》第 247 条的规定，司法工作人员使用暴力逼取证人证言致使证人伤残、死亡的，依照故意伤害罪和故意杀人罪从重处罚，而不是从轻处罚。显然立法上并不认同此观点。其次，从实践看，把深挖犯罪的目的作为暴力取证罪从轻处罚的理由，并不利于证人权利保障。一方面，会导致对暴力取证行为惩治力度下降，高高举起，轻轻放下，不利于发挥刑罚的威慑作用；另一方面，过于强调目的上的正当性，会为一些侵害证人权利的司法工作人员提供道德上的托词和借口，不利于证人权利保障观念的树立。因此，本案中杨某家属主动赔偿，取得了被害人的谅解，同时杨某主动认罪，从轻处理是正当的，但将犯罪"动机和目的是深挖犯罪，主观恶性及社会危害较小"作为从轻处罚的理由有待深入思考。

案例 46　天津市河北区人民检察院诉赵某某等人打击报复证人案[*]

> ### 案件概要

2009 年 1 月 15 日，天津市河北区人民法院在开庭审理被告人赵某某（未成年）等 10 人盗窃一案中，因该案共同被告人齐某某当庭指证赵某某等人的犯罪行为，且齐某某在案件侦破过程中有立功表现（揭发同案犯其他犯罪行为并协助公安机关抓获被告人郭某某），从而引起被告人赵某某、郭某某、陈某某、刘某某（未成年）等人不满。当日中午庭审结束后，齐某某与赵某某等人一同被押解回到天津市河北区看守所内，被告人赵某某、郭某某、陈某某、刘某某趁机共同殴打齐某某，致其鼻骨骨折，经法医鉴定损伤程度为轻伤。

天津市河北区人民法院认为，被告人赵某某、郭某某、陈某某、刘某某采取暴力殴打的手段对证人进行打击报复，其行为均已构成打击报复证人罪。公诉机关指控被告人赵某某、郭某某、陈某某、刘某某犯打击报复证人罪的罪名成立，应定罪科刑。4 被告人在犯罪过程中，共同殴打证人，作用相当，可根据 4 被告人在共同犯罪过程中所起的作用考虑量刑。被告人赵某某、刘某某犯罪时已满 14 周岁不满 16 周岁，应当从轻处罚。4 被告人在羁押期间又犯罪，应数罪并罚。被告人刘某某的辩护人关于本案应认定为故意伤害罪的辩护意见与庭审查明的事实不符，不予采纳。依照《刑法》第 308 条，第 25 条第 1 款，第 17 条第 1 款、第 3 款，第 70 条，第 69 条之规定，判决如下：

被告人赵某某犯打击报复证人罪，判处有期徒刑 1 年；与原刑罚有期徒刑 8 年，并处罚金人民币 5000 元，数罪并罚，决定执行有期徒刑 8 年 6 个月，并处罚金人民币 5000 元。

被告人郭某某犯打击报复证人罪，判处有期徒刑 1 年 6 个月；与原刑罚有期徒刑 6 年，并处罚金人民币 4000 元，数罪并罚，决定执行有期徒刑 7 年，并处罚金人民币 4000 元。

---

[*] 参见天津市河北区人民法院（2009）北刑少字第 28 号刑事判决书。

被告人陈某某犯打击报复证人罪，判处有期徒刑 1 年 6 个月；与原刑罚有期徒刑 11 年，剥夺政治权利 1 年，并处罚金人民币 7000 元，数罪并罚，决定执行有期徒刑 12 年，剥夺政治权利 1 年，并处罚金人民币 7000 元。

被告人刘某某犯打击报复证人罪，判处有期徒刑 1 年；与原刑罚有期徒刑 9 年，并处罚金人民币 5000 元，数罪并罚，决定执行有期徒刑 9 年 6 个月，并处罚金人民币 5000 元。

一审宣判后，4 名被告人均服判，检察院亦未提出抗诉，判决已发生法律效力。

▶ **案件评析**

本案中，被打击报复的证人齐某某是盗窃团伙成员，也是盗窃案的同案被告人，因为当庭指证其他被告人的犯罪行为而被殴打致轻伤。本案的争议问题主要是：同案被告人能否成为打击报复证人罪的对象？从表面上看是打击报复证人罪的对象范围问题，但其实质则是证人权利保障问题，问题的核心是应当保护的证人范围。

（一）将打击报复证人罪的对象仅限于诉讼法意义上的证人，有些过窄

我国《刑法》第 308 条规定，对证人进行打击报复的，处三年以下有期徒刑或者拘役；情节严重的，处三年以上七年以下有期徒刑。根据此规定，打击报复证人罪的行为对象是证人。但对证人的概念和范围，刑法未作进一步规定。由于本罪规定在妨害司法罪当中，犯罪的客体是复合客体，其中包括司法秩序，因而一般认为，本罪中的证人不仅仅限于刑事诉讼中的证人，还包括民事诉讼、行政诉讼中的证人。由于三大诉讼法和刑法中所说的"证人"范围并不完全一致，所以打击报复证人罪的对象范围也存在歧义。具体如下：

1. 打击报复证人罪的对象是否包括鉴定人、被害人

我国三大诉讼法并没有明确证人的内涵和外延，《刑事诉讼法》第 60 条规定，凡是知道案件情况的人，都有作证的义务。生理上、精神上有缺陷或者年幼，不能辨别是非、不能正确表达的人，不能作证人。《民事诉讼法》第 72 条规定，凡是知道案件情况的单位和个人，都有义务出庭作证。有关单位的负责人应当支持证人作证。不能正确表达意思的人，不能作证。从这两条的规定看，证人的条件是知道案件情况，同时能够正确表达。但从字面上看，并不排除鉴定人、被害人。但从证据种类的规定看，证人并不包括鉴定人和被害人。根据我国《刑事诉讼法》第 48 条的规定，证人证言与鉴定意见、被害人陈述

是不同的证据种类，《民事诉讼法》第63条和《行政诉讼法》第33条也把证人证言、鉴定意见、当事人陈述分别规定为不同的证据种类。因而从证据种类的归类看，证人与鉴定人、被害人以及民事诉讼、行政诉讼中的当事人是完全不同的概念。如果认为打击报复证人罪的对象包括鉴定人、被害人的话，显然是作了扩大解释。对此，有的观点认为，应当将证人作狭义的理解，只限于诉讼法意义上的证人，不包括鉴定人和被害人；也有的观点认为，应当作广义的理解，即既包括诉讼法意义上的证人，也包括在诉讼中作证的鉴定人、被害人。

从证人权利保障角度看，如果将打击报复证人罪的客体仅限于诉讼法意义上的证人，有些过窄。首先，对证人的打击报复主要出现在刑事诉讼中，而刑事诉讼中对证人的保护范围并不限于一般意义上的证人，还包括在诉讼中作证的鉴定人、被害人。根据我国《刑事诉讼法》第62条规定，对于危害国家安全犯罪、恐怖活动犯罪、黑社会性质的组织犯罪、毒品犯罪等案件，证人、鉴定人、被害人因在诉讼中作证，本人或者其近亲属的人身安全面临危险的，人民法院、人民检察院和公安机关应当采取保护措施；证人、鉴定人、被害人认为因在诉讼中作证，本人或者其近亲属的人身安全面临危险的，可以向人民法院、人民检察院、公安机关请求予以保护。从这一规定看，证人、鉴定人、被害人都在保护之列，不仅仅限于证人。其次，打击报复证人罪的主要客体是司法秩序，对诉讼中作证的鉴定人、被害人的打击报复也同样妨害了司法秩序。如果对鉴定人、被害人的打击报复按照故意伤害处理，并不能够体现对司法秩序的维护。

2. 打击报复证人罪的对象是否包括单位

从我国《刑事诉讼法》第60条的规定看，证人只包括自然人，不包括证人，但我国《民事诉讼法》第72条规定："凡是知道案件情况的单位和个人，都有义务出庭作证。"其中证人的范围又包括了单位。对此，我们认为可以将单位排除在外。这是因为单位可以作为民事诉讼的主体，但在刑事诉讼中，单位只享有附带民事诉讼提起权，实际将其排斥于被害人范围之外的。

3. 打击报复证人罪的对象是否包括证人近亲属

对证人近亲属进行打击报复能否构成打击报复证人罪？从法理上看，应当构成。我国《刑事诉讼法》第61条规定，人民法院、人民检察院和公安机关应当保障证人及其近亲属的安全。对证人及其近亲属进行威胁、侮辱、殴打或者打击报复，构成犯罪的，依法追究刑事责任；尚不够刑事处罚的，依法给予治安管理处罚。显然，对证人近亲属进行威胁、侮辱、殴打或者打击报复，与对证人进行威胁、侮辱、殴打或者打击报复是应当同等对待的。此外，我国

《刑事诉讼法》第62条所规定的特殊保护措施，也包括对证人近亲属的保护。即既要保护证人的安全也要保护证人近亲属的安全。客观上讲，对证人近亲属的打击报复也是对证人本人的间接打击报复，造成的危害后果会更大。因此，将证人近亲属纳入打击报复证人罪的对象范围是合理的。

综上可以看出，证人近亲属不属于诉讼法意义上的证人，把证人近亲属作为打击报复证人罪的对象，本身就扩大了打击报复证人罪的对象范围。如果将该罪的对象范围仅限于诉讼法意义上的证人，把鉴定人、被害人排除在外，显然不利于诉讼的顺利进行，不利于司法秩序的维护，也不利于在诉讼中作证的其他人员合法权利的保护，因而对打击报复证人罪中的"证人"应当作广义的理解，不仅包括狭义上的证人，还应当包括在诉讼中作证的鉴定人、被害人、勘验人员，甚至有必要把出庭作证的侦查人员包括在内。至于民事、行政案件的原告、第三人因其本身与诉讼结果有直接利害关系，对其打击报复行为多与司法秩序关系不大，且可以故意伤害罪、侮辱罪或报复陷害罪等论处，因此可以另当别论。只有对证人范围适当作扩大解释，才能有效遏制那些对被害人、原告人、鉴定人、勘验人打击报复的行为，保障司法机关诉讼活动的顺利进行。

（二）同案被告人就自己没有参与的犯罪事实进行指证，应当享有证人权利保障

本案的焦点问题是同案被告人能否成为打击报复证人罪的对象。对于这个问题需要根据同案被告人在犯罪中的作用以及在诉讼中陈述的内容来具体分析。同案被告人有共犯和非共犯之分。共同犯罪通常会成为同案处理的被告人，但是同案被告人未必都是共犯关系。在有组织犯罪中，可能一些被告人只参与了部分犯罪行为，只在部分犯罪事实上具有共犯关系。也有的同案被告人之间完全没有共犯关系，只不过因为其他原因而被同案处理，变成了同案被告人。对于有共犯关系的同案被告人，在诉讼中就共同犯罪的事实进行陈述，属于犯罪嫌疑人、被告人供述和辩解，不属于证人证言。这是因为其所陈述的内容是其自己犯罪的信息。但是，当同案处理的犯罪嫌疑人、被告人就自己知情却没有参与的其他同案犯罪嫌疑人、被告人的犯罪事实进行陈述时，其所陈述的内容与自己没有直接关系。因而其所陈述的内容不属于供述和辩解，而应当属于证人证言。虽然在案件中属于同案被告人身份，但如果因为作这方面的陈述（作证）而受到打击报复的话，应当作为证人而受到权利保障。

本案中，齐某某与其他人员都是盗窃团伙成员，齐某某参与了其中部分盗窃行为。齐某某在主动供述了自己参与的盗窃行为的同时还揭发并指证了其知道但没有参与其他盗窃行为。齐某某对自己参与的盗窃行为的陈述属于供述和

辩解，但对于其没有参与的盗窃行为的陈述则属于证人证言。对于其没有参与的犯罪事实的陈述，让其具有了证人身份，也应当享有作为证人的权利保障。被指证的其他同案犯出于报复目的对齐某某进行的殴打行为符合打击报复证人罪的构成要件，应以打击报复证人罪定罪处罚。

案例 47　山东省胶州市人民检察院诉张某某打击报复证人、妨害公务案[*]

▶ 案件概要

因宋某于 2008 年 7 月为张某某犯妨害公务罪一案作过证，2012 年 5 月 25 日 15 时许，在山东省胶州市胶莱镇小杜戈庄村张某林家西侧大街上，被告人张某某遇见宋某后，对宋某进行辱骂，后又用拳头击打宋某的丈夫张某庚的头部。经胶州市公安局刑事科学技术室和青岛市公安局刑警支队技术处法医学鉴定，张某庚之损伤属轻伤。青岛万方医学司法鉴定所司法鉴定意见书的鉴定意见：被鉴定人张某庚双侧硬膜下血肿符合本次徒手外伤所致损伤，本案外伤参与度拟为 75% ~80%。同年 5 月 27 日 16 时左右，在山东省胶州市胶莱镇小杜戈庄村张某林家门口，被告人张某某又将宋某打伤，宋某所受外伤为头面部及左肩软组织挫伤，经胶州市公安局法医学鉴定，宋某的损伤程度为轻微伤。

山东省胶州市人民法院于 2013 年 11 月 28 日作出（2013）胶刑初字第 274 号刑事附带民事判决。法院认为，被告人张某某对证人进行打击报复并通过加害证人亲友的方式打击报复证人，致一人轻伤、一人轻微伤，其行为构成打击报复证人罪。被告人张某某被判处有期徒刑以上刑罚，刑罚执行完毕以后，在 5 年以内再犯应当判处有期徒刑以上刑罚之罪，是累犯，应当从重处罚。附带民事诉讼原告人主张的诉讼请求，符合法律规定且有证据支持的合理部分，予以认可，并综合本案外伤参与度，按 75% 比例支持。依照《刑法》第 36 条、第 65 条、第 81 条第 2 款、第 308 条，《刑事诉讼法》第 99 条、第 102 条，最高人民法院《关于适用〈中华人民共和国刑事诉讼法〉的解释》第 138 条第 1 款、第 151 条、第 155 条、第 159 条、最高人民法院《关于民事诉讼证据的若干规定》第 2 条之规定，以打击报复证人罪，判处被告人张某某有期徒刑 1 年 6 个月。被告人张某某赔偿附带民事诉讼原告人张某庚各项经济损失共计 18510.22 元，赔偿附带民事诉讼原告人宋某各项经济损失共计 2403.4 元。

---

[*]　参见山东省青岛市中级人民法院（2014）青刑一终字第 24 号刑事附带民事裁定书。

张某某不服上诉。

山东省青岛市中级人民法院认为，原审判决认定上诉人张某某犯打击报复证人罪的事实清楚，证据确实、充分，定性准确，量刑适当，审判程序合法，判决民事赔偿合理合法。依据《刑事诉讼法》第225条第1款第（一）项之规定，裁定驳回上诉，维持原判。

▶ **案件评析**

（一）打击报复证人罪并没有时间期限限制

本案中张某某，于2008年10月被判处刑罚，刑满释放后分别于2012年5月25日、27日对原妨害公务罪中的证人宋某及其家属进行打击报复。对于这种作证后过了多年又对证人打击报复的行为是否仍按打击报复证人罪定罪量刑？对此实践中有赞成和反对两种意见。反对的意见认为，如果对作证与打击报复之间的时间间隔不加限制，作证后经过很长时间遭受打击报复，一般公民很难把以前的作证和证人后来受打击之间建立起联系，从而当法院最后将行为人以打击报复证人罪予以处罚时，很难为一般社会成员所理解，从而使《刑法》第308条的预测、引导和教育功能大大降低。从证人权利保障角度看，把证人作证和证人遭受打击报复之间的时间间隔限定一个较短期限，理由并不充分。第一，我国《刑法》第308条对打击报复证人罪的构成并无时间规定，司法适用时对其他限制没有法律依据。第二，中国传统上有"君子报仇，十年不晚"的旧训，实践中证人作证后过了很多年又遭受打击报复的案件并不鲜见。本案就是一例典型。设定时间限制，并不利于证人的权利保护。第三，认为一般公民很难把以前的作证和证人后来受打击之间建立起联系的观点并不成立，两者之间是否联系起来关键是加害人和证人，而不是一般公民。发挥第308条的一般预防作用，完全可以通过审判公开达到效果，判决书对打击报复证人事实的认定自然会将作证和后来打击联系起来。因此，本案中证人作证和受打击报复的时间虽然相隔4年，依然以打击报复证人罪定罪量刑是符合法律规定的。

（二）对证人近亲属的打击报复也可构成犯罪

本案中张某某对宋某多次进行辱骂和殴打，致宋某轻微伤，并用拳头击打宋某的丈夫张某庚的头部，致其轻伤。根据我国《刑事诉讼法》第61条的规定，对证人及其近亲属进行威胁、侮辱、殴打或者打击报复，构成犯罪的，应当依法追究刑事责任。保护的范围既包括证人又包括证人近亲属。在社会生活中，如果只保护证人本人而不保护证人的近亲属，那么这种保护是不完整的。

从社会危害性看，对证人近亲属打击报复与对证人本人打击报复，对司法秩序的伤害是一样的。其结果都是会让证人止步于诉讼之外，有时候对证人近亲属的打击报复行为比直接打击报复证人本人对来的冲击更大。因此，打击报复证人罪中的犯罪对象理应包括证人近亲属。对证人近亲属打击报复的，也应当按照打击报复证人罪定罪处罚。

案例 48 山东省烟台市人民检察院诉张某甲、张某乙、吕某某等人故意杀人、利用邪教组织破坏法律实施案[*]

➤ **案件概要**

张某甲、张某乙、吕某某、张某丙、张某丁及张某戊（张某甲之弟，12 周岁）均系"全能神"邪教组织成员。2014 年 5 月 28 日 15 时许，五人及张某戊到"麦当劳"招远府前广场餐厅就餐。其间，张某乙、张某丁去附近商场购买了拖把、手机等物品。21 时许，张某甲、吕某某授意张某丙、张某丁、张某戊向餐厅内的其他顾客索要联系方式，为发展"全能神"教徒做准备。当张某丙向被害人吴某某索要手机号码时遭其拒绝，张某丙将此情况告知了张某甲、吕某某。张某甲、吕某某指使张某丙再次向吴某某索要号码，又遭拒绝。张某甲、吕某某遂共同指认吴某某为"恶灵"，张某甲开始咒骂"恶灵"、"魔鬼"，上前抢夺吴某某手机制止其通话，并驱赶其离开餐厅，遭斥责后张某甲遂持餐厅内座椅击打吴某某头部，吴某某反抗，二人厮打并倒地，张某乙即上前掐住吴某某的脖子，迫使其松手，吕某某、张某丙也参与殴打。张某甲脱身后，手撑餐桌反复跳起、连续踩踏吴某某头面部，叫嚣"杀了她！她是恶魔"，随后将两支拖把递给张某乙和张某戊，指使张某乙、张某丙、张某丁、张某戊诅咒、殴打吴某某。张某乙立即抢起拖把连续猛击吴某某头面部，直至将拖把打断。在吕某某指使下，张某乙又将吴某某从桌椅间拖出，用穿着皮鞋的右脚反复猛力踢、踩、踹吴某某头面部。张某丙亦使用椅子等工具殴打吴某某背部和腿部。吕某某踢、踹吴某某腰臀部，并驱使张某丁、张某戊殴打吴某某。其间，吕某某还用拳头击打上前劝阻的"麦当劳"餐厅工作人员，并威胁称"谁管谁死！滚"，阻止他人施救，又与张某甲冲向餐厅柜台，用柜

---

[*] 参见山东省烟台市中级人民法院（2014）烟刑一初字第 48 号刑事判决书，载烟台市中级人民法院官方网站，http：//ytzy. sdcourt. gov. cn/ytzy/389456/389434/889611/index. html，2014 年 10 月 11 日发布。

台上的头盔砸向工作人员，阻止报警。公安人员接警赶到现场制止、抓捕仍在殴打吴某某的张某乙和张某戊时，遭张某甲、吕某某、张某丙、张某丁极力阻挠。"120"急救医生到场后确认吴某某已死亡。经法医鉴定，吴某某系生前头面部遭受有较大面积质地坚硬钝物打击并遭受有一定面积质地较硬钝物多次作用致颅脑损伤死亡。

吕某某经"全能神"教徒王某甲（已判刑）介绍于1998年加入"全能神"邪教组织。2008年，吕某某作为"长子"（"全能神"邪教组织头目），纠合在招远的"全能神"教徒进行聚会，宣扬"全能神"教义。

张某甲于2007年通过阅读"全能神"教义开始接触并信奉"全能神"，2008年与吕某某通过互联网结识并频繁联系，认可吕某某为"长子"，并跟随吕某某到招远多次参加"全能神"教徒聚会。2008年年底，张某甲在河北省无极县先后将张某乙、陈某某（张某甲之母）、张某丙、张某戊等家人发展为"全能神"教徒。2009年，张某甲与家人从河北省无极县先后来到招远市定居。同年夏天，张某甲被"二见证人"（"全能神"邪教组织头目）范某某、李某乙（均另案处理）确认为"长子"。此后，吕某某、张某甲到招远市城区及玲珑镇、蚕庄镇、齐山镇等多个地点，秘密纠合"全能神"教徒四十余名聚会百余次，张某乙积极参加聚会活动。其间，吕某某、张某甲印制、散发了"话在肉身显现""七雷发声"等"全能神"宣传资料数十册。张某甲鼓动张某乙积极出资，在招远市大曹家、金凤花园、金水桥等地租赁或者购买多处房屋及店面，作为"全能神"教徒住所和活动场所。张某乙还主动出资购买交通工具，驾车接送吕某某、张某甲等人到青岛、莱芜、东营等地参加"全能神"教徒聚会，宣扬"全能神"教义。

自2008年起，被告人吕某某、张某甲利用互联网，先后在"百度知道"、"新浪博客""搜狐博客""美国中文网"等境内外网络空间内，制作、传播有关"全能神"的文章97篇，空间访问量总计17万余次。其间，张某甲还将"话在肉身显现"转换成电子文档，保存在计算机中，进行编辑、复制、传播。

2010年11月后，被告人吕某某到招远市泉山路张某甲家中居住。被告人张某乙为共同习练"全能神"教义购买电脑、手机，安装宽带，提供日常生活费用，并听从吕某某、张某甲指使，自愿将家庭财产1000余万元以"奉献"给"教会"的名义，存于吕某某、张某甲名下。2014年5月25日，吕某某、张某甲指使张某乙将张某丁从河北省无极县约至招远，发展为"全能神"邪教组织成员。

烟台市中级人民法院于2014年8月21日公开开庭审理此案。法院认为，被告人张某甲、张某乙、吕某某、张某丙、张某丁因被害人吴某某拒绝提供自己的电话号码，即视之为"恶灵"，采取持椅子、拖把打砸、用力踹踏等手段，共同将吴某某残忍杀害，其行为均构成故意杀人罪。被告人吕某某、张某甲、张某乙明知"全能神"系已经被国家取缔的邪教组织，仍然纠合教徒秘密聚会，制作、传播邪教组织信息，发展邪教组织成员，或者为上述行为提供便利条件，破坏国家法律、行政法规实施，其行为又构成利用邪教组织破坏法律实施罪，应当数罪并罚。

在故意杀人共同犯罪中，被告人张某甲授意被告人张某丙等向他人索要电话号码，又与被告人吕某某共同指认被害人是"恶灵"，挑起事端后，率先持椅子击打被害人头部，后竭力踩踏被害人头面部，并以言语指使、提供工具、阻止他人解救等方式明确要求被告人张某乙等将被害人杀死，系本案的发起者、主要实施者和组织指挥者，依法应当认定为主犯。被告人张某乙积极响应张某甲的指使，持拖把猛击被害人头部直至拖把断裂，又将被害人从桌椅间拖出，猛力踹踏被害人头部，系犯罪行为的主要实施者，依法应当认定为主犯。被告人张某甲、张某乙以"全能神"邪教的歪理邪说指认被害人为"恶灵"，在公共场合当众指挥、实施故意杀人行为，打击被害人要害部位，其行为是导致被害人当场死亡的直接原因，且犯罪意志极其坚决，犯罪手段极其残忍，犯罪后果极其严重，社会影响极其恶劣。根据其犯罪事实、性质、情节和对社会的危害程度，应当依法严惩。被告人吕某某出于发展"全能神"邪教组织成员的动机，与被告人张某甲共同授意被告人张某丙等向他人索要电话号码，继而与张某甲共同指认被害人是"恶灵"，挑起事端，引发本案，后又上前踢踹被害人腰臀部，多次指使张某乙、张某丁、张某戊等人殴打被害人，并暴力阻止他人解救，系共同犯罪的组织指挥者和直接实施者，依法亦应认定主犯，予以从严惩处。被告人张某丙、张某丁在共同犯罪中均系从犯，能够当庭认罪悔罪，根据其各自犯罪事实和情节，依法对被告人张某丙从轻处罚，对被告人张某丁减轻处罚。

在利用邪教组织破坏法律实施犯罪中，被告人吕某某、张某甲冒用基督教名义，编造歪理邪说，神化自己为"全能神"的"长子""神自己"，多次纠合教徒秘密聚会，利用各种方式制作、传播邪教组织信息，蛊惑蒙骗他人，发展控制成员，进行非法活动，犯罪情节严重。被告人张某乙积极为被告人吕某某、张某甲从事"全能神"邪教活动提供经费、场地、食宿、接送等便利条件，情节严重。三被告人归案后仍然无视国家法律，坚持歪理邪说，拒不认罪，对于残害他人的犯罪行为毫无悔意，充分暴露出"全能神"邪教反人类、反社会、反科学的邪恶本质，应当对其依法予以从严惩处。被告人吕某某、张某甲、张某乙供犯罪所用的本人财物，应当予以没收，上缴国库。

烟台市中级人民法院判决如下：

1. 被告人张某甲犯故意杀人罪，判处死刑，剥夺政治权利终身；犯利用邪教组织破坏法律实施罪，判处有期徒刑 7 年，决定执行死刑，剥夺政治权利终身。

2. 被告人张某乙犯故意杀人罪，判处死刑，剥夺政治权利终身；犯利用邪教组织破坏法律实施罪，判处有期徒刑 5 年，决定执行死刑，剥夺政治权利终身。

3. 被告人吕某某犯故意杀人罪，判处无期徒刑，剥夺政治权利终身；犯利用邪教组织破坏法律实施罪，判处有期徒刑 7 年，决定执行无期徒刑，剥夺政治权利终身。

4. 被告人张某丙犯故意杀人罪，判处有期徒刑 10 年。

5. 被告人张某丁犯故意杀人罪，判处有期徒刑 7 年。

本案即 2014 年 5 月 28 发生的山东"招远杀人案"。此案经媒体曝光后，引起巨大轰动。2014 年 6 月 4 日《齐鲁晚报》报道，"招远杀人案"多名目击者愿出庭作证。报道称，在因未挺身制止招远麦当劳杀人案而受到社会广泛指责后，两名案件目击者在接受采访时承认，对未能及时制止悲剧发生表示愧疚，但澄清曾尝试介入，不果后迅速报警。他们同时表示，自己正饱受良心的不安与谴责。一名不愿署名的 30 余岁的目击者说。"如果有需要，我愿意出庭为家属们提供法律援助。"①但 2014 年 8 月 21 日该案开庭审理时，又有媒体报道称"山东招远血案庭审现场无目击证人出庭"，被害人亲属找了很多的目击证人，都无人作证，最终放弃。②

➤ 案件评析

本案中，6 名"全能神"教徒在山东招远一家麦当劳餐厅将一名无辜女性吴某殴打致死，引发全国震惊。案发后，先有媒体报道有多名目击证人愿意出庭作证，而到开庭时，却无一位目击证人出庭作证。事后有人感叹国民的道德素质与法律涵养，有人质疑"我们的社会怎么了？"究其本质而言，招远血案中证人缺席庭审折射出我国证人保护制度的缺陷以及现实保障上的不足。

---

① 《"招远杀人案"多名目击者愿出庭作证》，载《齐鲁晚报》2014 年 6 月 4 日。

② 邹艳、洪煜：《山东招远血案庭审现场无目击证人出庭》，载《法制晚报》2014 年 8 月 21 日。

（一）利用邪教组织实施的犯罪案件，应当对证人采取特殊保护措施

本案中发生在闹市街区，目击证人众多，但却无人出庭作证。在庭审现场，被害人家属却因无法找到目击证人出庭而撤回了民事诉讼请求。证人不出庭的原因之一是不敢，畏惧"全能神"教的淫威，担心自身的财产甚至是生命受到侵害。我国《刑事诉讼法》第62条规定了特殊案件中对证人的保护措施，相关措施包括：（1）不公开真实姓名、住址和工作单位等个人信息；（2）采取不暴露外貌、真实声音等出庭作证措施；（3）禁止特定的人员接触证人、鉴定人、被害人及其近亲属；（4）对人身和住宅采取专门性保护措施；（5）其他必要的保护措施。但根据该条的规定，这些保护措施限于"危害国家安全犯罪、恐怖活动犯罪、黑社会性质的组织犯罪、毒品犯罪等案件"，并不包括利用邪教组织实施的严重暴力犯罪案件。本案中，"全能神"教徒在公共场所故意杀人，而且手段极其残忍，经媒体报道后，被告人居住小区周围居民人心惶惶，自然会激起证人的恐怖情绪。在这种情况下，对证人施加特殊保护，避免打击报复尤其必要。因而有必要将此类案件纳入证人特殊保护的范围。实际上《刑事诉讼法》第62条采用列举的方式不可能穷尽所有需要对证人施加特殊保护的情况，从保护证人权利角度看，可以采用概括式的规定，凡是有需要的案件，都可以采取一项或者多项特殊保护措施。

（二）特殊案件中对证人的保护措施应当是全方位的

对证人的保护不能仅限于庭审阶段，应当是全过程、全方位的保护。除了审判阶段，还应当包括侦查、审查起诉、执行全过程。除诉讼过程中要对证人施加保护外，在诉讼结束以后如有需要也应当施加保护。对证人的保护措施时间上应当延伸到诉讼程序之外，空间上也要延伸到法庭之外，保护措施不仅是必要的，还应当是充足的、全面的。只有彻底解决了证人后顾之忧，才能让证人敢作证、敢出庭、敢发言。

第十一章

妇女人权保障

案例 49　林某某申请人身保护令案[*]

▶ 案件概要

林某某婚后不久即遭受丈夫余某的谩骂殴打、用水果刀追杀，朋友也遭到威胁恐吓。当余某被发现与异性有不正当关系后，擅自闯入林某某住处换锁、打砸东西和家具、打伤林某某的头部、脸部，并发短信威胁杀害林某某的父母和儿子。林某某曾多次报警，但余某仍然对其进行殴打、威胁。2013 年 3 月，林某某起诉至广州市越秀区人民法院，申请法院作出人身保护裁定并要求法院责令余某自费接受心理治疗。

余某经合法传唤未到庭，法院依法适用了简易程序进行缺席听证。林某某向法庭提供了充分证据，例如《报警回执》、照片及病历、手机短信截屏，证明余某威胁恐吓、殴打致伤的事实，并提交《房地产权证》复印件证明现住房为自己的婚前财产，以及发现余某婚外情报警后，公安机关作出的调解书、协议书和余某写的保证书等。同年 4 月 9 日，法院经审查认为，林某某的申请符合条件，即出具了辖区内第一份人身保护民事裁定书，禁止被申请人余某殴打、威胁申请人林某某或其儿子、父母姐妹；禁止余某利用骚扰、跟踪等手段，妨碍申请人林某某及其儿子、父母姐妹的正常生活；禁止余某在林某某居住区 200 米范围内活动。如余某违反上述禁令，视情节轻重处以罚款、拘留；构成犯罪的，依法追究刑事责任。裁定书送达被申请人，并送当地公安机关。关于责令余某自费接受心理治疗的请求，由于不是法定的民事责任承责方式，目前在民事法律中没有相应规定，经过法官的耐心说明，林某某自愿撤回该请求。

▶ 案件评析

本案入选中华全国妇女联合会、中国女法官协会、中国女检察官协会、中华全国律师协会女律师协会 2015 年发布的《依法维护妇女儿童权益十大案

---

[*] 参见中华全国妇女联合会、中国女法官协会、中国女检察官协会、中华全国律师协会女律师协会发布的 2015 年《依法维护妇女儿童权益十大案例》。

例》。该案涉及的是家庭暴力问题,家庭暴力不仅是对妇女的平等权利、人格和尊严的侵犯,使妇女在身体和生殖健康方面临更高的风险,严重的暴力行为还对妇女的生命、自由和人身权造成侵犯。该案的典型性还集中体现在人身保护裁定在预防和制止家庭暴力中的重要作用。

对妇女实施的家庭暴力问题是一个世界性的人权问题。不同程度的家庭暴力事件在不同的地域、不同的民族、不同的社会制度中都普遍存在,这种暴力既有对妇女身体的侵害,也有精神上的虐待,甚至还有对生命的威胁,是人类发展进程中困扰全球的社会痼疾。1993 年 12 月 20 日联合国大会第 85 次会议通过了《消除对妇女的暴力行为宣言》,首次明确提出"对妇女的暴力行为"的概念,并将在家庭内对妇女实施的身心方面和性方面的暴力行为作为第 1 条列示。宣言申明对妇女的暴力行为包括家庭暴力侵犯了妇女的人权和基本自由。具体说明采取各种措施消除对妇女的暴力是各国政府的责任。不应以任何习俗、传统或宗教考虑为由逃避其对消除这种暴力行为的国家义务。

2016 年 3 月 1 日,我国《反家庭暴力法》开始实施,这是公权力针对家庭暴力的立法新实践,打破了"法不入家门"的传统,对于尊重和保障妇女人权具有重大的意义。该法在最高人民法院《关于适用〈中华人民共和国婚姻法〉若干问题的解释(一)》的基础上更加明确规定:"本法所称家庭暴力,是指家庭成员之间以殴打、捆绑、残害、限制人身自由以及经常性谩骂、恐吓等方式实施的身体、精神等侵害行为。"现行《反家庭暴力法》在保护妇女免受家庭暴力方面有了较大进步:一是首次界定了"家庭暴力",将精神暴力纳入家庭暴力的表现形式;将共同生活者纳入家庭暴力主体;家庭暴力的构成不再以造成身体或精神伤害为后果。二是创设若干机制,最大限度保护受害人权益。明确了预防和制止家庭暴力的五大原则(对家庭暴力零容忍的原则;共同责任原则;预防为主,教育矫治和惩处相结合的原则;特殊保护的原则;尊重受害人意愿,保护当事人隐私的原则)。三是在家庭暴力的处置一章为家庭暴力受害人设立了报警求助,申请庇护,申请人身安全保护令,起诉追究法律责任等较为充分的救济途径和家庭纠纷的调解,强制报告义务,公安告诫制度等更为有利的处置家庭暴力的措施体系。四是首次建立了人身安全保护令制度,从事后惩治变为事前预防。

作为预防和制止家庭暴力的司法干预模式,人身保护令的可行性和有效性在各国司法实践中已经获得证实。人身安全保护令制度是指在家庭暴力或者虐待案件中曾遭受或正在遭受家庭暴力的当事人可向法院申请人身安全保护裁定,由法院发出人身保护令,禁止施暴者在一定时间内与受害者接触。在家庭暴力的防止领域,各国做法常存在刑事保护令与民事保护令之别,我国的

《反家庭暴力法》所确立的人身保护令则属于民事保护令。与其他国家地区相比我国在人身保护令制度的立法和实践上起步较晚。首于 2008 年年初最高人民法院发布的《涉及家庭暴力婚姻案件审理指南》，在我国大陆地区初步规定了人身安全保护裁定制度，对人身保护裁定作出了试点探索，2013 年 1 月 1 日已生效的经修正的《民事诉讼法》第 100 条对行为保全作出了明确规定，使人身保护裁定有了法律依据。此后，各地均有相关司法实践案例见诸报端。现行《反家庭暴力法》将这一让受暴者有效摆脱家暴的保全措施以专章（第四章）加以立法确认，第 23 条规定，当事人因遭受家庭暴力或者面临家庭暴力的现实危险，向人民法院申请人身安全保护令的，人民法院应当受理。当事人是无民事行为能力人、限制民事行为能力人，或者因受到强制、威吓等原因无法申请人身安全保护令的，其近亲属、公安机关、妇女联合会、居民委员会、村民委员会、救助管理机构可以代为申请。第 24 条规定，申请人身安全保护令应当以书面方式提出；书面申请确有困难的，可以口头申请，由人民法院记入笔录。第 25 条规定，人身安全保护令案件由申请人或者被申请人居住地、家庭暴力发生地的基层人民法院管辖。第 26 条规定，人身安全保护令由人民法院以裁定形式作出。第 27 条规定，作出人身安全保护令，应当具备下列条件：（1）有明确的被申请人；（2）有具体的请求；（3）有遭受家庭暴力或者面临家庭暴力现实危险的情形。第 28 条规定，人民法院受理申请后，应当在 72 小时内作出人身安全保护令或者驳回申请；情况紧急的，应当在 24 小时内作出。第 29 条规定，人身安全保护令可以包括下列措施：（1）禁止被申请人实施家庭暴力；（2）禁止被申请人骚扰、跟踪、接触申请人及其相关近亲属；（3）责令被申请人迁出申请人住所；（4）保护申请人人身安全的其他措施。第 30 条规定，人身安全保护令的有效期不超过 6 个月，自作出之日起生效。人身安全保护令失效前，人民法院可以根据申请人的申请撤销、变更或者延长。第 31 条规定，申请人对驳回申请不服或者被申请人对人身安全保护令不服的，可以自裁定生效之日起 5 日内向作出裁定的人民法院申请复议一次。人民法院依法作出人身安全保护令的，复议期间不停止人身安全保护令的执行。第 32 条规定，人民法院作出人身安全保护令后，应当送达申请人、被申请人、公安机关以及居民委员会、村民委员会等有关组织。人身安全保护令由人民法院执行，公安机关以及居民委员会、村民委员会等应当协助执行。

　　林某某申请人身保护令案尽管发生在《反家庭暴力法》实施之前，但该案集中典型地体现了人身保护令的功能及适用：（1）人身保护令是国家公权力对家庭暴力的积极介入和干预，表明反对和消除对妇女实施的家庭暴力是一项国家责任。相较于社区委员会及所在单位的劝阻、调解，人身保护令对施暴者更具有警示、教育和威慑作用。（2）本案中法官能够充分认识到家庭暴力的危害性，抓紧审查证据，仔细研究案情，并与申请人进行了电话沟通，获知她及其家人的现状、身体状况、人身安全等情况，准确把握针对家庭暴力的行为保全申请的审查标准、审查流程，依法、迅速地作出裁定，对受暴力困扰的妇女给予了强有力的保护。（3）本案中林某某为受害者如何申请人身保护裁定也作出了好的示范，她具有很强的证据意识，在家暴发生后及时报警，保存各种能够证明施暴行为和伤害后果的证据并完整地提供给法庭，使法官能够快速、顺利地作出决定，及时地维护了自己的权益。

　　检察机关作为国家的司法机关，通过刑事干预手段遏制不论是发生在公共领域还是私人领域里妇女遭遇的各种各样的暴力侵害，是其当然职责。人民检察院要加强对家庭暴力犯罪案件的法律监督。对人民检察院认为公安机关应当立案侦查而不立案侦查的家庭暴力案件，或者受害人认为公安机关应当立案侦查而不立案侦查，而向人民检察院提出控告的家庭暴力案件，人民检察院应当认真审查，认为符合立案条件的，应当要求公安机关说明不予立案的理由。人民检察院审查后认为不予立案的理由不能成立的，应当通知公安机关依法立案，公安机关应予立案。使实施家庭暴力犯罪行为的人受到刑事追究，并使受害妇女的人权得到法律救济。

案例 50　云南省施甸县人民检察院
诉汤某某故意杀人案*

▶ **案件概要**

被告人汤某某与被害人杨某某（殁年 39 岁）系夫妻。杨某某经常酗酒且酒后无故打骂汤某某。2002 年 4 月 15 日 17 时许，杨某某醉酒后吵骂着进家，把几块木板放到同院居住的杨某洪、杨某春父子家的墙脚处。为此，杨某春和杨某某发生争执、拉扯。汤某某见状上前劝阻，杨某某即用手中的木棍追打汤某某。汤某某随手从柴堆上拿起一块柴，击打杨某某头部左侧，致杨某某倒地。杨某洪劝阻汤某某不要再打杨某某。汤某某因惧怕杨某某站起来后殴打自己，仍继续用柴块击打杨某某头部数下，致杨某某因钝器打击头部颅脑损伤死亡。案发后，村民们由于同情汤某某，劝其不要投案，并自发帮助掩埋了杨某某的尸体。直到 4 年后，邻村深知内情的村民自某某因运输毒品被捕，向警方举报以争取立功表现。警方随即传唤了汤某某，汤某某就交代了自己用柴块杀死丈夫杨某某的犯罪事实。庭审中，村民们包括杨某某的哥哥都替汤某某向法官求情。法院经审理认为，被告人汤某某故意非法剥夺他人生命的行为已构成故意杀人罪。被害人杨某某因琐事与邻居发生争执和拉扯，因汤某某上前劝阻，杨某某即持木棍追打汤某某。汤某某持柴块将杨某某打倒在地后，不顾邻居劝阻，继续击打杨某某头部致其死亡，后果严重，应依法惩处。鉴于杨某某经常酒后实施家庭暴力，无故殴打汤某某，具有重大过错；汤某某在案发后能如实供述犯罪事实，认罪态度好；当地群众请求对汤某某从轻处罚。综上，对汤某某可酌情从轻处罚。据此，施甸县人民法院依法以故意杀人罪判处被告人汤某某有期徒刑 10 年。

▶ **案件评析**

本案系遭受家庭暴力的妇女"以暴制暴"致施暴人死亡的典型案件，从

---

* 2014 年 2 月最高人民法院公布的 10 个典型家暴案件之一。

案件表面我们看到的是受虐妇女非法剥夺了施虐者生命，侵犯的是他人的生命权，但应当引发我们思考的是为什么这么多受虐妇女会选择采取私力救济——用"以暴制暴"的方式走上犯罪道路？最高人民法院 2015 年公布的十个典型家庭暴力案件中有两件是受虐妇女"以暴制暴"杀死施暴人的案件；2016 年最高人民法院公布的典型家庭暴力案件中仍然有这类案件，足以见得绝非个案。要从对女性"以暴制暴"犯罪的现象和成因上进行分析，从源头上有效减少和消除这类犯罪，从而保护受虐妇女通过合法途径维护自己长期受到侵害的权益。我国首部《妇女绿皮书》披露，在中国 2.7 亿个家庭中，约 30% 存在不同程度的家庭暴力，其中施暴者九成是男性。更让人担忧的是，有迹象表明，家庭暴力的数量呈逐渐上升趋势。同样是来自全国妇联公布的数据，在中国家暴受害人平均遭受 35 次家暴后才报警。而"以暴制暴"恰恰是在无数次的忍辱、顺从、退让后换来更加残暴对待后的非理性选择。正如本案，被害人杨某某从婚后第一年就开始殴打妻子甚至年幼的孩子，汤某某一忍再忍，村民们、村委会虽然很同情但觉得这是家务事。最终，受暴人无法忍受与其一起生活的施暴人长期恶劣的家庭暴力又无法通过合法手段维权时，采用了将施暴人伤害杀死的极端办法来摆脱家庭暴力，汤某某从先前的家庭暴力受害人转变成了犯罪人（故意杀人），从而付出沉重的代价。发生这样的案件，这中间有传统观念对家庭暴力的熟视无睹、受虐妇女生理心理因素、社会缺乏救助网络，也有公权力救济、干预的缺位或不足的问题。

2016 年 3 月 1 日起施行的《反家庭暴力法》首次确定了以政府为主导、多机构组织合作，预防、干预、救助的反家暴工作原则和体系：

1. 主管机构。《反家庭暴力法》第 3 条明确了反家庭暴力是国家、社会和每个家庭的共同责任。第 4 条规定县级以上人民政府负责妇女儿童工作的机构，负责组织、协调、指导、督促有关部门做好反家庭暴力工作。各级人民政府要将反家庭暴力工作纳入国民经济和社会发展计划，为反家庭暴力工作提供必要的制度保障和经费保障。

2. 行政救助、救济机构。包括县级以上人民政府的公安、民政、卫生、教育等多个部门。这些部门在各自的职责、服务领域对家庭暴力进行干预、救助。如公安机关接到家庭暴力报案后应当及时出警，制止家庭暴力，按照有关规定调查取证，协助受害人就医、鉴定伤情；根据不同情况依法及时处理。民政部门应建立庇护场所为家庭暴力受害人提供庇护，对符合救助条件的提供临时救助；卫生部门为家庭暴力受害人提供就医、伤情鉴定等帮助；司法行政部门为家庭暴力受害人组织和提供法律咨询和援助服务等。

3. 司法救济机构。人民检察院和人民法院要依法保障家庭暴力受害人获得司法救济，依法惩处家庭暴力加害人。人民检察院接到家庭暴力的报案、控告或者举报后，应当立即问明案件的初步情况，制作笔录，迅速进行审查，按照刑事诉讼法关于立案的规定，根据自己的管辖范围，决定是否立案。对于符合立案条件的，要及时立案。对于可能构成犯罪但不属于自己管辖的，应当移送主管机关处理，并且通知报案人、控告人或者举报人；对于不属于自己管辖而又必须采取紧急措施的，应当先采取紧急措施，然后移送主管机关。经审查，对于家庭暴力行为尚未构成犯罪，但属于违反治安管理行为的，应当将案件移送公安机关，依照治安管理处罚法的规定进行处理，同时告知被害人可以向人民调解委员会提出申请，或者向人民法院提起民事诉讼，要求施暴人承担停止侵害、赔礼道歉、赔偿损失等民事责任。人民检察院通过代为告诉充分保障被害人自诉权。对于家庭暴力犯罪自诉案件，被害人无法告诉或者不能亲自告诉的，其法定代理人、近亲属可以告诉或者代为告诉；被害人是无行为能力人、限制行为能力人，其法定代理人、近亲属没有告诉或者代为告诉的，人民检察院可以告诉；侮辱、暴力干涉婚姻自由等告诉才处理的案件，被害人因受强制、威吓无法告诉的，人民检察院也可以告诉。人民检察院对家庭暴力犯罪案件负有立案监督职责，发现公安机关应当立案而不立案的，或者被害人及其法定代理人、近亲属，有关单位、组织就公安机关不予立案向人民检察院提出异议的，人民检察院应当要求公安机关说明不立案的理由。人民检察院认为不立案理由不成立的，应当通知公安机关立案，公安机关接到通知后应当立案；认为不立案理由成立的，应当将理由告知提出异议的被害人及其法定代理人、近亲属或者有关单位、组织。人民法院在接到家庭暴力的报案、控告或者举报后，应当立即问明案件的初步情况，制作笔录，迅速进行审查，按照刑事诉讼法关于立案的规定，根据自己的管辖范围，决定是否立案。对于符合立案条件的，要及时立案。对于可能构成犯罪但不属于自己管辖的，应当移送主管机关处理，并且通知报案人、控告人或者举报人；对于不属于自己管辖而又必须采取紧急措施的，应当先采取紧急措施，然后移送主管机关。人民法院在审理婚姻家庭、继承、侵权责任纠纷等民事案件过程中，应当注意发现可能涉及的家庭暴力犯罪。一旦发现家庭暴力犯罪线索，公安机关应当将案件转为刑事案件办理，人民法院应当将案件移送公安机关；属于自诉案件的，公安机关、人民法院应当告知被害人提起自诉。人民法院对告诉或者人民检察院代为告诉的案件，应当依法受理。人民法院、人民检察院、公安机关等负有保护公民人身安全职责的单位和组织，对因家庭暴力受到严重伤害需要紧急救治的被害人，应当立即协助联系医疗机构救治；对面临家庭暴力严重威胁，或者处于无人照料等危险状态，需要临时安置的被害人或者相关未成年人，应当通知并协助有关部门进行安置。当事人因遭受家庭暴力或者面临家庭暴力的现实危险，向人民法院申请人身安全保护令的，人民法院应当受理。人民法院受理申请后，应当在 72 小时内作出人身安全保护令或者驳回申请，情况紧急的应当在 24 小时内作出。人民法院对家庭暴力受害人依法缓收、减收或者免收诉讼费用。

4. 社会救助救济组织机构。（1）《反家庭暴力法》第 11 条规定用人单位发现本单位人员有家庭暴力情况的，应当给予批评教育，并做好家庭矛盾的调解、化解工作。（2）《反家庭暴力法》第 14 条、第 15 条规定了强制报告制度。学校、幼儿园、医疗机构、居委会、村委会、社会工作服务机构、救助管理机构、福利机构及其工作人员，若在工作中发现无民事行为能力人、限制民事行为能力人遭受家暴或疑似遭受家暴，须及时向公安机关报告，公安机关要对报案人的信息保密。对不予报案造成严重后果的，相关单位的负责人员将依法受到行政处分。（3）其他社会救助形式，社会团体、社会工作服务机构通过组织、监测、干预、宣传等手段预防家庭暴力的发生，为家庭暴力受害者提供帮助及生活、法律服务等。

反对家庭暴力是全社会的共同责任，只有形成上至国家下至民众的普遍关注和统一认识，形成众多机构和组织统筹、协调、合作的干预网络，形成完善、法与法间有效衔接、可操作性的立法保障体系，司法救济途径畅通，才能保障妇女在婚姻家庭中的合法权益，保障妇女免受家庭暴力，保障汤某某们在遭受家庭暴力时能够得到有效的社会救助，寻求到有力的行政或司法救济而非采取"私力"的自我救济方式让更大的悲剧发生。

本案的量刑依据是最高人民法院、最高人民检察院、公安部、司法部《关于依法办理家庭暴力犯罪案件的意见》的规定，对于因遭受严重家庭暴力，身体、精神受到重大损害而故意杀害施暴人；或者因不堪忍受长期家庭暴力而故意杀害施暴人，犯罪情节不是特别恶劣，手段不是特别残忍的，可以认定为《刑法》第 232 条规定的故意杀人"情节较轻"。人民法院综合考虑被害人在案发前实施家暴、存在重大过错，以及案发后被告人有自首情节，积极参与抢救，主观恶性和人身危险性相对较小等因素，对被告人从宽处罚，较好体现了宽严相济的刑事政策。

案例 51 广东省郁南县人民检察院诉 李某某、莫某某拐卖妇女案[*]

> ### 案件概要

2014 年 12 月 15 日 12 时许，被告人李某某、莫某某二人驾乘助力车途经广东省郁南县都城镇二环路与九星大道交汇处花坛时，看到一个疑似精神病的妇女（许某）坐在花基上，于是以带其去吃饭为由将其拐至李某某家中，打算把被害人许某卖掉赚取费用。后李某某与莫某某合谋于同年 12 月 26 日以 2800 元的价格把被害人许某卖给梁某某。2015 年 1 月 2 日公安机关解救出了被害人许某。经鉴定，被害人许某为"中度精神发育迟滞"患者，无性自我防卫能力。一审判决认为，被告人李某某、莫某某以出卖为目的，拐卖妇女，其行为已构成拐卖妇女罪。被告人李某某、莫某某的行为应处五年以上十年以下有期徒刑，并处罚金。鉴于被告人李某某、莫某某在归案后能如实供述自己的犯罪事实，依法可从轻处罚；被告人李某某、莫某某在庭审中自愿认罪，可酌情从轻处罚。

综上，一审判决认定被告人李某某、莫某某犯拐卖妇女罪，分别判处有期徒刑 5 年，并处罚金 5000 元。一审宣判后，被告人李某某、莫某某均未提出上诉。

> ### 案件评析

本案是典型的拐卖妇女案。拐卖妇女是严重侵犯妇女人身权利的暴力犯罪，对被拐卖妇女身心健康造成巨大伤害，使被害人家庭骨肉分离，影响社会和谐稳定，社会危害性极大。拐卖妇女是一种世界性犯罪行为。其发生原因主要是由于战争、陈腐观念等多种因素导致的男女性别比失衡，而妇女则成为这种社会失衡结构的牺牲品。根据联合国官方网站的统计：全世界每三个妇女

---

* 载中国法院网 - 审判 - 典型案件，http：// www. chinacourt. org/article/detail/2015/09/id/1711402. shtml。

中，至少一人在一生中被殴打，被拐卖，强迫从事性行为，或者以其他方式被虐待。① 1993 年 12 月 20 日联合国大会第 85 次会议通过的《消除对妇女的暴力行为宣言》给"对妇女的暴力行为"一词下了明确定义，指对妇女造成或可能造成身心方面或性方面的伤害或痛苦的任何基于性别的暴力行为，包括威胁进行这类行为、强迫或任意剥夺自由，而不论其发生在公共生活还是私人生活中（第 1 条）。从这个定义可以看出对妇女的暴力包括：（1）对妇女实施的家庭暴力；（2）基于性别的犯罪，如强奸、拐买、溺婴等；（3）因传统风俗而造成的对妇女身体甚而生命的侵害；（4）各类武装冲突中对妇女基于性别的暴力；（5）对难民妇女和寻求政治避难妇女的基于性别的暴力；（6）来自公共机构基于性别的侵害，如被拘押妇女受虐待等；（7）工作场所的暴力，如性骚扰等；（8）与卖淫和色情相关的暴力。其中拐卖妇女的犯罪不仅给受害妇女身心造成极大伤害，而且也给受害人家庭以及整个社会造成恶劣影响，在全球化背景下，随着人口的跨国流动，拐卖也逐渐跨越国界，成为全球性问题。因此国际社会对拐卖妇女的犯罪都是从严打击。

我国《妇女权益保障法》第 39 条规定禁止拐卖、绑架妇女；禁止收买被拐卖、绑架的妇女；禁止阻碍解救被拐卖、绑架的妇女。我国《刑法》第 240 条第 1 款规定："拐卖妇女、儿童的，处五年以上十年以下有期徒刑，并处罚金；有下列情形之一的，处十年以上有期徒刑或者无期徒刑，并处罚金或者没收财产；情节特别严重的，处死刑，并处没收财产：（一）拐卖妇女、儿童集团的首要分子；（二）拐卖妇女、儿童三人以上的；（三）奸淫被拐卖的妇女的；（四）诱骗、强迫被拐卖的妇女卖淫或者将被拐卖的妇女卖给他人迫使其卖淫的；（五）以出卖为目的，使用暴力、胁迫或者麻醉方法绑架妇女、儿童的；（六）以出卖为目的，偷盗婴幼儿的；（七）造成被拐卖的妇女、儿童或者其亲属重伤、死亡或者其他严重后果的；（八）将妇女、儿童卖往境外的。"拐卖妇女罪是指以出卖为目的，实施拐骗、绑架、收买、贩卖、接送、中转妇女的行为。本罪侵犯的客体是妇女的人身权利中人身不受买卖的权利。本罪的对象仅限于妇女。根据有关司法解释，妇女是指已满 14 周岁的女性，既包括具有中国国籍的妇女，也包括具有外国国籍和无国籍的妇女。本罪是选择性罪名，客观方面行为人只要实施拐卖、绑架、收买、贩卖、接送和中转行为之一的，就构成本罪，同时实施两种或两种以上行为的，亦构成一罪，而不实行数罪并罚。至于拐卖行为是否"违背被害人意志"，不影响以本罪论处。即使实

---

① 参见联合国：《在关起的门后：对妇女的暴力》，载 http://www. un. org/chinese/e-vents/tenstories/story. asp？storyID = 1800。

践中，妇女自愿被卖也不能免除拐卖者的刑事责任，但量刑时可考虑从轻。拐卖妇女行为人的动机自始至终都是营利，拐卖妇女罪的本质特征在于以出卖为目的，即行为人把妇女当作"特殊商品"出卖。被告人李某某、莫某某以出卖为目的，拐卖妇女，其行为已构成拐卖妇女罪，依法应处五年以上十年以下有期徒刑，并处罚金。鉴于两被告人有归案后如实供述自己的犯罪事实、庭审中自愿认罪等从轻情节，一审法院依法分别判处两被告人有期徒刑 5年，并处罚金 5000 元。

人民检察院要加强对拐卖妇女案件的法律监督。发挥侦查监督职能，增强监督意识，积极主动拓展监督线索来源，依法监督打击拐卖妇女犯罪的案件办理。并通过不同层面的努力，开展有针对性的专项活动，及时、有效地减少和遏制拐卖妇女案件的发生。如在办案中发现侵害妇女权益的问题及时向相关部门提出检察建议，促其堵塞管理漏洞，推动对重点人群、重点渠道进行集中综合整治。同时通过"两微一端"探索创新，开展各种法制宣传教育活动，增强妇女的自我保护意识。

案例 52　高某诉某公司劳动争议案[*]

> ## 案件概要

　　某公司原总经理高某，39 岁，于 2007 年 12 月入职，2014 年 4 月起休产假，法定产假结束后主动到岗工作。其产假期间公司办公地点发生变化未告知其新址，高某自行找到办公地点，坚持工作。9 月 5 日，公司董事长口头通知高某解除劳动关系，但拒绝出示正式书面辞退通知，也未提出经济补偿方案。高某在该公司工作 7 年，公司始终未与其签订书面劳动合同，并克扣和拖欠哺乳期工资，在哺乳期间对其提出辞退。与董事长协商争取权益无果后，高某委托律师处理劳动争议事宜，帮助其维护自身合法权益。

　　律师为高某提供了咨询意见，建议其可以要求某公司撤销违法解除劳动关系的通知，提供劳动条件，恢复工作岗位，或者要求公司给予相应的经济补偿。由于辞退通知系口头提出，无证据证明某公司存在违法辞退情形，律师建议高某再次与某公司沟通，要求出具书面辞退通知书，并将谈话内容进行录音，保留证据。同时，在协商期间按时上下班，不做违反公司规章制度的事情。

　　再次协商后，某公司仍拒绝出具书面辞退通知书。高某的代理律师向某公司出具了律师函，正式提出维权需求，未果后向北京市海淀区劳动争议仲裁委员会提起劳动仲裁申请，要求某公司支付克扣和拖欠的工资，确认双方劳动关系存续。仲裁委作出裁决支持高某的部分请求，某公司不服，向海淀区人民法院提起诉讼。在庭审中双方达成调解协议，法院出具了民事调解书，确认双方劳动关系解除，某公司于规定期限内向高某支付包括工资、经济补偿金等在内的调解最终款项 19.5 万元，双方劳动争议一次性解决。某公司在约定时间内向高某支付了相关款项。

---

　　* 载中国法院网－审判－典型案例，http//www.chinacourt.org/corticle/dotail/2015/12/id/1762045.shtml。

▶ **案件评析**

本案是哺乳期女性依法维护自身劳动权益的成功案例，案件涉及了妇女的平等就业权。平等就业权是劳动权的起点和重点，劳动权是人权的重要组成部分，具有生存权与发展权的双重属性。据 "第三期中国妇女社会地位调查"结果显示，在就业方面遭遇过性别歧视的女性占 10%，男性仅为 4.5%，其中因结婚、怀孕、生育而被解雇的人群中，73.6% 为女性，这反映出我国女性的平等就业权遭受侵害较为突出。基于历史、文化等多方面原因，特别是两性生理差异的影响，妇女的平等就业问题往往会遭到忽略或歧视。女性特殊的生理现象（经期、怀孕期、分娩期和哺乳期）和所承担的再生产劳动（生育、家务及家庭照顾性工作）违背了用人单位追求利益最大化的经济效益目标因而被排斥或限制聘用。国际人权公约和其他文书中对此问题极为关注。1979 年 12 月 18 日联合国大会通过的《消除对妇女一切形式歧视公约》第 11 条规定了就业和劳动权利方面的男女平等。要保证妇女有权自由选择职业；保障妇女同工同酬，以及在评价工作质量方面受到同等待遇。保障妇女享受到带薪假期以及与退休、失业、疾病和老年有关的福利。第 12 条规定，由于男女不平等的地位，妇女在获得充分保健服务方面遇到许多障碍。因而要保证妇女在男女平等的基础上取得各种包括有关计划生育、在怀孕和哺乳期间的保健服务。中国政府一直以来积极推进促进男女平等、维护妇女权益的各项措施，并积极签署、批准或加入了《消除对妇女一切形式歧视公约》《男女同工同酬公约》、《反对就业/职业歧视公约》等公约文件。同时也通过国内立法加强对妇女劳动权利的特殊保护。我国现行《宪法》第 48 条规定："中华人民共和国妇女在政治的、经济的、文化的、社会的和家庭的生活等各方面享有同男子平等的权利。国家保护妇女的权利和利益，实行男女同工同酬，培养和选拔妇女干部。"《妇女权益保障法》第 22 条、第 23 条规定国家保障妇女享有与男子平等的劳动权利和社会保障权利。各单位在录用职工时，除不适合妇女的工种或者岗位外，不得以性别为由拒绝录用妇女或者提高对妇女的录用标准。各单位在录用女职工时，应当依法与其签订劳动（聘用）合同或者服务协议，劳动（聘用）合同或者服务协议中不得规定限制女职工结婚、生育的内容。《就业促进法》第 3 条对禁止性别歧视、保护妇女的平等就业权亦有所规定。其中《劳动合同法》第 42 条明确规定女职工在孕期、产期、哺乳期的，用人单位不得解除劳动合同，对建立劳动合同关系的女职工权益进行保护。

梳理我国现行的涉及女性就业权平等保护的法律规范可以看出，我国女性就业权平等保护制度包括以下两个方面的内容：第一，禁止性别歧视、保障女性就业机会平等的具体规定。其主要内容有：（1）在录用职工时，除国家规定的不适合妇女的工种或者岗位外，不得以性别为由拒绝录用妇女或者提高对妇女的录用标准；（2）用人单位录用女职工，不得在劳动合同或者服务协议中规定限制女职工结婚、生育的内容；（3）禁止职业中介机构发布的就业信息中包含歧视性内容。第二，对就业女性的特别保护措施。其主要内容有：（1）女性的职业禁忌，即禁止安排女职工从事矿山井下、国家规定的第四级体力劳动强度的劳动和其他禁忌从事的劳动。（2）女性生育期的职业保障，即任何单位不得因结婚、怀孕、产假、哺乳等情形，降低女职工的工资，辞退女职工，单方解除劳动（聘用）合同或者服务协议。（3）月经期、怀孕期、生产期和哺乳期（"四期"）中的劳动禁忌。具体内容主要有：不得安排女职工在经期从事高处、低温、冷水作业和国家规定的第三级体力劳动强度的劳动；不得安排女职工在怀孕期间从事国家规定的第三级体力劳动强度的劳动和孕期禁忌从事的劳动；对怀孕7个月以上的女职工不得安排其延长工作时间和夜班劳动；不得安排女职工在哺乳未满1周岁的婴儿期间从事国家规定的第三级体力劳动强度的劳动和哺乳期禁忌从事的其他劳动，不得安排其延长工作时间和夜班劳动。（4）女性提前退休制度。

本案中某公司变更地址不通知休产假员工，克扣和拖欠哺乳期工资，不提供工作条件，无故予以辞退，不签订劳动合同，漠视和侵害了女职工的劳动权益。而本案当事人高某作为公司高管，法律意识、权利意识不强，始终未与公司签订劳动合同，也为纠纷埋下了隐患。就个案而言，成功维权的关键是确认劳动关系存在，收集和固定有利于劳动者的证据。而就依然大量存在的女性平等就业问题，完善女性就业权平等保护制度更为重要。

案例 53　金某某诉某村集体经济组织侵犯土地权益案[*]

▶ 案件概要

　　金某某离婚后，将户口从丈夫所在村迁回了娘家的某村，靠打零工抚养年幼的女儿，后又再婚。1999 年，金某某和女儿与某村签订了期限为 20 年的集体土地承包合同，并取得土地承包证。在某村部分集体土地被国家征收之后，村里发放补偿款时只给了金某某和女儿实际承包地三分之一的亩数补偿，并且对金某某按人口标准的 80%、其女儿按 50% 计算补偿标准，二人实际所得补偿款远远低于应得数额。母女俩与村里协商要求补足剩余补偿款，但遭到某村经济合作社与村民委员会、村干部的拒绝，她们又先后到多个部门反映，均被以"村民自治"为由置之不理。最后，母女俩找到律师希望拿起法律武器为自己维权。代理律师与妇联沟通了案情，温州市妇联高度重视，指导瑞安市妇联主动联系，依据有关保障"农嫁女"土地权益的法律政策，向法院提出建议，最终瑞安市人民法院受理了金某某的诉讼请求，使该案成为温州地区首例被法院受理并予以立案的农村妇女土地权益维护案件。在庭审中，律师指出，母女俩不仅户籍信息上显示为某村村民，也自觉履行了缴纳村建设费、卫生费等村民义务，参与过村委的换届选举，行使了选举权。同时，某村与金某某母女俩签订土地承包合同的行为，以及两次分配给征地补偿款均表明某村认可金家母女村集体成员身份。最终，一审法院采纳了律师代理意见，判令某村集体在十日内支付金家母女剩余土地补偿款，二审法院驳回了某村村委会和村集体的上诉，维持原判。

▶ 案件评析

　　农村妇女的土地权益保护问题是我国当前的社会热点问题之一。在人权视

---

　　[*]　载中国法院网 - 审判 - 典型案例，http//www.chinacourt.org/article/detail/2015/12/id/1762047.shtml。

野下，农村妇女土地承包经营权涉及妇女的平等权、财产权、生存权和发展权保护问题。土地承包经营权毫不夸张地说是农村妇女生存保障的最后一道防线。

土地是人类社会最重要的生产资料和生活保障，是人类生存延续的基础。确定土地财产分配的土地制度是社会制度的基点。土地资源的权益配置，不仅是农村人口生活的主要依赖，是国家粮食安全的重要保障，同时也关系到国家经济的可持续发展、社会稳定。在我国，农村人均土地占有量低，土地权益保护问题，特别是对受到传统文化男权观念影响的农村妇女而言就更为敏感尖锐。

联合国《消除对妇女一切形式歧视公约》明确指出了存在歧视妇女现象的诸多领域，如在政治权利、婚姻和家庭、就业等方面。为了同基于性别的歧视作斗争，公约要求缔约国承认妇女对家庭和整个社会作出的重要的经济和社会贡献，强调歧视会妨碍经济增长和繁荣。我国现行立法对农村妇女的土地权益保护有许多规定体现。现行《宪法》《物权法》《婚姻法》中，都明确了男女平等原则。《妇女权益保障法》明确了妇女在土地承包经营、集体经济组织收益分配、土地征收或者征用补偿费使用、宅基地使用、划分责任田和口粮田以及批准宅基地等事项上与男子有平等权利。该法还规定妇女在婚姻各种状态下，其土地权益不得被侵害，并规定了救济途径。针对农村妇女土地承包、集体经济组织收益分配男女不平等的问题，在农村土地承包法关于保护妇女土地承包权益规定的基础上，更加突出对农村妇女土地承包和相关经济利益的保护，明确规定了妇女的财产权益。2003 年实施的《农村土地承包法》为解决农村妇女土地权益纠纷提供了法律救济渠道。第 6 条规定，农村土地承包，妇女与男子享有平等的权利。承包中应当保护妇女的合法权益，任何组织和个人不得剥夺、侵害妇女应当享有的土地承包经营权。此外，在国家颁布的有关政策和指导性文件中也对农村妇女的土地权益进行了保护。2001 年 5 月，中共中央、国务院办公厅发布《关于切实维护农村妇女土地承包权益的通知》，特别规定了对出嫁女、离婚女、丧偶女其原住村与后迁入村在土地承包地分配方面的具体处理办法。该通知规定，不管采取什么方法，都要确保农村妇女有一份承包地；并且，妇女嫁入方所在村要优先解决出嫁女的土地承包问题；出嫁女的娘家村，在其未在婆家村获得承包地之前，不能收回出嫁女的承包地；妇女离婚或丧偶后仍在原居住地生活的，原居住地应保证其有一份承包地；离婚或丧偶后不在原居住地生活、其新居住地还没有为其解决承包土地的原居住地所在村应保留其土地承包权。

尽管我国现行法律对农村妇女的土地承包权有明确规定，但在现实生活中，侵害农村妇女土地承包经营权的情形时有发生，农村妇女土地承包权在行使和保护方面仍不尽如人意。从本案情况看，金某某最初与某村签订期限为20年的集体土地承包合同时，并未因离异女的身份受到歧视。这是得益于我国的土地立法初始即贯彻了自由权本位的人权保护观念，无论是《宪法》《妇女权益保护法》还是《婚姻法》《物权法》和《农村土地承包法》等均从不同法律关系角度规定农村妇女在不同婚姻状态下其平等权亦应予以保护。但随着社会的发展，工业化和城市化推动了经济的快速增长，城郊和农村的土地房屋逐渐升值，农地转为建设用地使土地的市场价格大为提升，各种土地增值利益的争夺更加激烈。妇女土地权益受损可能性增大，主要表现在：一是在土地征用补偿金分配方面，一些农村集体所有的土地被国家征用，农村集体组织获得巨额征用土地补偿金。虽然国家有关部门明确要求在分配土地补偿金时实行男女平等原则，但在实际操作中，还是出现了大量侵害妇女财产权的事件。如本案中村里发放补偿款时只给了金某某和女儿实际承包地三分之一的亩数补偿，并且对金某某按人口标准的80%、其女儿按50%计算补偿标准，二人实际所得补偿款远远低于应得数额。二是村规民约侵害妇女土地承包权的现象十分普遍。国家立法规定了基本原则，大量土地权益分配事项交由村规民约决断。如《农村土地承包法》等法律将土地的分配和再分配权都授予了村社，通过村民会议的形式形成决议，即村规民约。集体经济组织、村民委员会或者村民小组在发包土地时，最主要的依据就是村规民约，而由于我国农村社会仍是典型的男权社会，则实际上也就把土地的分配和再分配权利给了男性，如本案中出现的以村规民约为借口公然损害妇女土地承包权的现象不足为奇了。

必须认识到农村妇女在婚姻中的经济利益以及在乡土社会的生存、发展、平等地位等最基本权利，都与其土地权益发生直接关联，土地权益是关系农村妇女生存发展的最基础和重要权益。在保护农村妇女土地权益方面，一是应当增加立法的性别视角，正视妇女在农村社会生活中事实上的弱势地位，通过对其平等保护而使其享有平等权，这也是现阶段人权保护的应有之义。农村妇女在土地权益上应该有实质性的平等权。二是要保护农村妇女的财产权、生存发展权。要注意区分农村妇女财产性质土地权益与身份性质土地权益，从而做出有利于农村妇女财产权、生存发展权的保护。防止在土地流转过程中，女性既不能平等地获得土地流转中的存量利益，更不能平等地获得土地流转中的增量利益。三是在法律监督方面，对村规民约现有规制空间应当加以适当限制和干预。在现行土地立法的规制框架下，村规民约不应与国家宪法、法律、法规与政策的规定相抵触，要及时清理废止侵害妇女权益的村规民约。四是建立和健全农村妇女土地权利司法救济制度，通过司法途径加强对农村妇女土地承包权的保障。本案中，瑞安市人民法院依法受理金某某母女的起诉，首先保障了农村妇女关于土地权益的诉权，再通过对《集体土地承包权证》等有关证据的认定，判定某村否认金某某母女集体经济成员资格的理由不成立，且不符合事实。这实际上是对某村分配方案的违法性加以认定和纠正，对依法维护"农嫁女"的土地承包及相关经济权益具有重要借鉴意义。

第十二章

未成年人人权保障

案例 54　重庆市开县人民检察院对王某某附条件不起诉案[*]

▶ 案件概要

王某某（14 岁）因和父母吵架于凌晨负气出走，在街上闲逛。当发现被害人李某某一人在路边打电话后，便采用捂嘴、用随身携带的折叠刀威胁等方式，抢走李某某价值 4039 元的苹果 5S 手机一部和现金 90 余元。两天后，王某某的父亲发现了来源不明的手机，遂带王某某到派出所投案。该案社会调查显示，王某某因父母不答应其购置手机看科幻小说而离家出走，后临时起意进行抢劫，之前无其他劣迹亦无不良嗜好。心理测试显示王某某存在较严重的情绪不平衡因子，存在中等程度的偏执、强迫、敌对、焦虑心理，有中等程度的适应障碍，人际关系紧张、敏感。鉴于王某某年龄较小、在校学习、有强烈的学习欲望以及在父母陪同下投案自首、认罪态度较好、具备有效家庭监管、教育条件等，重庆市开县人民检察院依法对其作出不批准逮捕决定。公安机关将该案移送审查起诉后，根据王某某及法定代理人与被害人李某某双方自愿达成的赔偿谅解协议，检察机关主持制作了和解协议书，并依法决定对王某某附条件不起诉，考察期 9 个月。在考察期间，检察机关对王某某进行了两次心理疏导，并邀请其旁听庭审两次，目前王某某学习成绩大幅提高，与父母、老师、同学沟通也日益顺畅。

▶ 案件评析

该案是最高人民检察院通报的检察机关加强未成年人司法保护的一个典型案例。其典型意义在于检察机关在本案办理中较好地运用了社会调查、心理疏导、刑事和解、附条件不起诉、帮教考察等手段，引导、教育、帮助涉罪未成年人改过自新、重返社会。

未成年人刑事案件社会调查制度（以下简称社会调查制度）是指公安机

---

[*]　载《检察日报》2016 年 5 月 28 日第 3 版。

关、检察机关、法院在未成年人涉嫌犯罪的刑事案件时，由有关部门、社会团体组织对涉嫌犯罪的未成年人的性格特点、家庭情况、社会交往、成长经历、犯罪原因、监护教育以及实施被指控的犯罪前后的表现等情况进行专门调查分析，并在对其人身危险性进行系统评估后制作出书面社会调查报告，该报告将会成为公安机关、检察机关、法院作出决定或者裁决的重要参考因素。

《刑事诉讼法》第 268 条规定："公安机关、人民检察院、人民法院办理未成年人刑事案件，根据情况可以对未成年犯罪嫌疑人、被告人的成长经历、犯罪原因、监护教育等情况进行调查。"从法律层面肯定并倡导了未成年人刑事案件社会调查制度。2013 年 1 月 1 日实施的最高人民检察院《人民检察院刑事诉讼规则（试行）》第 486 条第 1 款规定："人民检察院根据情况可以对未成年犯罪嫌疑人的成长经历、犯罪原因、监护教育等情况进行调查，并制作社会调查报告，作为办案和教育的参考。""人民检察院开展社会调查，可以委托有关组织和机构进行。""人民检察院应当对公安机关移送的社会调查报告进行审查，必要时可以进行补充调查。""人民检察院制作的社会调查报告应当随案移送人民法院。"综上，我国有关未成年人犯罪的法律法规和司法解释都充分强调了社会调查制度在保护和关爱未成年人方面的重要作用，这些规定体现了社会调查制度在检察机关办理未成年人刑事案件中的适用。

这一规定也是联合国刑事司法准则的要求。《联合国少年司法最低限度标准规则》第 16 条规定："所有案件除涉及轻微违法行为的案件外，在主管当局作出判决前的最后处理之前，应对少年生活的背景和环境或犯罪的条件进行适当的调查，以便主管当局对案件作出明智的判决。"社会调查也是许多国家办理未成年人刑事案件的惯例，是未成年人刑事诉讼程序贯彻刑罚个别化和全面调查原则的具体表现。进行社会调查不仅可以有针对性地对违法犯罪的未成年人进行教育挽救，还可以促使其认罪悔改。社会调查报告还是侦查机关对涉罪未成年人采取取保候审，检察机关决定逮捕、起诉，法院定罪量刑以及刑罚执行和社区矫正的考量依据。

检察机关适用未成年人刑事案件社会调查制度主要在以下阶段：

一是在审查逮捕阶段。《人民检察院办理未成年人刑事案件的规定》第 12 条规定："人民检察院审查批准逮捕未成年犯罪嫌疑人，应当根据未成年犯罪嫌疑人涉嫌犯罪的事实、主观恶性、有无监护与社会帮教条件等，综合衡量其社会危险性，确定是否有逮捕必要，慎用逮捕措施，可捕可不捕的不捕。"因此，在涉嫌犯罪的前提下，是否采取羁押的措施，取决于该未成年人是否有现实的社会危害性。而所谓的社会危害性是指犯罪人的存在对社会所构成的威胁，也就是再犯的可能性。影响社会危险性因素包括本人的素质特征和犯罪前后的态度，其关键是个人的素质特征，即年龄、性格、爱好、以往的一贯表现、为人处世的方式、道德等一系列的品格特质。个人的素质特征必须依靠社会调查来体现，通过对未成年人在家庭、学校、村委会、社区的表现情况、个性特点和社会的认可度，确认其是否具有社会危害性，为其作出是否需要羁押提供依据。

二是审查起诉阶段。《人民检察院办理未成年人刑事案件的规定》第16条第1款规定："审查起诉未成年犯罪嫌疑人，应当听取其父母或者其他法定代理人、辩护人、未成年被害人及其法定代理人的意见。可以结合社会调查，通过学校、社区、家庭等有关组织和人员，了解未成年犯罪嫌疑人的成长经历、家庭环境、个性特点、社会活动等情况，为办案提供参考。"第24条第2款规定"对于犯罪情节轻微，依照刑法规定不需要判处刑罚或者可以免除刑罚处罚的未成年人，可以作出不起诉决定"。未成年人主观恶性的大小直接反映了犯罪情节的轻重程度，而犯罪原因和动机在一定程度上体现了主观恶性的大小，这些可以通过未成年人的道德品质、个性特点、身心状况和家庭关系等进行综合判断。社会调查报告恰恰为检察机关考察未成年人是否需要判处刑罚、犯罪情节是否轻微或者免除刑罚提供了参考资料。

三是缓刑建议阶段。人民检察院提出对未成年被告人适用缓刑建议的，应当将未成年被告人能够获得有效监护、帮教的书面材料一并于判决前移送人民法院。社会调查报告的内容所反映的未成年被告人人身危险性的大小有利于人民检察院决定是否提出适用缓刑的建议；同时，调查报告所反映的未成年犯罪嫌疑人家庭和社区的情况也是未成年犯罪嫌疑人具有有效监护、帮教条件的证明材料，能保证缓刑的正确实施，从而在社区内实现矫正未成年犯罪嫌疑人。

在上述典型案例中，正是由于检察机关对未成年犯罪嫌疑人王某某进行了认真、细致、深入的社会调查，才确认王某某主观恶性较轻，社会危害性不大，这为检察机关作出不批准逮捕决定，并最终决定对王某某附条件不起诉提供了重要的依据。

附条件不起诉，又称为暂缓起诉、缓予起诉、暂缓不起诉等，是指检察机关在审查起诉时，根据犯罪嫌疑人的年龄、性格、情况、犯罪性质和情节、犯罪原因以及犯罪后的悔过表现等，对较轻罪行的犯罪嫌疑人设定一定的条件，如果在法定的期限内，犯罪嫌疑人履行了相关的义务，检察机关就应作出不起诉的决定。附条件不起诉是以起诉便宜主义为基础的，体现了检察机关的自由裁量权，属于不起诉的一种形式。未成年人附条件不起诉有助于未成年犯罪嫌疑人的人格矫正，促使其尽快、顺利地回归社会，有助于维护家庭和睦与社会稳定，同时也符合诉讼经济、程序分流的目的。从国外的立法看，附条件不起诉的案件适用范围是不断扩大的。在中国，附条件不起诉制度的改革走了一条"从地方到中央"的改革道路。2012 年 3 月 14 日第十一届全国人民代表大会第五次会议《关于修改〈中华人民共和国刑事诉讼法〉的决定》第二次修正正式将附条件不起诉制度写入法律。

根据修改后《刑事诉讼法》第 271 条的规定，对于未成年人涉嫌刑法分则第四章、第五章、第六章规定的犯罪，即涉嫌侵犯公民人身权利、民主权利，侵犯财产以及妨害社会管理秩序的犯罪，可能判处一年有期徒刑以下刑罚，符合起诉条件，但有悔罪表现的，人民检察院可以作出附条件不起诉的决定。人民检察院在作出附条件不起诉的决定以前，应当听取公安机关、被害人的意见。对附条件不起诉的决定，公安机关要求复议、提请复核或者被害人申诉的，适用本法第 175 条、第 176 条的规定。未成年犯罪嫌疑人及其法定代理人对人民检察院决定附条件不起诉有异议的，人民检察院应当作出起诉的决定。附条件不起诉制度具有实施案件分流，缓解办案压力，节约司法资源，提高司法效率，促进社会和谐等方面的价值，充分体现了未成年人刑事司法非刑罚化的处理原则，对于推行未成年人刑事案件诉讼具有重要的意义。

在未成年人附条件不起诉制度的法律适用方面，应着重把握五个条件：

一是适用对象条件。未成年人附条件不起诉制度，是基于起诉便宜主义对未成年人这一弱势群体在诉讼程序上的特殊保护。相比之前各地的探索，刑事诉讼法没有将附条件不起诉的适用对象限制为初犯、偶犯或共同犯罪的从犯，也没有对帮教条件作出限制。这意味着对于那些并非初次实施犯罪的未成年人、多次犯罪的未成年人以及外来流动人口中的未成年犯罪嫌疑人，只要同时符合其他法定条件，均可适用附条件不起诉。

二是可能刑罚条件。附条件不起诉的可能刑罚条件为刑法分则第四章、第五章、第六章规定的犯罪，可能被判处一年有期徒刑以下刑罚的案件。刑法分则这三章中，法定最高刑为一年以下有期徒刑的只有两条：第 252 条规定的侵犯通信自由罪和第 322 条规定的偷越国（边）境罪。在最高人民法院制定的《人民法院量刑指导意见（试行）》中，可能被判处一年有期徒刑以下刑罚的常见犯罪有 9 种，分别是：非法拘禁罪，盗窃罪，诈骗罪，抢夺罪，职务侵占罪，敲诈勒索罪，妨害公务罪，寻衅滋事罪，掩饰、隐瞒犯罪所得、犯罪所得收益罪。可能刑罚条件对检察官在量刑标准的把握上提出更为严格的要求，要求检察官对上述规定熟练掌握，基于日常办案经验的积累，相对精准地判断出未成年犯罪嫌疑人所涉罪行是否可能判处一年有期徒刑以下刑罚。

三是法定起诉条件。附条件不起诉是以检察机关认定未成年犯罪嫌疑人的行为构成犯罪、符合起诉条件为前提。检察机关的这种认定同法院的有罪认定不同，只是一种程序上的有罪认定。检察机关将任何案件提起公诉时，都是以审查证据后，认为犯罪嫌疑人的行为构成犯罪为前提的。附条件不起诉就是检察机关认为未成年犯罪嫌疑人的行为已经构成犯罪，可以交付审判，只是基于特殊预防目的考虑而没有提起公诉。若检察机关审查证据后，无法认定犯罪嫌疑人是否构成犯罪，或虽构成犯罪，但依法不需要判处刑罚，则只能依法作出存疑不起诉决定或者相对不起诉决定。

四是悔罪表现条件。"有悔罪表现"需要检察官从涉嫌犯罪未成年人到案情况（包括是否投案自首，有无立功等法定情节）、认罪态度（是否主动如实供述犯罪事实）和行为表现（包括是否退赃、是否向被害人赔偿损失和赔礼道歉等）等进行综合判断。

《人民检察院刑事诉讼规则（试行）》第498条第（四）项规定，"向被害人赔偿损失、赔礼道歉等"是检察机关在考验期内对未成年犯罪嫌疑人设定的义务。上述规定并不排斥将"向被害人赔偿损失、赔礼道歉"作为"有悔罪表现"的具体体现。犯罪嫌疑人对被害人损失的积极赔偿和真诚的赔礼道歉可以有效化解社会矛盾，使检察机关作出的附条件不起诉决定更能得到刑事诉讼当事人和社会的认同。所以，"向被害人赔偿损失、赔礼道歉"应作为"有悔罪表现"的具体体现，而对于由于各种原因在附条件不起诉决定作出前嫌疑人尚未对被害人赔偿损失、赔礼道歉的，可将此作为决定作出后嫌疑人所承担的义务。

五是当事人同意条件。《刑事诉讼法》第271条规定："……人民检察院在作出附条件不起诉的决定以前，应当听取公安机关、被害人的意见。""未成年犯罪嫌疑人及其法定代理人对人民检察院决定附条件不起诉有异议的，人民检察院应当作出起诉的决定。"这意味着附条件不起诉决定的作出和最终实施还需具备两个条件：其一，必须听取公安机关和被害人的意见，但公安机关或被害人的不同意见并不直接阻碍检察机关作出附条件不起诉决定。检察机关作出附条件不起诉决定，公安机关和被害人可以对附条件不起诉决定要求复议、提请复核或进行申诉。其二，必须得到未成年犯罪嫌疑人及其法定代理人的同意。如果未成年犯罪嫌疑人及其法定代理人有异议的，即使检察机关认为该案符合附条件不起诉其他所有条件，也必须将案件提起公诉。

从解决纠纷、化解社会矛盾的角度看，在作出附条件不起诉决定之前，听取被害人意见非常必要，但附条件不起诉主要还是着眼于构建一种对未成年人从宽处理的制度，因此，被害人的意见仅是影响附条件不起诉作出的重要因素而非决定因素。附条件不起诉毕竟会给未成年犯罪嫌疑人设定一定的义务，所以，事先听取其意见并征得其同意是对其适用的前提。

在典型案例中，检察机关严格按照法律的规定，进行了充分的社会调查。而且考虑到被害人得到了赔偿，并且经过调解，犯罪嫌疑人也取得了被害人的谅解。在 9 个月的考察期，检察机关对王某某进行了两次心理疏导，并邀请其旁听庭审两次，目前王某某学习成绩大幅提高，与父母、老师、同学沟通也日益顺畅，应该说取得很好的法律效果和社会效果，也有效地保护了王某某的权益。

案例 55 云南省石林彝族自治县人民检察院对杨某故意伤害进行羁押必要性审查案[*]

➤ 案件概要

2013年6月，犯罪嫌疑人杨某（16岁）因与被害人王某（13岁）有矛盾，便邀约邢某（16岁）一起殴打王某致其轻伤。事发后不久，王某因视力模糊到医院治疗，手术后未能治愈，仍需观察。杨、邢二人及其父母知情后没有积极主动赔偿，后双方在办案民警的调解下仍未能达成一致，王某的母亲出于无奈向警方报案，警方立案侦查后，于2013年9月向检察机关提请审查批捕。

检察机关受理该案后，承办该案的女检察官认真审查了卷宗，讯问了犯罪嫌疑人，开展了社会调查并询问了被害人王某及其法定代理人的意见。检察官了解到，邢某的母亲早逝，父亲忙于生计，对其疏于管理；而杨某的父母健在，但杨某辗转于各地打工，两名犯罪嫌疑人不具备监管条件，为化解矛盾纠纷，检察机关以故意伤害罪作出了批准逮捕决定。

根据刑事诉讼的有关规定，检察官对两名犯罪嫌疑人的羁押必要性进行了审查，并与被害人的法定代理人进行了面谈，得知其愿意原谅两名未成年犯罪嫌疑人，但因家境贫困，加之考虑到孩子下一步的治疗，希望两名犯罪嫌疑人的家属能够进行一定赔偿。

为促成和解，承办该案的女检察官又找来两名犯罪嫌疑人的法定代理人，在向其讲解了刑事诉讼法关于捕后羁押必要性审查的相关规定及未成年人刑事案件相关刑事司法政策，杨、邢两家法定代理人表示要加强对孩子的管教，并赔偿了2万余元的经济损失。在女检察官的努力下，双方终于达成了和解，被害人出具了谅解书。据此，检察机关认为对两名犯罪嫌疑人不需要再继续羁

---

[*] 载正义网，http://www.jcrb.com/procuratorate/jckx/201310/t20131031_ 1237194.html，2013年10月31日发布。

押。10 月 22 日，检察机关向侦查机关发出了变更强制措施的审查建议，侦查机关随后变更了对杨、邢二人的强制措施。

▶ 案件评析

2012 年修订后的刑事诉讼法从完善强制措施体系和功能入手，主要是从增强取保候审的前置功能、发挥监视居住的替代功能、实现逮捕措施的兜底功能、赋予被追诉人申请变更强制措施的诉讼权利入手，对未决羁押作了全面的法律规制。其中，第 93 条规定："犯罪嫌疑人、被告人被逮捕后，人民检察院仍应当对羁押的必要性进行审查。对于不需要继续羁押的，应当建议予以释放或者变更强制措施，有关机关应当在十日内将处理情况通知人民检察院。"修订后的刑事诉讼法设置了逮捕后羁押必要性审查制度，赋予检察机关对刑事诉讼全过程羁押必要性的审查监督权，力图严格控制未决羁押的适用，进而降低羁押率和缩短羁押期限，为屡禁不止的司法顽症——不当乃至违法的未决羁押开出了一张"新药方"。逮捕后羁押必要性审查制度，强化了检察机关对逮捕措施和未决羁押的法律监督，有助于实现三个转变：一是从"事先授权"兼具"事后监督"。在原来事先审查批准逮捕权的基础上，赋予检察机关对逮捕后羁押状态的审查权。二是从"一次性批准"到"动态监督"。在原来一次性批准决定侦查机关（部门）适用逮捕的基础上，赋予检察机关对逮捕措施的动态审查权。三是从"阶段控制"到"全程控制"。在原来仅对侦查、审查起诉阶段的逮捕适用进行司法控制的基础上，赋予检察机关对整个刑事诉讼过程的逮捕适用进行法律监督。刑事诉讼中的人权保障，核心是保护被追诉人的宪法权利不受公权任意侵犯。这三个转变，有利于实现逮捕措施从工具主义向正当程序转变，有利于实现对逮捕措施和未决羁押的司法监督制约，有利于保障被追诉人的人身自由权。

《刑事诉讼法》第 93 条仅规定："犯罪嫌疑人、被告人被逮捕后，人民检察院仍应当对羁押的必要性进行审查……"《人民检察院刑事诉讼规则（试行）》第 617 条明确规定："侦查阶段的羁押必要性审查由侦查监督部门负责；审判阶段的羁押必要性审查由公诉部门负责。监所检察部门在监所检察工作中发现不需要继续羁押的，可以提出释放犯罪嫌疑人、被告人或者变更强制措施的建议。"据此，侦查监督部门承担侦查阶段的羁押必要性审查职责，公诉部门承担审查起诉阶段、审判阶段的羁押必要性审查职责，监所检察部门在对看守所未决羁押实施法律监督过程中，对整个刑事诉讼过程的羁押必要性均可审查。由于修订后的刑事诉讼法仍然没有采取逮捕前置程序，加之羁押期限与办案期限的合二为一，逮捕措施的适用即意味着未决羁押状态的开始，逮捕的解除或者变更意味着未决羁押状态的结束。因此，羁押必要性审查的实质，可以归结为对逮捕正当性的动态审查。具备逮捕正当性的，则存在羁押必要性。不具备逮捕正当性的，则羁押必要性不复存在。

从审查的着重点来看，一是审查逮捕措施的原先适用是否正当，类似于"复审"。经过审查，发现不应当逮捕而逮捕的应当予以纠正，以发挥事后纠错的功能。此种静态意义上的羁押必要性审查，侧重于合法性审查，以实现司法救济功能。二是审查逮捕措施的适用条件是否继续存在，类似于"续审"。随着刑事诉讼进程的推进，案情、证据、被追诉人的人身危险性和适用强制措施的客观条件发生变化，进而影响到适用逮捕措施的正当性。此种动态意义上的羁押必要性审查，在合法性审查的基础上兼及合目的性审查，偏重于司法控制功能。

如何判断"羁押必要性"？《人民检察院刑事诉讼规则（试行）》作了例举式的司法指引。如《人民检察院刑事诉讼规则（试行）》第619条第1款规定："人民检察院发现有下列情形之一的，可以向有关机关提出予以释放或者变更强制措施的书面建议：（一）案件证据发生重大变化，不足以证明有犯罪事实或者犯罪行为系犯罪嫌疑人、被告人所为的；（二）案件事实或者情节发生变化，犯罪嫌疑人、被告人可能被判处管制、拘役、独立适用附加刑、免予刑事处罚或者判决无罪的；（三）犯罪嫌疑人、被告人实施新的犯罪，毁灭、伪造证据，干扰证人作证，串供，对被害人、举报人、控告人实施打击报复，自杀或者逃跑等的可能性已被排除的；（四）案件事实基本查清，证据已经收集固定，符合取保候审或者监视居住条件的；（五）继续羁押犯罪嫌疑人、被告人，羁押期限将超过依法可能判处的刑期的；（六）羁押期限届满的；（七）因为案件的特殊情况或者办理案件的需要，变更强制措施更为适宜的；（八）其他不需要继续羁押犯罪嫌疑人、被告人的情形。"从法理上考量，羁押必要性审查，应当围绕适用逮捕的比例性、必要性和例外性条件而展开，兼顾考虑应当变更逮捕措施的法定情形和酌定情形。

根据"教育、感化、挽救"的方针以及"教育为主，惩罚为辅"的原则，检察机关有必要通过未成年人审前羁押必要性审查以"减少审前羁押"。未成年人审前羁押必要性审查应充分考虑到未成年人正处于成长阶段，对自身社会角色及行为后果认识能力低，自我控制能力不足，成长空间及矫治可能性较大等情况，在保护群众利益和未成年人利益的基础上，严格限制羁押措施的适用。

根据国家亲权理论和未成年人特别保护观念及"儿童利益最大化"的国际准则，未成年人司法程序的组织安排应符合人性化的制度设计，适应未成年人身心发展的特点，遵循少用监禁、司法人员专业化和审判方式特别化的原则。因此，构建完善旨在教育、挽救犯罪未成年人的审前羁押必要性审查制度和机制是尊重和保障未成年犯罪嫌疑人人权的重要体现，是有效预防、矫治未成年人违法犯罪的必要探索。实际上，我国自 1984 年就开始了未成年人司法制度改革的初步探索，从圆桌审判到少年庭的设立，再到针对未成年人的特殊检察制度、社会调查、刑事和解均是多年来未成年人司法制度改革的丰硕成果，审前羁押必要性审查也应属未成年人司改内容的一部分。审查未成年人审前羁押必要性，在法律规定的限度内，能不捕的尽量不捕，能用其他措施的尽量用其他措施，是对修改后的刑事诉讼法精神的贯彻落实，践行了未成年刑事司法宽严相济政策，强化了对未成年人的"少捕、慎诉、少监禁"等司法理念，更彰显了法律教育与惩罚功能。

修改后《刑事诉讼法》第 79 条具体规定了应当不批准逮捕和可以不批准逮捕两种情形，第 65 条和第 72 条分别规定了取保候审和监视居住的适用条件。对未成年人审前羁押必要性审查也是以以上条文为基础，检察机关作为羁押必要性审查机关应从案件情节、个体情况、监护情况、社会帮教条件进行全方位综合评估。最高人民检察院在《人民检察院办理未成年人刑事案件的规定》第 14 条规定："……在作出不批准逮捕决定前，应当审查其监护情况，参考其法定代理人、学校、单位、居住地公安派出所及居民委员会、村民委员会的意见……"这就要求检察机关在作出羁押决定时，既要接受监督，又要听取民意。同时，作出羁押与否的决定时必须以相关的事实证据为基础，既要收集、审查有利于保护未成年嫌疑人合法权益的证据，又要注重收集、审查保护被害人的权利的证据，在现行政策和法律框架范围内，做到"宽容而不纵容"。

案例 56　北京市人民检察院第二分院
对杜某抢劫分案起诉案[*]

案件概要

2007 年年底，刚满 15 岁的杜某跟着其他两个成年人，抢劫杀害了一名出租车司机。2008 年 4 月 29 日，这起三人合伙抢劫杀人案被移交到北京市人民检察院第二分院后，该院检察官将杜某与另外两个成年人"分离"开来，进行分案调查、提讯，后分案起诉至北京市第二中级人民法院分案审理。这是北京市人民检察分院、中级人民法院处理未成年人严重犯罪（无期徒刑以上案件）时，为能最大限度地实现对未成年被告人的司法保护，首次进行分案起诉、审理。后北京市第二中级人民法院以抢劫罪一审判处杜某有期徒刑 15 年。

杜某 14 岁时，其父亲去世，母亲改嫁，他刚读完初中一年级便辍学，随后离家开始了打工生活。杜某年纪不大，但却有着一米七的个头。他找了份类似打手的"工作"，在一家饭馆负责"看场子"。这期间，杜某认识的朋友越来越杂，经常数月不回家。

2007 年 1 月，杜某巧遇儿时的玩伴、20 岁的张某。不久，杜某又认识了 19 岁的河北人于某某。此后，这三个年轻人经常混在一起。因没有生活来源，于某某和张某商量去抢劫，他们怕人手不够，便把杜某也拉了进来。

2007 年 12 月 4 日，三人来到河北兴隆。他们打了一辆黑出租，一上车便将司机控制住，逼其将车开往平谷。经过提讯调查，三人原打算抢劫司机财物和车辆后，将司机杀死灭口，并无具体计划。但路上一个意外使三人提前动手，将司机杀死。杜某供述，当时于某某和张某二人下车上厕所，杜某一人看着司机，司机突然打开车门往外跑。于某某发现后追赶上去，抄起路边一块山石就往司机头上砸，张某和杜某也各自抄起石头对司机头部猛砸，直到司机停止呼吸。三人将车开走变卖，不久后即被警方抓获。

---

*　载《京华时报》2008 年 9 月 22 日，http：//news. xinhuanet. com/legal/2008 – 09/22/content_ 10089961. htm。

▶ **案件评析**

未成年人分案处理制度是指对于未成年人和成年人共同犯罪案件，在不妨碍案件诉讼的情况下，对未成年人和成年人进行分案侦查、起诉、审判和执行的制度。未成年人分案处理制度是我国少年刑事司法重要制度之一，虽然分案处理会导致工作量和诉讼成本的增加，但是分案起诉能够更好地贯彻对未成年人教育、感化、挽救的方针政策，能够更好地达到挽救失足少年的立法目的。

对未成年人分案侦查、分别羁押有利于保护未成年人的身心健康、避免交叉感染。一方面，少年犯与成年犯混居在一起，天长日久，耳濡目染，很容易会染上各种各样的犯罪思想，学会各种犯罪的方法和手段。另一方面，未成年人由于身心和智力发育的不成熟，在看守所和监狱中难免受到成年犯的欺负和压迫，容易使未成年人形成仇视他人和对抗社会的心理。因此分管、分押，对未成年人区别对待，可以有效地维护未成年人的合法权益，更加有利于对未成年人进行有针对性的教育，保护未成年人的健康成长。

对未成年人分案处理有利于查明案件事实，提高对未成年人案件办理的诉讼效率。一方面，分案处理制度有利于促成"未成年专案组"专人审查的模式，采用符合未成年人身心特点的讯问和审查方式，可以消除其紧张的心理和抵触情绪，引导其全面彻底地叙述案件事实，有利于案件事实的查明。另一方面，有利于建立未成年人犯罪案件快速办理通道，在法律规定的办案期限内尽可能缩短办案期限，简化办案手续，尽快对案件的定性、处理提出意见，提高诉讼效率。

对未成年人分案处理有利于创造未成年人悔过自新的庭审氛围。分案审理可以降低成年顽固犯对案件事实进行抵赖、狡辩，蔑视法庭，对抗法律给未成年人所造成的负面影响。另外，对未成年人审判应尽可能体现教育、挽救的精神，需要营造轻松和缓的氛围，但对于成年人犯罪审判要其感受到法庭审判威严和法律威慑力。这是一对矛盾体，而解决这个矛盾的最有效的方式就是分案审理。

目前，我国在立法层面，尚未对未成年人刑事案件分案处理作出明确规定。修改后的刑事诉讼法虽专章设立了未成年人刑事诉讼特别程序，但也未对分案处理作出明文规定。2006 年最高人民检察院颁布的《人民检察院办理未成年人刑事案件的规定》在第 23 条中对分案处理作出了明确的规定，"人民检察院审查未成年人与成年人共同犯罪案件，一般应当将未成年人与成年人分案起诉。但是具有下列情形之一的，可以不分案起诉：（一）未成年人系犯罪集团的组织者或者其他共同犯罪中的主犯的；（二）案件重大、疑难、复杂，分案起诉可能妨碍案件审理的；（三）涉及刑事附带民事诉讼，分案起诉妨碍附带民事诉讼部分审理的；（四）具有其他不宜分案起诉情形的"。2012 年 12 月 20 日最高人民法院《关于适用〈中华人民共和国刑事诉讼法〉的解释》第 464 条规定："对分案起诉至同一人民法院的未成年人与成年人共同犯罪案件，可以由同一个审判组织审理；不宜由同一个审判组织审理的，可以分别由少年法庭、刑事审判庭审理。未成年人与成年人共同犯罪案件，由不同人民法院或者不同审判组织分别审理的，有关人民法院或者审判组织应当互相了解共同犯罪被告人的审判情况，注意全案的量刑平衡。"在地方司法机关规定层面，各地的公安司法机关也有关于办理未成年人刑事案件分案处理的具体规定。如上海市高级人民法院和上海市人民检察院，在 2006 年颁布了《关于未成年人与成年人共同犯罪的案件实行分案起诉、分庭审理的意见》。对分案起诉作了专门而详细的规定。

从世界范围来看，分案起诉的大致有三种模式：一是绝对分案起诉模式。当今世界实行绝对分案起诉制度模式的典型国家主要是意大利。二是相对分案起诉模式。相对分案起诉制度模式坚持对未成年被告人与成年被告人分案起诉为原则，但分案可能妨碍案件事实查明的则可并案起诉；并案起诉的，应当给予未成年被告人适当的程序保障。相对分案起诉制度坚持在可能的情况下给予未成年被告人有区别的程序保障，同时兼顾了实践中查明案件事实的需要。实行相对分案起诉制度的国家或地区较多，如日本、俄罗斯、英国、我国台湾地区等。三是裁量分案起诉模式。从某种意义上讲，裁量分案起诉制度模式也可以归入相对分案起诉制度模式，但是与相对分案起诉制度相比，裁量分案起诉制度在案件的分与合的问题上，法官的裁量权更大，因而有必要将其单独作为一种模式列出。法国是实行裁量分案起诉模式的代表性国家之一。[①]

根据最高人民检察院《人民检察院办理未成年人刑事案件的规定》第 23 条的规定，我国实行的是相对分案起诉模式，即在一般情况下，在有未成年人参与的共同犯罪中，实行未成年共犯与成年共犯分别起诉程序；但特殊情况下，主要是指重大复杂的共犯案件中，则并案起诉，不再分案处理。

我国分案起诉制度实行相对分案起诉的形式，一方面，为了保护未成年犯

---

① 杨阳：《浅析未成年人分案起诉制度》，载正义网，http://www.jcrb.com/xztpd/2014zt/201403/NVCGZW/YXJ/201403/t20140312_1345487.html。

罪人的合法权益。在相对分案起诉的过程中，抓住未成年犯身上的积极因素，通过专家和检察官的帮助教育，以保护为原则进行分案处理，使其对自己的行为有更深刻的认识，更易回归社会。另一方面，对于一些比较特殊的未成年人与成年人共同犯罪案件，如未成年人系犯罪集团的组织者或者其他共同犯罪中的主犯的，案件重大、疑难、复杂，分案起诉可能妨碍案件审理的，诸如此类案件实行不分案起诉制度，既有利于案件的审理，符合案情的需要，也有利于"宽严相济"原则的体现，做到惩治犯罪与保障人权的有机统一。

因此，实行相对分案起诉模式，符合刑事诉讼发展的趋势。检察机关可以针对不同的案情，采取不同的起诉形式，酌定权力更为广泛，也更加自由。

在典型案例中，虽然未成年嫌疑人杜某所犯为严重犯罪，但是经过检察机关的社会调查，综合各方面案情，分案办理不会妨碍案件审理，也有利于未成年人人权的保障，所以作出了分案起诉、审理的决定。

案例 57　贵州省息烽县人民检察院诉喻某盗窃案[*]

> ### 案件概要

　　17 岁的犯罪嫌疑人喻某，伙同他人到贵阳市息烽县永靖镇，采取技术性开锁的手段，入室两户人家盗窃，仅盗得价值 490 元的十字绣一幅，后被巡防队员抓获。

　　喻某被抓获后，拒不说出其父母的联系方式，对盗窃的事实也避而不谈，息烽县人民检察院在讯问时，邀请了妇联主席王武梅做"代理妈妈"，与检察官一道去看守所对喻某进行讯问，王主席仔细听取了检察官的讯问后，对喻某说，"孩子，别担心，今天你的家长不在这里，我就是你的家长，有什么情况你只管说，我来给你做主"。经过"代理妈妈"耐心的劝导之后，喻某痛哭流涕，将自己的犯罪事实全部交待清楚。

　　检察官根据喻某的认罪态度，结合未成年人的法定情节，向法庭提出 6 个月以下刑罚的量刑建议，得到采纳，息烽县人民法院依法判处喻某拘役 5 个月。

> ### 案件评析

　　"合适成年人"一词源自 1984 年英国的《警察与刑事证据法》，合适成年人参与制度是维护未成年犯罪嫌疑人和有精神障碍犯罪嫌疑人权益的一项重要制度。其基本含义是指，司法机关在讯问未成年犯罪嫌疑人和有精神障碍犯罪嫌疑人时，必须有适当的成年人到场，通过合适成年人的到场，及时制止警察的不当或违法讯问行为、协助未成年犯罪嫌疑人或有精神障碍的人与警方沟通，排除未成年人或有精神障碍的人直接面对讯问人员陷入孤立无援的境地，以最大限度保护未成年犯罪嫌疑人或有精神障碍的人的合法权利。联合国

---

　　[*]　参见杜明：《贵阳市"合适成年人到场制度"蹚音紧骤》，载 http：//www. docin. com/p－908532257. html。

《儿童权利公约》《少年司法最低限度标准规则》虽没有明确适用"合适成年人"的概念，但基本上确立了该精神。美国、澳大利亚、日本等国也普遍建立了该项制度，合适成年人制度也从针对警察对未成年犯罪嫌疑人的讯问，扩大到辨认、搜查、扣押、庭审等刑事诉讼的各个环节。我国在刑事诉讼法修改之前没有规定合适成年人制度，在其中只规定法定代理人到场旁听讯问和审判的制度。

修改后《刑事诉讼法》第270条规定："对于未成年人刑事案件，在讯问和审判的时候，应当通知未成年犯罪嫌疑人、被告人的法定代理人到场。无法通知、法定代理人不能到场或者法定代理人是共犯的，也可以通知未成年犯罪嫌疑人、被告人的其他成年亲属，所在学校、单位、居住地基层组织或者未成年人保护组织的代表到场，并将有关情况记录在案。"

在刑事诉讼的过程中，讯问是一个相当重要的环节。讯问未成年犯罪嫌疑人既是进一步全面掌握案情的重要手段，也是开展教育的重要时机。因未成年犯罪嫌疑人受心理、生理尚未完全成熟的影响，从保护未成年犯罪嫌疑人的角度出发，法律规定了合适成年人在场制度，意义重大。一是该制度体现了对未成年犯罪嫌疑人身心发育特点的尊重，体现了对未成年人的优先和特殊保护性；二是有助于讯问的顺利进行，促使未成年犯罪嫌疑人如实供述；三是可以有效遏制讯问人员非法收集口供的情况发生。"合适成年人"讯问时在场制度在西方国家被普遍确立。目前，英国、美国、澳大利亚、新西兰等国家都有此项制度的相关立法。各国关于讯问未成年人时的人员在场的规定大致可以分为三类：

第一类是父母亲或者代理人在场。典型的如澳大利亚，其各州的司法辖区都要求在讯问未成年犯罪嫌疑人时，应有成年证人在场。在讯问和侦查阶段独立的成年人在场是非常重要的，以确保所作出的陈述是自由的、自愿的，不会通过不合适的方式获得。法院在考虑成年人不在场的情况下未成年犯罪嫌疑人所作出的供述的可采性时应特别谨慎。但是，这些有关成年人在场条款的规定并不统一，主要表现在：被要求在场的合适成年人的范畴、适用的犯罪类型、保护的范围、所包括的侦查行为以及违反这一在场要求的后果等方面都有所不同。一是在场作为一种原则，但也允许一定条件下的不在场。如在维多利亚州，1958年《犯罪法》（Crimes Act）第464E条规定，在讯问17岁以下的已被逮捕或者有充分证据证明应予逮捕的青少年时，一方父母、监护人或者独立的成年人必须在场，除非出于对他人安全的考虑，不应延迟讯问。二是限于特定犯罪的在场。如澳大利亚北部地区1983年《青少年司法法》（Juvenile Justice Act）第25条、第34条规定，如果青少年因涉嫌可能被判处12个月以上的犯罪而受到讯问时，应有第三方在场。

第二类是特殊人员如教师的在场。如《俄罗斯联邦刑事诉讼法典》就规定教师可以参加未成年人的讯问，并且还享有一定的权利。《俄罗斯联邦刑事诉讼法典》第397条规定："依照侦查人员和检察长的约定或者辩护人的申请，教师可以参加对未满十六岁的未成年刑事被告人的讯问。在讯问十六岁以上的未成年人时，如果他被认为智力低下，教师也可以参加。参加讯问的教师有权经侦查员的准许向被告人提问。在讯问结束后，参加讯问的教师有权了解讯问笔录，并对笔录中所记载内容正确性和完整性提出书面意见。在开始讯问未成年人之前，侦查员必须向教师说明他所享有的权利，并在讯问笔录中加以注明。"

第三类是律师的在场。在澳大利亚的多数司法辖区，无论是成年人还是未成年人都没有制定法或者普通法上的权利要求在被讯问时律师在场，但是南澳大利亚（《简易犯罪法》第79a条）和维多利亚州（1958年《犯罪法》第464C条）除外，立法规定在被讯问或者侦查期间有权要求一个朋友或者律师在场。在许多判例中，因拒绝律师在场而导致了证据的排除。①

"合适成年人"讯问时在场制度的确立具有客观上和价值上的双重依据。未成年犯罪嫌疑人的身心特点是"合适成年人"讯问时在场制度确立的客观依据；追求程序公正是"合适成年人"讯问时在场制度确立的价值依据。在对未成年人的讯问中引入合适成年人在场制度具有非常重要的意义。

根据修改后刑事诉讼法的规定，合适成年人参与的时机为"在讯问和审判的时候"；参与主体的范围为未成年犯罪嫌疑人的法定代理人，未成年犯罪嫌疑人、被告人的其他成年亲属，所在学校、单位、居住地基层组织或者未成年人保护组织的代表；参与的功能主要定位在监督司法机关的违法侵权行为上，而且仅仅只是规定了合适成年人可以提出意见，并未具体列出合适成年人的权利与义务；并采用法定代理人优先原则。

合适成年人的选任是一个关键问题。对此，没有统一的规定，各地也在探索。例如，北京市海淀区检察院选择的"合适成年人"主要是司法社工。认为他们的知识背景和工作效果明显适合担任未成年人犯罪案件中的"合适成年人"。2012年年底，北京市公检法三机关统一适用的《关于办理未成年人刑事案件若干问题的意见》出台。该意见规定"合适成年人"的选任和培训由团区委、区教委负责，他们将制作好的名册发送至公安机关、检察院、法院、

---

① 朱燕华：《国内外"合适成年人"讯问时在场制度的探讨》，载《法制与社会》2011年第10期。

司法局相关部门。《关于办理未成年人刑事案件若干问题的意见》还很给力地规定了"合适成年人参与刑事诉讼，由区财政提供经费支持"。目前，在实践中，海淀区主要是以政府财政购买社工服务的方式完成队伍组建的。

再如，上海市浦东新区从 2004 年开始试行"合适成年人"到场制度，2007 年时浦东公检法三机关已经全部执行这一制度。在将近十年的发展历程中，他们经历过政府购买服务的阶段，也经历过请志愿者、大学生义务服务的阶段，经历过老干部、青保干部为主体的阶段，也经历了更加专业的青年志愿者为主体的阶段。检察院认为专业社工无疑是最佳选择，要争取将此纳入政府采购范畴，以保持"合适成年人"队伍的长期性和稳定性，确保在场监督的效果，以及办案的安全。2010 年，上海市高级人民法院与上海市检察院、公安局、司法局联合签发《关于合适成年人参与刑事诉讼的规定》，统一了上海少年司法实践中的合适成年人参与刑事诉讼制度。

案例 58　四川省南江县检察院
不起诉刘某某案[*]

> **案件概要**

2013 年 12 月 23 日，刘某某因入室盗窃被现场抓获，公安机关立案侦查后移送南江县人民检察院审查起诉。办案人员认真审查案卷材料后发现，刘某某案发时年龄存疑，经公安机关补充侦查仍未查明。根据最高人民法院《关于审理未成年人刑事案件若干问题司法解释》第 4 条第 1 款之规定，推定刘某某案发时未达到盗窃罪相应的刑事责任年龄。根据《刑事诉讼法》第 15 条和第 173 条第 1 款规定，应当对刘某作不起诉决定。经报请检察长批准同意并提交检委会研究，决定对刘某某作法定不起诉。

因案发时刘某某属于未成年人，且作出不起诉决定，为最大限度地挽救涉罪未成年人，保障"折翼天使"重返社会，该院遂依法作出对不起诉人刘某某犯罪记录封存决定。事后，承办人将该案的犯罪证据、诉讼文书、工作笔录等材料装订成卷宗后移交该院未成年人刑事档案专柜，由专人对决定封存的未成年人犯罪档案进行管理，加密保存，除司法机关为办案需要和国家有关单位根据国家规定进行查询外，不向任何单位和个人提供封存的犯罪记录，且不提供未成年人有犯罪记录的证明。南江县人民检察院检察官将一份不起诉未成年人犯罪记录封存决定书交到刘某某手中。"我的无知与冲动严重影响了自己和父母的未来。感谢你们给了我一个改过自新和重新学习的机会！"得知自己入室盗窃的"前科"被依法予以封存后，刘某某泪如泉涌。

这是该院首例决定对不起诉未成年人犯罪记录予以封存的案例，旨在帮助涉案未成年人走出心理阴影，最大程度维护他们受教育、就业等方面的权利，防止其自暴自弃，甚至重新走上犯罪道路。

---

[*] 载《巴中日报》2014 年 9 月 3 日，http://www.bznews.org/news/nj/201409/100824.html。

➤ **案件评析**

未成年人犯罪记录封存制度在联合国制定的一些国际准则中多有规定，如《东京条约》就规定，少年记录报告中，包括纪律程序纪录、法律记录以及所受待遇的内容、形式、细节等相关内容的文件，在少年犯被释放时，都应当放入保密的个人档案内予以封存，非经特别许可任何人不得查阅。目前，许多国家在刑事立法中对未成年人犯罪记录封存制度也均有明确规定，《瑞典联邦刑法典》第96条规定"被附条件执行刑罚的少年在考验期届满前经受住考验的，审判机关命令注销犯罪记录"。这些立法中不仅要求对犯罪记录进行了封存，也有犯罪记录消灭的内容。虽不一定完全适合我国国情，但也具有借鉴意义。

2012年修订的《刑事诉讼法》第275条确立了未成年人犯罪记录封存制度。它是顺应国际社会对未成年特殊保护的发展趋势，适合我国未成年人刑事司法的现状，消除未成年人进入社会的犯罪标签，促进未成年人健康发展的重要举措；是国家确立的对违法犯罪的未成年人实行"教育、感化、挽救"方针和"教育为主、惩罚为辅"原则的具体体现。

未成年人犯罪记录封存制度建立有政策法律不断演进的过程。2008年，中央政法委《关于深化司法体制和工作机制改革若干问题的意见》提出要"有条件的建立未成年人轻罪犯罪记录消灭制度"，这是我党关于未成年人刑事政策中第一次正式提出未成年人犯罪记录消灭制度。2009年，最高人民法院在《人民法院第三个五年改革纲要》提出，"要配合有关部门有条件的建立未成年人轻罪犯罪记录消灭制度，明确其条件、期限、程序和法律后果"。2010年，中央综治委预防青少年违法犯罪工作领导小组、最高人民法院、最高人民检察院、公安部、司法部、共青团中央联合制定了《关于进一步建立和完善办理未成年人刑事案件配套工作体系的若干意见》，要求对未成年犯的档案严格保密，建立档案的有效管理制度。违法和轻微犯罪的未成年人，有条件的地区可以试行行政处罚和轻罪纪录消灭制度。非有法定事由，不得公开未成年人的行政处罚记录和被刑事立案、采取刑事强制措施、不起诉或因轻微犯罪被判处刑罚的记录。

2012年修订后的《刑事诉讼法》第275条规定："犯罪的时候不满十八周岁，被判处五年有期徒刑以下刑罚的，应当对相关犯罪记录予以封存。犯罪记录被封存的，不得向任何单位和个人提供，但司法机关为办案需要或者有关单位根据国家规定进行查询的除外。依法进行查询的单位，应当对被封存的犯罪记录的情况予以保密。"这是我国刑事立法第一次鲜明地确立了未成年人犯罪记录封存制度。随后，2012 年最高人民法院、最高人民检察院、公安部、国家安全部、司法部印发了《关于建立犯罪人员犯罪记录制度的意见》的通知。通知明确提出，为深入贯彻落实党和国家对违法犯罪未成年人的"教育、感化、挽救"方针和"教育为主、惩罚为辅"原则，切实帮助失足青少年回归社会，根据刑事诉讼法的有关规定，结合我国未成年人保护工作的实际，建立未成年人轻罪犯罪记录封存制度。2012 年最高人民法院《关于适用〈中华人民共和国刑事诉讼法〉的解释》，最高人民检察院《人民检察院刑事诉讼规则（试行）》，公安部《公安机关办理刑事案件程序规定》对未成年人犯罪记录封存都作了相应规定。

　　2013 年最高人民检察院修订了《人民检察院办理未成年人刑事案件的规定》，在修改后刑事诉讼法规定基础上，细化了封存程序：一是关于封存程序的启动，规定人民检察院收到人民法院的生效判决后，只要符合有关条件，即自行启动犯罪记录封存程序；二是关于具体操作要求，规定人民检察院要将拟封存的未成年人犯罪记录、卷宗等相关材料装订成册，加密保存，不予公开，并建立专门的未成年人犯罪档案库，执行严格的保管制度；三是关于封存的效力，规定未成年人的犯罪记录一旦封存，终身有效，除了发现不符合封存条件而解除封存的外，人民检察院不能向任何单位和个人提供，也不得提供未成年人有犯罪记录的证明，除非是司法机关为办案需要或者有关单位根据国家规定进行查询；四是关于查询封存的犯罪记录，司法机关或者有关单位需要查询犯罪记录的，应当向封存犯罪记录的人民检察院提出书面申请，人民检察院应当在 7 日以内作出是否许可的决定。对符合法定查询条件的，在查询范围内提供犯罪记录，并告知其保密义务；对不符合法定查询条件的，依法出具无犯罪记录证。